MW01491108

COLLECTION
FOLIO HISTOIRE

François Hartog

Évidence
de l'histoire

Ce que voient les historiens

Gallimard

Cet ouvrage a originellement paru
aux Éditions de l'École des hautes études
en sciences sociales.

Historien, François Hartog enseigne l'historiographie ancienne et moderne à l'École des hautes études en sciences sociales.

à M. I. F.
in memoriam

PRÉFACE

Depuis longtemps, sinon la nuit des temps, l'histoire n'est-elle pas une « évidence » ? On en raconte, on en écrit, on en fait. L'histoire, ici et là, hier comme aujourd'hui, va de soi. Pourtant, dire l'« évidence de l'histoire », n'est-ce pas déjà ouvrir un doute, laisser place à un point d'interrogation : est-ce si évident, après tout ? Et puis, de quelle histoire parle-t-on ? Celle dont l'Europe moderne a voulu faire un temps la mesure de toutes les autres, au point de décréter tranquillement qu'un certain nombre de sociétés étaient sans histoire ? Sans même aller plus avant, ce seul énoncé instille déjà la possibilité d'une interrogation et invite à revenir, par exemple, sur les premiers choix opérés par une collectivité humaine, une monarchie, un État. Que veut dire faire le choix de l'histoire, se doter et se réclamer d'une histoire ? Qu'implique un faire de l'histoire et, d'abord, de quoi et de qui dépend-il ?

C'est là un premier emploi du terme et une première piste. Il y en a deux autres. Évidence est un mot qui appartient plus à la rhétorique et à la philosophie qu'à l'histoire. Si l'on est en France, on pensera volontiers à Descartes et à une évidence conçue comme intuition, vision complète, donnant la certitude d'une connaissance claire et distincte[1]. Si l'on remonte plus haut dans le temps, vers l'Antiquité et l'étymologie, les noms de Cicéron et de Quintilien, mais aussi d'Aristote se présenteront. Évidence vient en effet de *evidentia*, mot entré dans la langue latine grâce à Cicéron qui l'a forgé pour traduire le grec *enargeia*.

Chez Homère, l'adjectif *enargès* qualifie l'apparition d'un dieu qui se montre «en pleine lumière[2]». Le mot oriente vers une visibilité de l'invisible, une épiphanie, le surgissement de l'invisible dans le visible. Pour Aristote, c'est la vue qui «est par excellence le sens de l'évidence». Liée en effet à la vision, l'évidence des philosophes est «critère de soi, *index sui*, liée au vrai et nécessairement vraie. L'*enargeia* est là pour garantir que l'objet est tel qu'il apparaît[3]». Il faut et il suffit dès lors d'un dire qui dise au plus près «ce que l'on voit comme on le voit». C'est d'abord cette évidence-là que Cicéron traduit par *evidentia*[4]. Il en va bien autrement de l'évidence des orateurs. Celle-là n'est jamais donnée, il faut la faire surgir, la produire tout entière par le *logos*. On n'est pas dans la vision, au premier sens, mais dans le *comme si* de la vision, puisque tout le travail de l'orateur consiste, comme le précise Plutarque, à transformer l'auditeur en spectateur. La force de l'*enargeia* permet justement de mettre sous les yeux (*pro ommaton tithenai; ante oculos ponere*): elle montre, en créant un effet ou une illusion de présence. Par la puissance de l'image, l'auditeur est affecté comme il le serait s'il était réellement présent.

Entre ces deux formes d'évidence, nettement décalées l'une par rapport à l'autre, mais faisant l'une comme l'autre appel à la puissance du voir, où situer l'histoire ? L'historien ancien ne peut avoir accès à la vision du philosophe, mais ne saurait non plus se satisfaire de celle (seconde) de l'orateur. Surgit là le problème, qui n'a cessé de cheminer jusqu'à aujourd'hui, de l'histoire et de la fiction, voire de l'histoire « entre science et fiction ». Comment, pour le formuler dans les termes d'aujourd'hui de Paul Ricœur, « maintenir la différence de principe entre l'image de l'absent comme irréel et l'image de l'antérieur ?[5] »

Il y a un dernier sens du mot évidence, celui qu'a retenu l'anglais : *evidence*, comme signe, marque, preuve, témoignage. De ce registre-là, juridique et judiciaire principalement, médical aussi, l'histoire a su faire usage. Une lecture des premiers chapitres de Thucydide suffit pour en convaincre, lui qui, s'attachant à des indices et à des preuves, définit l'histoire comme quête et enquête, recherche de la vérité. Plus largement, l'association entre histoire et justice, l'histoire comme une forme de justice, est une vieille affaire dont témoignent, dans leur mouvement même, les *Enquêtes* d'Hérodote et dont, au IIe siècle, Lucien de Samosate fera encore le dernier mot de son *Comment il faut écrire l'histoire*, associant le vrai, la visée en direction du futur et une histoire juste.

Une première manière de questionner l'évidence consiste à nous reporter vers l'amont, en direction des premiers choix, dans des temps où justement l'histoire n'était pas (encore) une évidence. Puis, après cette ouverture sur fond d'horizon comparatiste, nous arriverons vers les choix grecs. L'*historia*, on le sait, sort de l'épopée. Elle en vient et elle la quitte. Le monde a changé. Les dieux n'apparaissent plus guère ; la Muse a disparu et s'est tue ; la séparation du visible et de l'invisible se fixe. Passer de l'épopée à l'histoire signifie, en particulier, troquer l'évidence de la vision divine, celle possédée, justement, par la Muse, qui voit tout et sait tout, contre celle (à établir) de l'historien. C'est même cette dernière qui le fera reconnaître comme historien. Telle qu'elle est proposée et pratiquée par Hérodote, elle se donne comme un analogue à et un substitut de la vision dont bénéficiait l'aède inspiré. Acquise par l'enquêteur en payant de sa personne, mixte d'œil et d'oreille, elle est en effet forcément incomplète et toujours précaire. Bientôt, Thucydide durcit encore les conditions de l'exercice en misant tout sur l'autopsie, seule à même de produire une connaissance claire et distincte (*saphôs eidenai*). Mais, pour être validée, cette autopsie, qu'elle soit directe (celle de l'historien) ou indirecte (celle d'un témoin), doit encore passer par le filtre de la critique des témoignages. Ce sont là les premiers cheminements, la voie grecque, de ce qu'on peut appeler l'évidence avant l'évidence.

Quand, par la suite, l'*historia* devient de moins en moins une enquête, au sens hérodotéen, et de plus en plus le récit de ce qui est advenu, que la mise en récit occupe la première place, la question de l'évidence se déporte du voir vers le faire voir. Soucieux avant tout, non pas du quoi (quoi dire), les faits étant là, mais du comment (comment le dire), l'historien a dès lors affaire à l'*enargeia* de l'orateur, devenue entre-temps un concept opératoire. On en arrive alors à la définition canonique de l'histoire comme *narratio gestae rei*. Ce sont là les termes dont se sert Isidore de Séville au VIIᵉ siècle, mais ils ont eu cours bien avant, à Rome largement, mais aussi en Grèce déjà, et bien après, tout au long du Moyen Âge jusqu'à l'époque moderne[6]. Aristote n'a-t-il pas affirmé que l'historien se limitait à dire (*legein*) ce qui était arrivé, alors que le poète tragique, en charge de ce qui pourrait arriver, était un « créateur de récits ». L'un dit (*legei*), l'autre fait (*poiei*). Concepteur d'une histoire nouvelle, l'histoire universelle, celle du monde conquis par Rome, Polybe s'efforce d'échapper tant bien que mal à ce carcan.

Pour La Popelinière, au xvie siècle encore, l'histoire s'entend comme « le narré des choses faites » et Fénelon, réfléchissant sur la manière d'écrire l'histoire, repart, nous le verrons, du partage entre rhétorique et poétique. Consacrée à l'historiographie moderne, la seconde partie du livre suit en effet la même interrogation, ces mêmes pistes de l'évidence, à travers leurs reformulations modernes, quelques-unes du moins. Dans tous les cas, c'est bien cette frontière entre *res gestae* d'une part et *historia rerum gestarum* de l'autre que les historiens modernes questionnent, qu'ils veuillent la déplacer, la dépasser, la faire disparaître ou la faire oublier. Pour eux aussi, l'histoire est une affaire d'œil et de vision : voir mieux, plus, plus profond et voir vrai, porter au jour ce qui était demeuré invisible, mais aussi faire voir. En témoignent, par exemple, les réflexions sur la couleur locale, autour de 1820, bien davantage encore, tous les efforts de Michelet, sur quarante années, pour retrouver la vie et « faire vivant ». Plus largement, s'y rattache le mouvement de l'histoire qui, récusant l'art (la rhétorique), veut atteindre la vue réelle des choses et entrer dans la voie de la science, sur le modèle des sciences de la nature.

Par d'autres cheminements, les interrogations des trente dernières années sur le récit et sur l'écriture de l'histoire retrouvent (sans le savoir ou de façon confuse souvent) quelque chose de la problématique de l'évidence (au sens d'*enargeia*). Mon objectif n'est assurément pas de laisser entendre que la question aurait été tranchée il y a bien longtemps par les anciens (entre Aristote et Quintilien) et qu'il n'y aurait donc plus qu'à passer à autre chose. Par les allers et retours qu'il propose entre les anciens et les modernes, tout mon travail suggère, au contraire, que ces parcours aident à mieux comprendre et les uns et les autres : les enjeux de leurs débats respectifs, c'est-à-dire aussi leurs non-dits, les impasses auxquelles ils conduisent, les évidences sur lesquelles ils reposent.

La conjoncture de la fin du XXᵉ siècle pourrait s'analyser comme une mise en question de l'évidence de l'histoire (au sens premier). Alors qu'elle semblait triompher, ayant su contenir la menace structuraliste et s'engager sur de nouveaux « fronts pionniers », voici que surgit le « défi narrativiste », comme on l'a parfois nommé, avec Hayden White dans le rôle du héraut. Le trouble du récit (surtout quand la période en cause est celle des « années troubles[7] ») a, de proche en proche, débouché sur des interrogations touchant au rôle de l'historien aujourd'hui. L'historien et les archives, sa place par rapport au témoin, au juge, dans tous les cas, sa responsabilité. C'est à cerner quelques-uns des traits de cette conjoncture que s'attachent les derniers chapitres, alors même que le partage entre visible et invisible s'est trouvé profondément bouleversé et que la définition de l'évidence serait à repenser. Que voir quand on peut tout voir ? Un épilogue, enfin, évoque Michel de Certeau, grand questionneur de l'histoire, lui qui, comme le notait Jacques Revel,

« ne se satisfaisait ni d'un régime d'évidence partagée ni d'un régime de soupçon généralisé[8] ».

Les chapitres qui suivent sont des points de repère
et de passage. Ils n'ont pas la prétention de suivre
chacun des registres de l'évidence, en marquant les
écarts dans les usages, rigoureux ou non, que l'histoire en a fait, moins encore de s'engager dans une
enquête suivie de leurs différentes intrications ou
interférences, avec les reformulations et les reprises
depuis l'Antiquité jusqu'à l'époque contemporaine.
Ce serait écrire, en visant au cœur de son épistémologie, une histoire de l'historiographie occidentale.
L'évidence est, ici, le fil conducteur et un motif qui
traverse, travaille, réunit ces pages en les ouvrant
sur un même questionnement : voir et dire, vérité et
vision, dire et faire voir. Si l'interrogation porte sur
le statut du récit historique et sur l'écriture de l'histoire, elle en emporte avec elle une autre, celle-là
même que Moses Finley avait formulée en termi-
nant sa leçon inaugurale à Cambridge : « Quel est
l'effet de l'étude de l'histoire ? *Cui bono ?* Qui écoute ?
Pourquoi ? Pourquoi non ? »[9].

Les textes repris ici, articles et contributions à des
ouvrages, s'inscrivent sur l'arc long d'un parcours.
Les réunir m'a amené à les corriger, les amender
parfois, à rendre, chaque fois que je le pouvais, l'expression plus précise, mais pas à les récrire comme
s'ils avaient tous été conçus d'un seul moment. S'y
inscrit également la marque d'un travail poursuivi,
du temps donc.

PREMIÈRE PARTIE

Voir dans l'Antiquité

Chapitre 1

LES PREMIERS CHOIX

Prononçant à Oxford une conférence sur l'écriture de l'histoire en Grèce, Ulrich von Wilamowitz, le grand philologue allemand, relevait qu'un tel sujet n'avait jamais été traité dans l'Antiquité, même si, bien entendu, on y avait écrit de l'histoire et si l'historien y était devenu un personnage passablement familier[1]. Alors que dans le monde oriental — mésopotamien, égyptien ou juif —, poursuivait Wilamowitz, avait paru très tôt une littérature incontestablement historique, mais sans historiens. L'historien, comme figure «subjective», est en effet l'absent de ces historiographies, à la différence de la Grèce, où Hérodote, narrateur-auteur, présent dès les premiers mots de la première phrase de ses *Histoires*, a pu justement être désigné comme «le père» de l'histoire. Mais, ajoutait-il encore, si les Grecs surent, dès le Vᵉ siècle av. J.-C., pratiquer une histoire avec historiens, ils ne purent parvenir à concevoir une histoire scientifique, qui dut, au total, attendre jusqu'au XIXᵉ siècle (le grand Gibbon lui-même était encore proche de Plutarque). Les anciens en restèrent très loin, attendu que les postulats de la réflexion ionienne auraient pu déboucher plus directement sur une science de la nature que conduire vers une science de l'histoire. Et s'il est exact que, pendant un temps, Athènes sut créer, à l'enseigne de la liberté, des conditions favorables à la constitution d'une telle science, l'échec final de la démocratie, incapable de fonder un véritable État national, disloqua ce cadre et étouffa ces germes. La quête de la vérité disparut : la sophistique et la rhétorique en vinrent à régner sans partage et c'en fut fait de l'histoire. Nous sommes en 1908, et c'est le professeur à l'université de Berlin qui parle.

Ouvrir ces réflexions sur l'évidence de l'histoire avec Wilamowitz présente un triple avantage. Nous rappeler que l'historiographie est toujours histoire de l'histoire de l'histoire (en l'occurrence de la Grèce à l'Allemagne et retour). Ce qui n'implique pas, pour autant, de produire un commentaire sur la conférence de Wilamowitz ! Marquer ensuite clairement que, si personne dans l'Antiquité ne s'était livré à l'exercice auquel, le temps au moins d'une visite à Oxford, s'est prêté le savant de Berlin, ce n'est pas par incapacité mais parce que la question ne se posait simplement pas en ces termes-là. On écrivait des histoires : le cas échéant, on expliquait dans une préface comment il convenait de procéder (en règle générale en dénonçant les erreurs et les mensonges des autres), mais jamais on ne s'interrogeait sur l'histoire en tant que telle[2]. Son évidence n'était pas questionnée.

Rarissimes sont, en effet, les remarques des Grecs, ne serait-ce même que sur les conditions de possibilité de sa pratique. Celle-ci par exemple : « La mythologie et l'enquête sur les temps anciens ne font leur apparition dans les cités qu'avec le loisir et lorsque certains citoyens constatent qu'ils ont réuni tout ce

qui est nécessaire à la vie. Jamais avant.[3] » Encore
cette proposition qui lie, pour finir, souci du passé,
archéologie, recherche mythologique et vie en cité,
vient-elle, non d'un historien « patenté », mais de
Platon qui, lui-même, la met dans la bouche de Critias citant Solon, qui se faisait lui-même l'écho de
propos tenus par les prêtres égyptiens ! Le *Comment
il faut écrire l'histoire* de Lucien de Samosate, au
IIᵉ siècle de notre ère, ne constitue pas une exception à ce silence des historiens sur les fondements
de leur écriture, puisque Lucien était tout sauf un
historien. Nous proposer, en troisième lieu, un critère de partage entre la Grèce et l'Orient, qui nous
fasse échapper à la quête aussi stérile que ressassée
de ce que les savants grecs de l'Antiquité appelaient
le « premier inventeur ». Les scribes mésopotamiens
n'avaient-ils pas largement devancé le tout jeune
Hérodote ? L'histoire commence, chacun le sait, à
Sumer ! À moins qu'il ne faille laisser le premier
rôle, à défaut de la première place, à la Bible ?

Inscrivons la question sur un horizon comparatiste. Il ne s'agit pas de déployer le programme
d'une comparaison réglée, mais de faire montre
d'une attention comparatiste (comme on parle d'attention flottante), soucieuse de s'attacher aux grands
régimes d'historicité, aux formes d'histoire, à leurs
usages et à leurs écarts. Comme le plus souvent,
les temps forts du questionnement surgissent lors
des moments de rencontres ou de heurts entre deux
cultures et deux formes d'histoire. Comme on peut
le voir du monde mésopotamien et de l'antique Israël,
ou, bien plus tard, ainsi qu'en témoigne l'aventure
intellectuelle d'un Flavius Josèphe, pris entre les
conceptions juives de l'histoire et l'historiographie
hellénistique. À l'intérieur d'un même régime histo-

rique, ce sont les temps de crise qui sont les plus par-
lants, à chaque fois qu'il devient urgent de reprendre,
de «revisiter» une tradition, pour asseoir la légitimité d'un pouvoir et fixer de nouveaux points de
repère.

Ainsi, parmi beaucoup d'exemples possibles, on
peut penser à l'établissement d'une liste royale
sumérienne, à la fin du IIIe millénaire, aux réécri-
tures deutéronomistes de la Bible ou aux récits produits par des cités grecques soudain soucieuses de
leur passé, alors qu'elles sortent de l'ébranlement
qu'a représenté la guerre du Péloponnèse. Dans
cette perspective large, où placer les débuts de l'histoire à Rome ? Viennent-ils simplement s'inscrire
dans les formes d'histoire ouvertes avec la Grèce,
comme un nouvel exemple ou, au plus, une variante
de «l'histoire locale», telle que l'avait inaugurée
Hellanicos de Lesbos au ve siècle ? Ou bien ne se
laissent-ils pas complètement ramener à ce modèle,
témoignant peut-être d'un autre rapport à la
mémoire, à l'écriture, à l'institution ?

Cette première forme d'attention comparatiste
peut se combiner avec une autre qui viendrait, elle,
jouer sur la distance entre ancien et moderne. À
l'évidence, il ne s'agit pas de redire, après Wilamowitz et tant d'autres, que l'histoire comme science
est une conquête du XIXe siècle. Mais, en s'aidant
des réflexions sur l'écriture moderne de l'histoire,
on devrait pouvoir mieux cerner ce qu'elle n'était
pas et, d'abord, ne pouvait pas être dans la Méditerranée antique. On y gagnerait d'enrichir et de
préciser le questionnaire, mais aussi de rendre
explicites quelques-uns des présupposés constitu-
tifs de la pratique moderne.

L'opération historiographique moderne, comme

nous l'a rappelé Michel de Certeau, est d'abord placée sous le signe de la séparation du passé et du présent. Conçue depuis la fin du XVIIIᵉ siècle comme développement ou processus, l'histoire présuppose, pour pouvoir s'écrire, une coupure entre le passé et le présent, entre elle et son objet, entre les vivants et les morts. Elle «pose» la mort et «dénie» la perte[4]. Une enquête sur les manières d'écrire l'histoire rencontrerait donc rapidement le problème des manières d'acculturer la mort. Quels rapports une société entretient-elle avec ses morts? avec la mort? En quoi et comment l'histoire est-elle un discours d'immortalité, qui vient, comme par exemple en Grèce, relayer le chant épique célébrant la «gloire impérissable» des héros morts au combat, forgeant un nouveau mémorable pour une nouvelle mémoire sociale du groupe?

L'obsession de la mort a transformé l'historien moderne occidental en homme de la dette. À l'exigence d'être vrai est venue s'ajouter une dette, jamais complètement solvable, à l'égard des morts, ou de certains morts. Nul mieux que Michelet n'a exprimé cette conception de l'historien en *pontife*, nul plus intensément que lui n'a vécu ce sacerdoce de l'historien[5]. Qu'en est-il aujourd'hui? Mais qu'en était-il d'abord de son lointain «collègue» de l'Antiquité? Était-il le débiteur des générations passées? Passait-il, lui aussi, le fleuve des morts, à l'instar d'Ulysse ou d'Énée, ou bien campait-il résolument sur la rive du présent, avec pour premier, sinon unique, souci de «dire ce qui a été»?

Qui est-il cet historien? Et d'abord est-il même tout court? Quelle existence, en effet, pour ces scribes, qui ont la charge de se faire les «porte-parole» et les «porte-plume» du roi ou du dieu?

Alors que dans le monde grec, l'historien, rival et successeur de l'aède inspiré par la Muse, vient signer son récit de son nom propre et dire «je». Mais c'est aussi là, précisément parce que l'historien se donne une place, que surgit, pour la première fois peut-être, la distinction, l'alternative entre faire l'histoire et faire de l'histoire, sous la double figure de l'historien et du politique. Thucydide et Polybe ont été, l'un et l'autre, successivement : hommes d'action, engagés dans la politique, historiens ensuite quand commence pour eux le temps de l'exil. Mais ils ont fini par concevoir et présenter l'histoire comme un *analogue* de la politique, sinon même comme une politique de rang supérieur, tout à la fois rétrospective et prospective, destinée en priorité aux hommes politiques du présent et de l'avenir. Avec la question du politique et de l'historien, on tient là une des incarnations récurrentes des rapports entre l'histoire et le pouvoir. Quelle est alors l'autorité de l'histoire ? qui l'autorise, mais aussi de quelle autorité est-elle porteuse, au moment de sa production, et au-delà ? *Cui bono ?*

Au fil des siècles, il est devenu évident pour nous que l'histoire s'écrivait, qu'un pouvoir, un groupe, une société, selon des modalités et des protocoles divers, avait le souci, la charge, sinon le devoir de consigner sa mémoire et d'écrire son histoire. Sera-ce toujours le cas ? Nul ne peut l'assurer. On peut envisager plusieurs scénarios possibles de sa disparition. Ce pourrait être une autre façon de réfléchir sur ses conditions de possibilité. Cela a-t-il toujours été le cas ? Chacun sait fort bien que non. Sous les formes que nous lui avons connues, elle apparaîtrait plutôt comme une singularité occidentale, c'est-à-dire comme la trace et l'expression d'un rapport particulier à l'écriture, à la mémoire et au temps, à la mort. Récemment encore, Marshall Sahlins, enquêtant à partir des îles du Pacifique tardivement entrées dans *notre* histoire, a travaillé l'axiome : «autre temps, autres mœurs, autre histoire». Par autre temps, il convient d'entendre un autre rapport au temps, d'autres formes de temporalité ; un autre régime d'historicité[6].

MÉMOIRE ET HISTOIRE

Je prendrai deux exemples : l'un qui excède l'horizon de la Méditerranée antique — celui de l'Inde —, l'autre qui nous y reconduit complètement — celui de l'ancien Israël. Attirant l'attention sur le «problème de l'histoire» en Inde, Louis Dumont s'était naguère attaché à montrer la nécessité de «construire les données indiennes dans leurs propres coordonnées au lieu de les projeter dans les nôtres[7]». Faute de quoi, on n'échappe pas aux considérations, plus ou moins sophistiquées, sur un monde indien sans histoire. Telle était, par exemple, la position de Wilamowitz dans sa conférence. «Lorsque nous parlons de l'histoire, écrivait Dumont, nous n'avons pas en vue seulement une chronologie absolue ou relative, nous avons en vue une chaîne causale, ou mieux un ensemble de changements significatifs, un *développement* [...] Nous vivons dans l'histoire en ce sens que nous concevons l'être des hommes, des sociétés, des civilisations, comme n'apparaissant véritablement et complètement que dans leur développement dans le temps [...] Pour un peu, nous irions jusqu'à croire que seul le changement a un sens et que la permanence n'en a pas, alors que la plupart des sociétés ont cru le contraire[8].» Cette conception du temps comme vecteur et facteur de progrès est récente. Datant de l'Europe des Lumières, rappelait-il encore, elle est à la fois affirmation neuve et reprise laïcisée d'une vision chrétienne scandée par la création, l'incarnation et la fin des temps. Elle trouve son accomplissement dans la philosophie hégélienne de l'histoire et dans le matérialisme historique de Marx. La vérité n'est plus dans un livre, ou plutôt, pour reprendre une formule de Herder, l'histoire se donne comme le livre véritable «de l'âme humaine dans les temps et les nations», où se laisse déchiffrer l'immortalité (au moins potentielle) non des individus, mais de l'humanité. L'histoire est désormais pour les hommes ce que l'espèce est pour les animaux. Quant à l'historien, le principal de sa tâche est donc de se faire historien de l'espèce.

Du point de vue de la pratique de l'histoire, une telle appréhension du temps peut conduire à son instrumentalisation. Le temps est la chronologie, et la chronologie est le principe de classification des objets historiques. L'anachronisme devient donc le péché majeur. Mais, dans l'évidence de son omniprésence, le temps risque alors de devenir l'impensé d'une discipline qui s'en proclame le plus rigoureux des comptables.

À côté de cette perspective moderne et occidentale, où règne la loi de la succession, il y a donc tout lieu de faire place à d'autres manières qui privilégient l'«empilement», la «superposition», l'«imitation», la «coexistence», la «réabsorption». Ainsi, dans l'Inde brahmanique, la mémoire ne se souciait

pas de l'enchaînement des souvenirs et de leur dis-
tribution selon une chronologie. On chercherait en
vain, écrit Charles Malamoud, l'idée d'un «monde
de la mémoire». «Bien loin de dessiner les contours
d'une biographie, les souvenirs font des limites de la
personne une zone floue et une boucle non close.»

Au point que, «si j'ai maîtrisé les techniques appro-
priées, et surtout si j'ai gagné les mérites nécessaires,
je puis, comme on sait, me souvenir de mes vies antérieures[9]». Ces brèves citations suffisent pour nous
faire saisir l'interdépendance de ces trois termes
problématiques (temps, mémoire, individu) et pour
jeter un instant un éclair sur leur configuration singulière.

À côté de cette mémoire ordinaire, tournée vers
la remémoration, il en existe une autre, travaillée,
réservée, étroitement contrôlée, tout entière tendue
vers la mémorisation. Sur elle repose l'apprentissage par cœur du texte sacré du Veda. S'il est écrit
depuis le IIIe siècle avant notre ère au moins, ce livre
fait fond pour sa transmission, non sur l'écriture,
mais d'abord sur la mémoire et la voix. Par toute
une série de techniques très élaborées conduisant à
«désarticuler» le texte, les brahmanes en assurent
en effet la progressive «incorporation» à la personne de l'élève. Jusqu'à ce que la récitation puisse
se faire sans faute : une erreur serait tout à la fois un
péché et une catastrophe sur le plan rituel. Malamoud explique comment, au terme de cette ascèse,
le texte se donne comme un objet dégagé de tout
contexte et intemporel. «Il impose sa présence fixe,
et mûrit dans l'esprit qui l'accueille sans que soient
perceptibles à la conscience les étapes de la matura-
tion. En outre, dans le savoir ainsi incorporé, s'efface la perception de ce qui unit ce texte au monde

des faits extra-textuels dans lequel il a surgi[10]. » Ne visant pas à la saisie, dans et à travers une chronologie, d'un sujet par lui-même, cette mémoire-remémoration ne fonctionne pas du tout comme une mémoire biographique. Par le recours à cette forme d'apprentissage par cœur codifié, elle tient à distance toute possible historicisation de la tradition.

Avec cette impressionnante culture de la mémoire, on est aux antipodes de ce qui s'est noué, longtemps sur un mode critique, entre la mémoire et l'histoire dans le monde européen. Pour prolonger les remarques de Sahlins, on pourrait proposer : « autre mémoire, autre temporalité, autre historicité ». Dès l'ouverture de ses *Histoires*, Hérodote, le père de l'histoire occidentale, pose, en effet, qu'il entend sauver de l'oubli les marques (au moins les « grandes ») de l'activité des hommes (*erga megala*). Face à l'immutabilité de la nature et à l'immortalité des dieux, ces traces foncièrement éphémères, la parole de l'historien s'en charge et son écriture les fixe. Successeur de l'aède épique, il aspire à se poser en « maître » d'immortalité.

Mais si histoire et mémoire ont eu d'emblée partie liée, leurs relations effectives ont été complexes, changeantes, conflictuelles. Ainsi Thucydide, voulant convaincre que seule l'histoire du présent peut être « scientifique », conclut que l'histoire se fait largement contre la mémoire (toujours fautive). Et ses lointains collègues du XIXᵉ siècle en tiennent, eux aussi, pour une stricte séparation entre histoire et mémoire, mais au nom, cette fois, de l'idéal d'une histoire au passé et rien qu'au passé : l'histoire s'achève là où commence la mémoire. Ce n'est que depuis peu que s'est produit un retournement : l'envahissement du champ de l'histoire par la mémoire.

D'où l'obligation de repenser l'articulation des deux. Comment, à propos de la Shoah, concilier l'exigence de mémoire avec la nécessaire histoire ? De cette situation nouvelle, qui a coïncidé avec la crise des années 1970, est venue témoigner la grande vague des commémorations, avec leurs liturgies et leurs mises en scène : pour quels croyants ou quels spectateurs ? Tandis que, chez les historiens, la mémoire, jusque-là tenue pour une source impure, s'est muée en un objet d'histoire de plein droit, avec son histoire.

Zakhor, « Souviens-toi ! », en hébreu est l'injonction qui vient scander le récit biblique et tout le judaïsme. Ce sera notre second exemple. Sans cesse Israël reçoit l'ordre de se souvenir, de ne pas céder à l'oubli. « Tu te rappelleras tout ce chemin que Iahvé, ton Dieu, t'a fait parcourir pendant ces quarante ans dans le désert [...] Garde-toi d'oublier ton Dieu qui t'a fait sortir du pays d'Égypte, de la maison des esclaves. » *Zakhor*, c'est, bien entendu, le titre du livre de Yosef Yerushalmi, qui part de cet impératif de mémoire pour étudier le rapport des Juifs à leur passé. Texte sacré, texte écrit, la Bible est d'abord un texte révélé. Comme le Veda, on doit étudier la Torah, l'apprendre et la mémoriser. Mais la manière de faire est tout autre qu'avec le Veda. Rien ne conduit à désarticuler et à décontextualiser le texte. Importe, tout au contraire, ce qui s'est passé, l'événement lui-même et la manière dont il est advenu : à commencer par la révélation divine [11]. « Va, tu réuniras les anciens d'Israël, commande Iahvé à Moïse, et tu leur diras : Iahvé, Dieu de vos pères, m'est apparu, lui, le Dieu d'Abraham, d'Isaac et de Jacob, pour dire : Je vous ai réellement visités et je sais ce qui vous est fait en Égypte. » Israël

apprend et apprend à apprendre «qui est Dieu par
ce qu'il a fait dans l'histoire[12]». La révélation est
histoire et, depuis la sortie du paradis, le temps des
origines s'est mué en temps historique. Aussi, le
récit biblique, historique dans son économie profonde, se doit-il d'être la mémoire de cette marche
du temps et des hommes. Il est mémoire de l'histoire ou, tout aussi bien, histoire-mémoire. Témoignant des manquements à l'Alliance, il est tout à la
fois mémoire des oublis et moyen de lutter contre
l'oubli. À la différence de l'Inde, l'injonction à se
souvenir vaut, non pas d'abord ou exclusivement
pour un groupe ou une caste, mais pour l'ensemble
du peuple juif. Loin d'être «sortie» hors du temps,
cette mémoire, qui mémorise et ne cesse de se souvenir, est inscription dans une temporalité : dans le
temps que l'on raconte, mais aussi dans le temps de
celui qui raconte. S'indique là une tout autre configuration du temps, de la mémoire et de l'histoire.

Mais l'exigence de mémoire n'entraîne nulle curiosité pour le passé en tant que tel. Ni l'idée qu'il faut,
comme le voudra Hérodote, sauver de l'oubli les
erga, les marques et les traces qui en valent la peine
de l'activité des hommes. Israël «reçoit l'ordre de
devenir une dynastie de prêtres et une nation sainte ;
nulle part il n'est suggéré qu'il devienne une nation
d'historiens[13]». De Manassé par exemple, pourtant
un roi puissant de Juda, nous ne saurons rien
d'autre, sinon qu'il «fit ce qui est mal aux yeux de
Iahvé». Le seul passé qui importe est celui des interventions de Dieu dans l'histoire avec les réactions
humaines qu'elles entraînèrent. Aussi le seul oubli
qu'il faille toujours tenir en mémoire, ou ne jamais
oublier, est-il «l'oubli» de Iahvé.

Or, si les Juifs ne renoncèrent jamais à l'impéra-

tif de mémoire, vint un temps où ils n'écrivirent
plus d'histoire. Peut-être même furent-ils d'autant
plus un «peuple-mémoire» que cessa cette écriture.
Mémoire et histoire, jusqu'alors réunies, paraissent
se séparer. De fait, «jamais les rabbins n'écrivirent
l'histoire qui advint après la Bible» : la littérature
rabbinique n'a rien, à aucun sens du terme, d'historiographique [14].

La ligne de partage coïncide, a-t-on fait remarquer, avec le synode de Yabneh (vers 100 ap. J.-C.),
qui a fixé le canon définitif de la Bible. Comme l'exception venant confirmer la règle, se dresse du côté
de l'historiographie la figure de Flavius Josèphe,
prêtre et historien : «Nous savons aujourd'hui que
chez les Juifs l'avenir appartenait aux rabbins, pas
à Josèphe. Son œuvre n'eut aucune postérité parmi
les Juifs, et il fallut attendre presque quinze siècles
avant qu'un autre Juif ne se déclarât lui-même véritablement historien [15].» Pour autant, poursuit Yerushalmi, il serait faux de conclure à un désintérêt des
rabbins pour l'histoire ; au contraire, leur attitude
s'explique mieux si on leur prête une «imprégnation
absolue» par l'histoire. Livre de l'histoire advenue,
la Bible donne aussi la trame de toute l'histoire
présente et future. Le sens en est clair, tout le reste
n'est que contingence sans intérêt véritable. En 70
ap. J.-C. (avec la destruction du Temple par Titus),
comme en 587 av. J.-C. (avec la prise de Jérusalem
par Nabuchodonosor), on trouve le péché. «Aux
temps de la Bible, le sens d'événements historiques
particuliers était dévoilé par le regard en profondeur que portait la prophétie. Mais ces temps étaient
révolus. Si les rabbins étaient les successeurs des
Prophètes, ils ne prétendaient pas eux-mêmes en
être. Les allées et venues des procurateurs romains,

les affaires dynastiques des empereurs romains, les guerres et les conquêtes des Parthes et des Sassanides n'apportaient apparemment aucune révélation nouvelle ni utile à ce qu'on savait déjà[16]. » Pas plus que les luttes entre les Juifs eux-mêmes. On n'avait plus besoin de prophètes et on n'avait pas besoin d'historiens : d'où le drame, le dilemme peut-être et, pour nous, la place exceptionnelle de Flavius Josèphe.

Seule cette *fin* de l'histoire, de son écriture du moins, importe ici, tandis que le caractère foncièrement historique du judaïsme demeurait inchangé. Elle pose de difficiles questions. D'abord où et quand la faire « commencer » ? Suffit-il de la faire coïncider avec Yabneh et la fixation du canon ? La faire remonter plus haut, jusqu'au retour de l'Exil, voire jusqu'à l'Exil lui-même, est-il impensable ? Ou, autre façon de poser la même question (à laquelle je ne suis pas capable de répondre) : dans la Bible, où s'arrête l'écriture et où commence la réécriture ? Et encore : comment considérer le prophétisme et l'apocalyptique ? De quel type de visée historique sont-ils porteurs ? Enfin, quel lien se noue entre l'histoire et le lieu ? En l'absence de lieu, le second Temple une fois détruit, l'écriture de l'histoire est-elle (encore) possible ? À nouveau Flavius Josèphe pourrait témoigner, lui qui souligne avec force le lien entre l'historiographie, dans sa possibilité même et son exercice, et le Temple qui, seul, accrédite et autorise « l'historien ». Aux antipodes de la « cacophonie » grecque où chacun, s'autoproclamant historien, s'autorise d'abord de lui-même. Quant à Yabneh, l'école ouverte par Yochanan ben Zakkai, au moment de la destruction du Temple, elle fut un « lieu de mémoire » (« une forteresse dres-

sée contre l'oubli [17] »), mais pas un atelier d'histoire.
Freud, en 1938, le dit admirablement : « Le malheur
politique de la nation (juive) leur apprit à apprécier
à sa valeur la seule propriété qui leur fût restée, leur
Écriture. Immédiatement après la destruction du
Temple de Jérusalem par Titus, le rabbin Yochanan
ben Zakkai sollicita l'autorisation d'ouvrir la première école où l'on enseignait la Torah, à Yabneh.
De ce moment ce furent l'Écriture sainte et l'intérêt
spirituel qui tinrent ensemble le peuple dispersé [18]. »

L'ÉVIDENCE AVANT L'ÉVIDENCE

Parlant des arts de l'Inde et de la Chine, Maurice
Merleau-Ponty suggérait de « mesurer les possibilités que nous nous sommes fermées en devenant
Occidentaux ». La proposition pourrait valoir également pour réfléchir sur les débuts de l'histoire.
Non que j'aie un goût particulier pour les origines
mais parce qu'ainsi on peut disposer d'une sorte de
situation expérimentale. On peut saisir des configurations à partir desquelles se sont opérés des bifur-
cations ou des choix, qui auraient pu ne pas être ou
être autres ; ils ont été ensuite oubliés ou sont devenus si évidents qu'on n'a plus songé à les questionner. On mesure aussi toute la distance qu'il y a
entre un « intérêt poli : le passé » et l'émergence
d'une « pensée historique », toujours mue par le
souci du présent.

Reportons-nous un instant vers la Mésopotamie
déjà évoquée où, à la fin du IIIe millénaire, la
monarchie d'Akkadé, qui a été la première à unifier
le pays sous son autorité, a fait appel à des scribes
pour écrire « son » histoire, c'est-à-dire légitimer

son pouvoir au présent. Mais sans m'arrêter sur ce premier modèle d'historiographie royale et monumentale, aussi incontestable que simple dans sa démarche, je voudrais attirer l'attention sur les échanges qui semblaient s'être noués entre la divination et l'histoire. Dans l'ancienne Mésopotamie, on le sait, la divination occupait une grande place dans la prise de décision[19]. Comment travaillaient les devins? Ils accumulaient, classaient des cas, faisaient des listes, compilaient, constituant de véritables bibliothèques. Ils étaient guidés par un idéal d'exhaustivité, lui-même réglé par la logique du précédent. Ce qui nous amène vers le savoir du juge et la pratique du tribunal. Autrement dit, avant de scruter l'avenir, la divination est d'abord une science du passé.

Or, ont été retrouvés à Mari une série d'oracles (datés du début du IIe millénaire), que les savants modernes ont appelé «oracles historiques». Au lieu d'énoncer sur le mode canonique — «Si le foie de l'animal (sacrifié) se présente ainsi, c'est le signe que le roi prendra la ville de telle façon» —, ils disent: «Si le foie de l'animal est ainsi, c'est le signe que le roi *a pris* la ville de telle façon.» Ce passage du futur à l'accompli a de quoi surprendre et, peut-être, d'autant plus que les événements auxquels ils se réfèrent sont tenus par les modernes pour ayant effectivement eu lieu. Aussi certains ont-ils voulu découvrir là les tout débuts de l'historiographie mésopotamienne. D'abord la divination, ensuite l'histoire. Des sinologues, comme Léon Vandermeersch, ont soutenu le même point de vue à propos de l'historiographie chinoise[20].

Mon incompétence m'interdit de prendre parti, mais le seul point qui m'importe ici est que les deux démarches, la divinatoire et l'historiographique, semblent relever d'un même espace intellectuel. Du point de vue du consultant, en règle générale, le roi : il vient chercher une aide à la décision. Du point de vue des spécialistes consultés, les scribes : noter un oracle « historique », le transcrire et l'étudier, c'est ajouter une configuration oraculaire à leurs listes et augmenter leur stock de précédents. On peut imaginer aussi que le travail se fait alors dans l'autre sens, en partant de l'événement (l'annonce de la prise de la ville) pour déchiffrer (vérifier) les signes inscrits dans le foie. Ou, autre possibilité, ne peuvent-ils recopier des inscriptions royales historiques, relatant telle ou telle action du roi ? Puis, à partir des listes d'oracles déjà dûment répertoriés, ils lui font correspondre la protase (l'état du foie) qu'a impliquée ou que devrait impliquer normalement cet événement.

Une telle enquête pourrait se prolonger jusqu'à Rome, en prenant en compte les *Annales pontificales*, fameuses, voire d'autant plus fameuses qu'elles ont disparu. Le souverain pontife, on le sait, rédigeait chaque année une chronique (*tabula*) qu'il affichait devant sa demeure. Cicéron fit de cette transcription le point de départ, maladroit encore et sans apprêt, de l'historiographie romaine. En reprenant ce dossier, John Scheid a montré qu'il devait s'agir d'un document faisant, à la fin de chaque année, le point sur l'état des relations de la cité avec les dieux[21]. Il revenait au *pontifex maximus* de le compiler, en fonction du pouvoir qui lui était dévolu de « retenir sur sa *tabula* la mémoire des événements ». Quels *événements* ? Les victoires, les calamités, les prodiges, mais recueillis et traités uniquement comme autant de signes permettant de tenir à jour la comptabilité de la piété. En particulier, ce qu'il convenait de recevoir comme prodiges et comment les «expier». Histoire «officielle» de Rome, si l'on veut, ou histoire «religieuse», mais découpée selon le rythme calendaire de la cité, cette compilation répondait aux questions : où en sommes nous vis-à-vis des dieux ? a-t-on fait ce qu'il convenait ? qui est en dette ? que faut-il faire ? Et le pontife était, lui aussi, un homme d'archives, guidé par la recherche de précédents (en matière de prodiges particulièrement), mais d'abord soucieux du présent. Il lui revenait de fournir, chaque année, aux nouveaux consuls entrant en charge un rapport sur la situation religieuse de la Ville.

Autres assurément ont été les choix de la cité grecque. La divination y était certes présente et des recueils d'oracles existaient. Mais l'historiographie, ce qui pour les Grecs déjà et pour les modernes ensuite est devenue l'«histoire», a procédé d'un autre cheminement. Elle présupposait l'épopée. Hérodote a voulu rivaliser avec Homère, et, comme je l'ai déjà écrit, il est finalement devenu Hérodote. Il a entrepris de faire pour les récentes guerres contre les Perses ce qu'Homère avait fait pour la guerre de Troie. Écrire l'histoire, ce sera, dès lors, prendre pour point de départ le conflit et raconter une grande guerre, en en fixant «l'origine» (désignation de celui qui en est responsable (*aitios*) pour Hérodote, ou dégagement de la «cause la plus vraie» pour Thucydide)[22]. À la différence de la Bible qui se veut une histoire continue depuis le début des temps, les premiers historiens grecs se fixent un point de départ et s'en tiennent au récit d'une séquence limitée (ce qui n'interdit pas, au contraire pour Hérodote, les retours en arrière).

Chantant les exploits des héros, l'aède de l'épopée avait affaire à la mémoire, à l'oubli et à la mort. De même, Hérodote veut empêcher que les marques de l'activité des hommes ne s'effacent, en cessant d'être racontées. Mais il se limite à ce qui est advenu « du fait des hommes », en fonction de ce qu'il « sait » et dans un temps défini, lui aussi, comme « temps des hommes ». Alors que l'aède tenait son savoir de la Muse, qui, elle, ayant le privilège d'être toujours présente, voyait tout, l'historien n'aura d'autre choix que de recourir à l'*historia* : sorte de substitut destiné à lui procurer, dans certaines limites, une « vision » analogue à celle, inaccessible désormais, que procurait la Muse[23]. Cette première « opération » historiographique rencontre et renforce la primauté accordée par les Grecs à l'œil comme instrument de connaissance. À partir de là, l'histoire de l'historiographie occidentale pourrait s'écrire en contrepoint d'une histoire de l'œil et de la vision.

Si, par rapport aux historiographies orientales, les Grecs sont des tard venus, c'est avec eux, justement avec Hérodote, que surgit l'historien comme figure « subjective ». Sans être directement commissionné par un pouvoir politique, dès ses tout premiers mots, il vient marquer le récit qui commence par l'inscription d'un nom propre : le sien. D'emblée revendiquée, cette place de savoir est, pourtant, entièrement à construire : ce sera bien sûr l'œuvre elle-même. Aussi les Grecs sont-ils moins les inventeurs de l'histoire que de l'historien comme sujet écrivant. Un tel mode d'affirmation de soi et de production d'un discours n'a nullement été le fait de la seule historiographie. Il est, tout au contraire, la marque, proprement la signature de cette époque de l'histoire intellectuelle grecque (entre le VIe et le vᵉ siècle av. J.-C.), qui a vu au même moment chez les artistes, les philosophes de la nature, les médecins, la montée de l'«égotisme[24]».

Figure nouvelle sur la scène des savoirs, mais non surgie de rien, l'historien ne tardera cependant pas à s'incliner devant le philosophe, qui va devenir, dès le ivᵉ siècle, la référence majeure et, pour ainsi dire, l'étalon de l'intellectuel. Le philosophe deviendra un homme d'école, l'historien, non, mais la question de sa place, de son rapport à l'institution ne cessera désormais d'être posée. Dès lors que l'histoire ne pourra plus prétendre être la science politique que Thucydide voulait, aurait voulu qu'elle fût, il restera à l'historien à s'efforcer de convaincre que l'histoire aussi est philosophique et peut être plaisante et utile. Ce sera finalement la présentation de l'histoire comme *magistra vitae* et philosophie morale : prêchant par exemples, elle se veut moins une science de l'action que de l'action sur soi. Mais des choix de Thucydide, il restera ce point, souvent relevé par Arnaldo Momigliano, que l'histoire véritable sera d'abord et pour longtemps l'histoire politique, laissant de côté tout le champ des Antiquités ou de l'érudition. Ce n'est qu'à l'époque moderne, avec Gibbon, que recherches antiquaires et histoire se rejoindront[25].

Un des coups d'arrêt, de grande conséquence, porté aux ambitions de l'histoire thucydidéenne a sûrement été celui qu'a formulé Aristote au chapitre ix de la *Poétique*. Thucydide avait eu l'ambition de faire de son œuvre, selon la formule célèbre, un *ktêma* (un acquis) pour toujours. Le but n'était plus de sauver des accomplissements remarquables de l'oubli qui ne cesse d'effacer, mais de transmettre aux hommes de l'avenir un instrument d'intelligibi-

lité de leurs propres présents. En allant ainsi du présent (non du passé) vers le futur, la visée n'était pas
celle d'une prévision, mais plutôt celle d'un déchiffrement des présents à venir, car, étant donné ce que
sont les hommes, d'autres crises, non les mêmes,
mais analogues ne manqueront pas d'éclater dans
le futur. La permanence de la nature humaine fonde
l'exemplarité (idéaltypique) de ce conflit, nommé
(pour toujours) par son historien, « la » guerre du
Péloponnèse.

Or, en l'opposant à la poésie, Aristote, on le sait,
cantonne l'histoire du côté du « particulier », à ce
qu'Alcibiade a fait ou à ce qui lui est arrivé. Le
« général » est, par définition, hors de sa portée. Il en
découle que la poésie est plus « philosophique » que
l'histoire. Par la suite Polybe, par exemple, tenta
de retourner l'argumentation d'Aristote, en démontrant que l'histoire est plus philosophique que la
poésie, car elle est une tragédie vraie, mais ses efforts
ne furent pas vraiment couronnés de succès. La
postérité n'en tint pas grand compte, même si les
humanistes retrouvèrent les termes du débat[26]. En
revanche, le partage aristotélicien demeurera une
des scansions majeures de l'historiographie occidentale et nourrira des interrogations récurrentes.
Si les manières de les formuler ont grandement
varié — qu'il s'agisse, par exemple, des interrogations sur les parts respectives de l'individuel et du
collectif, de l'histoire conçue comme idiographique
ou nomothétique, ou des débats autour de fiction
et histoire, etc. —, elles n'en remontent, au total,
pas moins jusqu'à ce premier ébranlement. On a là
l'amorce d'une configuration de très longue durée
touchant au problème de l'évidence de l'histoire.

Ces remarques ne visaient nullement à soutenir

que tout se trouve ou tout se joue dans les commencements, mais invitaient seulement à les considérer
comme un espace expérimental où communiquent
encore des expériences historiques divergentes, des
partages s'amorcent, des choix positifs se formulent,
des ruptures se dessinent, bref une «pensée historique occidentale» se construit[27].

Chapitre 2

ORATEURS ET HISTORIENS

«Parce que nous [les humains] avons reçu le pouvoir de nous convaincre mutuellement et de faire
apparaître clairement à nous-mêmes l'objet de nos
décisions, non seulement nous nous sommes débar-
rassés de la vie sauvage, mais nous nous sommes
réunis pour fonder des cités; nous avons établi des
lois; nous avons découvert des arts (*technai*)[1].»
Ainsi débute cet éloge du langage (*logos*), tout à la
fois comme aptitude à parler et à bien parler, dû à
Isocrate, le maître de l'éloquence athénienne. Le
même éloge se retrouve chez Cicéron, maître non
moins incontesté de l'éloquence latine, qui le met
dans la bouche de l'orateur Crassus. «Quelle autre
force [que celle de la parole] a pu réunir en un
même lieu les hommes dispersés, les tirer de leur
vie grossière et sauvage, pour les amener à notre
degré actuel de civilisation, fonder les cités, y faire
régner les lois, les tribunaux, le droit?[2]» Propre
de l'homme, le *logos*, comme capacité de parler et
de se parler, de convaincre et de se convaincre, est
donc placé au fondement de la vie civilisée, c'est-à-
dire de la vie en cité. Le citoyen sera donc orateur
et le meilleur citoyen sera le meilleur orateur.

D'Isocrate à Cicéron, ce même éloge sonne tout à
la fois juste, dans la mesure où il exprime un trait
essentiel et de très longue durée de la civilisation
antique, et faux, car il est largement décalé par
rapport aux réalités politiques des IVe et Ier siècles
av. J.-C. Dans la guerre du Péloponnèse, Athènes a
failli disparaître et, bientôt, Philippe de Macédoine
l'emportera sur Démosthène et toute son éloquence.
À Rome, la République se meurt et, contrairement
aux thèses cicéroniennes, les généraux pèsent plus
que l'orateur. La toge cède aux armes : Crassus,
Pompée, César se partagent le pouvoir, tandis que,
proscrit, Cicéron finira assassiné en 43.

ÉLOQUENCE ET CITÉ

«Bon diseur d'avis» et «bon faiseur d'exploits»
(*erga*) : tel doit être le héros homérique. Doublement
excellent : en paroles et en actions, à la guerre
comme à l'assemblée. Que ce soit devant Troie, l'assemblée des chefs achéens, où chacun, tour à tour,
est invité à faire prévaloir son avis et où, en passant
de main en main, le sceptre royal marque l'inviola-
bilité de l'orateur et rend visible ce premier modèle
de circulation réglée d'une parole presque «politique». Que ce soit à Schérie ou à Ithaque, où l'assemblée, convoquée en principe à l'initiative du roi,
réunit les membres (le *demos*) de la communauté.
À cette occasion, Télémaque se fait même traiter
d'«orateur d'agora».

Près de dix siècles plus tard, dans ses *Préceptes
politiques*, adressés à un jeune homme désireux
de faire carrière, Plutarque repart de cette même
formule homérique, comme définissant au mieux

l'«homme politique», c'est-à-dire celui qui désormais, notable d'entre les notables, est vu comme le «chef naturel» de la cité. Mais nous sommes, partiellement au moins, dans le registre de la métaphore. Car de guerres et de combats il ne saurait plus être question, depuis que s'est étendu le règne de la «paix romaine». Sa parole, en revanche, est à la fois *logos* et *ergon*, parole et action, car c'est avec ce seul «instrument» qu'il «modèle» la cité.

Avec la cité classique, dont Athènes reste comme le type idéal, la parole devient, selon la formule de Jean-Pierre Vernant, «l'outil politique par excellence [...] Elle n'est plus le mot rituel, la formule juste, mais le débat contradictoire, la discussion, l'argumentation. Elle suppose un public auquel elle s'adresse comme à un juge qui décide en dernier ressort, à mains levées, entre les deux partis qui lui sont présentés ; c'est ce choix purement humain qui mesure la force de persuasion respective des deux discours, assurant la victoire d'un des orateurs sur son adversaire[3]». Est nettement marqué le lien essentiel existant entre la cité comme telle et la parole persuasive : l'une ne va pas sans l'autre. Mais, tout aussitôt, s'introduisent une ambiguïté et un risque inéluctable. La persuasion (*peithô*), n'est pas et ne peut pas être univoque. À côté de la bonne persuasion, soucieuse de vérité, il y en a une autre qui, pour convaincre, flatte, égare, trompe l'interlocuteur. À l'orée de la civilisation grecque, Ulysse surgit déjà en maître d'éloquence et en maître fourbe.

Il ne s'est agi jusqu'à présent que de paroles orales, mais entre le VIIe et la fin du Ve siècle av. J.-C., la cité se mit à écrire : ses lois, ses décrets, ses règlements ; imprimant et exprimant sur ses murs cette même exigence de publicité que manifestait, à sa façon, la circulation de la parole entre les citoyens. Mouvement de grande conséquence : l'importance reconnue à la parole (comme instrument politique) et la pratique de l'écriture (par le pouvoir d'objectivation qu'elle implique) amenèrent le développement des réflexions sur le *logos*, sur ses pouvoirs et sa maîtrise : avec la rhétorique, dont la légende veut qu'elle soit apparue en Sicile justement après le renversement des tyrans (seuls maîtres de la parole, notamment en matière de justice), et la sophistique, école du «bien parler», donc école du pouvoir dans la cité. Si les grandes figures de l'Athènes du Vᵉ siècle, Thémistocle ou Périclès, n'ont laissé aucun discours écrit (d'une certaine façon leurs œuvres, mais *anonymes*, sont les décrets votés et exposés sur les murs de la cité), Démosthène, lui, les rédigeait (au moins partiellement), et, au Iᵉʳ siècle, Cicéron affirmera que le meilleur entraînement pour l'orateur est l'écriture ; quant à Isocrate, on sait qu'il n'a jamais composé que des discours fictifs, au style dûment et longuement travaillé.

Dans le monde homérique, l'aède avait charge de la mémoire sociale du groupe. Il chantait la geste des héros qui, pour échapper à l'anonymat des morts ordinaires, avaient accepté de mourir au premier rang de la bataille, s'assurant ainsi une gloire (*kleos*) immortelle. Tel Achille, plus que tous. La Muse était son inspiratrice. D'elle il tenait ce qu'il savait. L'aède était chantre ou porte-voix, mais pas «auteur».

En revanche quand, au tout début du Vᵉ siècle, Hécatée de Milet ouvre ses *Histoires* par ces mots : «Hécatée de Milet parle ainsi», il se pose en auteur, signant son œuvre, en tant qu'Hécatée, citoyen de Milet. Puis, avec la phrase suivante, la signature se

redouble et se déplace (la première personne succède à la troisième) : « Ces récits *je les écris*, comme
ils me semblent être vrais. Car les récits des Grecs,
tels qu'ils se montrent à mes yeux, sont multiples et
risibles. » Le narrateur se mue en un sujet d'énonciation, qui se construit et se reconnaît comme « je »
écrivant et qui, par l'écriture, met à distance ces
récits des Grecs, dont la multiplicité devient tout à
coup visible. D'où le rire qui le saisit[4]. Dans ce nouvel espace politique et intellectuel, l'historiographie
peut commencer et l'historien venir relayer l'aède.

Mais, alors que l'aède inspiré voyait aussitôt par
les yeux de la Muse, l'historien n'a d'autre ressource
que d'enquêter (*historein*) pour essayer de voir plus
loin et de savoir davantage. Si l'aède était le porte-
parole de la Muse, l'historien, qui recourt à l'écriture,
se revendique comme écrivant. Soucieux des morts
et maître d'immortalité, il voudrait l'être encore,
mais l'immortalité qu'il proclame ou consigne n'est
plus celle des héros individuels, elle est celle de la
cité. Les citoyens morts à la guerre ne peuvent en
effet prétendre à la gloire du souvenir que parce
qu'ils ont fait leur devoir, en obéissant aux ordres de
la cité. Ainsi que Thucydide le fait exposer par Périclès, dans la fameuse *Oraison funèbre* qu'il prononce à l'issue de la première année de la guerre du
Péloponnèse[5]. Désormais, l'immortalité est l'affaire
de la cité, mais, bientôt, Athènes va découvrir qu'elle
est, elle-même, mortelle.

PAROLES ET ACTIONS

Logoi et *erga* : le héros homérique doit exceller
dans l'un et l'autre domaine, sans que la question

de leurs rapports ne se pose encore vraiment. Avec le développement de la cité et des réflexions sur le langage lui-même, les choses changent. On pourrait même, au long de l'histoire de la cité antique, repérer une triple scansion : du *logos* inspirateur de l'*ergon*, au *logos* comme *ergon*, voire au *logos* sans *ergon*. Ou, pour le formuler autrement, de l'homme politique — Périclès par exemple — comme orateur, à l'orateur (*rhêtôr*) comme homme politique — Démosthène ou Cicéron —, puis au *politikos* de Plutarque ou, mieux, au sophiste (au sens que prend le terme au IIe siècle ap. J.-C., tels Aelius Aristide ou Dion de Pruse)[6]. Régulièrement réélu stratège à Athènes, Périclès réunit éloquence et action, alors que les stratèges du IVe siècle seront d'abord des hommes de guerre. La conduite de la politique devient alors l'affaire des *rhetores*, comme Démosthène, qui sont des orateurs professionnels, indépendamment de toute charge élective. Si leur pouvoir réside dans leur *logos*, leur parole tend à être aussi leur *ergon*.

Reprenant et prolongeant Isocrate dans le contexte de Rome, Cicéron « héroïse » l'orateur. Assurément, Rome n'a pas attendu Cicéron pour posséder de grands orateurs. Caton déjà le définissait comme « homme habile à bien parler » (*vir bonus dicendi peritus*). Existaient même des emplois « purement latins » ou « fonctionnels » du mot *orator*. Indépendamment de toute idée d'art oratoire, on « devenait » *orator* au sortir de l'armée, et avant d'y revenir comme chef militaire (*imperator*), puis d'entrer au Sénat[7]. Mais Cicéron développe, en particulier dans *De l'orateur*, une conception de l'éloquence et de la cité qui accorde le premier rôle à l'orateur, faisant de lui le véritable *princeps* de la cité. Parodiant les propos de Platon sur les rois et les philosophes, il pourrait dire : « Tant que les bons orateurs ne seront pas rois dans les cités et que ceux que l'on appelle aujourd'hui rois et souverains ne seront pas vraiment et sérieusement orateurs il n'y aura pas de cesse aux maux des cités. »

Les *logoi* et les *erga* : les paroles et les actions, mais aussi les discours et les faits, tel est le problème pour l'historien. Il doit trouver les mots (justes, précis, vrais) pour raconter les faits et gestes des hommes et les actions des cités, en vue de les préserver de l'oubli. Mais il sait que toujours les mots risquent d'être inférieurs, insuffisants, ou, comme le notait Hérodote, que les *erga* sont plus grands que les paroles. « Hérodote de Thourioi expose ici ses recherches, pour empêcher que ce qu'ont fait les hommes avec le temps ne s'efface de la mémoire et que de grands et merveilleux exploits accomplis tant par les Barbares que par les Grecs ne cessent d'être racontés. »

Même une fois devenue un *topos* littéraire, la polarité *logoi/erga* ne cessera pas de travailler l'écriture de l'histoire. Elle commence par traverser *La guerre du Péloponnèse* de Thucydide, où discours et récits des événements se succèdent, se répondent, s'opposent, se contredisent. Quelle est donc la part des *logoi* dans l'histoire, leurs effets ? Quel est le poids des choses et le rôle de mots ? Une historiographie qui n'eût pas fait place aux discours eût été tout à fait inconcevable dans ce monde de la parole politique qu'était la cité antique. Mais, du même coup, s'introduisait un problème qui la hantera longtemps : comment concilier l'exigence de vérité avec la fausseté inévitable des discours qui, ainsi que l'admet Thucydide, ne peuvent guère aller au-

delà du vraisemblable? Pour composer ces discours, l'historien ne doit-il pas lui-même exceller
dans l'art oratoire? Cicéron estimait d'ailleurs que
plus et mieux qu'à quiconque revenait à l'orateur
d'écrire l'histoire, conçue en effet comme *opus oratorium maxime*[8]. En ce point, la frontière entre l'historien et l'orateur, l'éloquence et l'histoire, risque de
se brouiller ou de sauter, l'historien se prenant alors
pour l'orateur, ou jouant à l'homme politique qu'il
n'est pas ou qu'il n'est plus.

Si Hérodote n'avait pas connu l'exil et les voyages,
peut-être ne serait-il pas devenu «le père de l'histoire»? Si Thucydide n'avait pas dû s'exiler d'Athènes
à la suite de son échec comme stratège, peut-être
serait-il demeuré un homme politique? Si Polybe
était resté un des chefs de la confédération achaienne,
sans connaître la condition d'otage et l'exil à Rome,
il n'aurait probablement pas écrit son histoire.
Autant de si qui suffisent à suggérer le lien — fût-ce
sur le mode négatif — entre la politique et l'histoire :
la pratique de l'histoire à défaut de la politique. À
Rome, le rapport est plus net encore: longtemps
l'affaire des seuls sénateurs, l'histoire est cette activité sérieuse vers laquelle on se tourne quand on a
quitté la politique ou quand elle vous a quitté. Ainsi
firent Salluste ou même Tacite[9]. Classée du côté de
l'*otium*, elle est néanmoins plus «utile» que l'activité (*negotium*) de beaucoup, comme voudrait en
persuader et d'abord s'en persuader Salluste. N'offre-
t-elle pas, en fin de compte, une revanche sur
l'homme politique? En s'y adonnant, l'historien en
vient à escompter, au-delà du présent et de ses vicissitudes, une survie pour son œuvre et donc pour lui-
même au-delà de lui-même.

Souvent un exilé, l'historien, à la différence de

l'orateur, n'est pas ou plus l'homme d'une seule cité, même si la cité demeure son horizon. À la fois dehors et dedans, entre-deux, intermédiaire, voire « traître », il retient quelque chose de l'itinérance de l'aède épique et son écriture, en s'astreignant à être *suggraphie* (de *sun* avec et *graphein* écrire), mise ensemble, mise en rapport, s'emploie à construire une vision *synoptique* du monde habité. Ainsi fit au plus haut point Polybe depuis Rome. Même exilés de l'intérieur, les historiens romains restèrent les hommes d'une cité : Rome toujours fut leur unique objet. Ils se montrèrent ainsi plus praticiens du genre de l'histoire locale que de la grande historiographie à la Hérodote. Peut-être aussi était-ce une façon de continuer à faire de la politique par d'autres moyens ?

De même qu'il y a une éloquence des historiens (les discours qu'ils fabriquent), il y a une histoire « oratoire » ou à l'usage des orateurs : celle des *exempla* qui, à travers des personnages ou des anecdotes célèbres, fait appel au passé pour apporter des précédents ou proposer des modèles à imiter. L'exemple est un moment de l'argumentation et un moyen de la persuasion. Le recours aux *exempla* est donc une façon pour l'orateur de raconter l'histoire de la cité et, pour le public, de se laisser raconter cette histoire. Athènes ne s'en priva pas : les orateurs du IVe siècle en témoignent abondamment [10]. Rome non plus, où l'importance du *mos majorum* conférait à la démarche encore un surcroît d'autorité.

Dans la cité hellénistique et romaine, cette éloquence historique avec son cortège d'*exempla* fonctionne pleinement [11]. Et même d'autant mieux que, dans une Grèce dominée par Rome, « la fortune n'a laissé aucun enjeu à nos luttes ». La formule est de

Plutarque, qui la reprend directement d'Homère. Elle signifie littéralement qu'il n'y a plus désormais « aucun prix du combat déposé au milieu du cercle des guerriers ». La guerre n'étant plus l'affaire des cités, il n'y a plus d'*erga* (à accomplir), et seulement des *logoi* (à produire), des discours, qui valent comme *erga*. Ils miment l'action, en tiennent lieu et sont aussi action. Le principal effet de cette éloquence, celle des sophistes de la seconde sophistique, tend en effet à préserver la concorde (*homonoia*) à l'intérieur de la cité, c'est-à-dire le pouvoir des notables et le statu quo social dans le cadre de l'empire romain.

À Rome, Cicéron estimait que l'éloquence était la « compagne de la paix ». Elle ne pouvait s'épanouir dans les troubles accompagnant la naissance des cités ou quand la guerre faisait rage [12]. Guère plus d'un siècle après, Tacite s'interroge sur la rapide décadence de l'éloquence. Sa réponse peut s'entendre comme un contrepoint désabusé ou ironique. Un État bien ordonné, observe-t-il, n'a nul besoin d'éloquence, alors qu'elle fleurit, au contraire, dans les troubles. « À quoi bon accumuler les discours, puisque ce ne sont pas des incompétents et la foule qui délibèrent, mais le plus sage des hommes tout seul ? [13] » À Rome aussi, il n'y a plus d'enjeu, plus de prix déposé au centre. Plus de centre ou un centre investi par un homme tout seul. Il ne reste plus qu'à composer des panégyriques de l'empereur ou des éloges de Rome.

Chapitre 3

VOIR ET DIRE :
LA VOIE GRECQUE
DE L'HISTOIRE
(VIᵉ-IVᵉ SIÈCLE AV. J.-C.)

Si l'histoire, ou plutôt son écriture, commence
en Mésopotamie à la fin du IIIᵉ millénaire avec la
monarchie d'Akkadé, qui est la première à unifier
le pays sous son autorité et à faire appel à des
scribes pour écrire son histoire [1]; si le Livre de l'Ancien Israël, tout entier habité par l'exigence de
mémoire, se donne, fondamentalement, comme un
livre d'histoire, qu'en est-il alors des Grecs ? quelle
place leur assigner ? Logés dans leurs étroits can-
tons aux lisières de l'Orient, ne sont-ils que des
« tard venus », eux que toute une longue tradition,
reprise jusqu'à nous, n'a cessé pourtant de constituer en « premiers inventeurs » ? la Grèce n'a-t-elle
pas été le lieu de tous les commencements, et donc
aussi celui des débuts de l'historiographie ? Hérodote n'est-il pas, depuis la désignation cicéronienne
au moins, le père de l'histoire [2] ?

Tard venus, ils le sont indiscutablement, eux qui
d'ailleurs n'ont retrouvé l'écriture qu'au cours du
VIIIᵉ siècle av. J.-C. en adaptant l'alphabet syro-
phénicien. Et il leur faudra encore trois siècles
pour écrire leurs premières histoires. En revanche,
c'est bien avec eux, justement avec Hérodote, que

surgit l'historien comme figure «subjective». Sans être directement lié à un pouvoir politique, sans être commissionné par lui, dès l'ouverture, dès les tout premiers mots, Hérodote vient marquer, revendiquer le récit qui débute, par l'inscription d'un nom propre : le sien, au génitif («D'Hérodote d'Halicarnasse, voici...»). Comme l'avait déjà fait avant lui Hécatée de Milet et comme, après eux, le fera Thucydide d'Athènes. Mais plus Xénophon ni Polybe. Hérodote est l'auteur de son *logos*, et c'est ce *logos* qui, face à d'autres, vient établir son autorité. Il y a là un net écart par rapport aux historiographies orientales. Les Grecs sont moins les inventeurs de l'histoire que de l'historien comme sujet écrivant, ainsi que le notait Wilamowitz.

Ce mode d'affirmation et ce dispositif de production d'un discours n'ont pas été réservés, on le sait, à la seule historiographie. Tout au contraire, cette époque de l'histoire intellectuelle grecque (entre le VIe et le Ve siècle av. J.-C.) voit les savants comme les artistes prendre la parole à la première personne : non pas encore «souci de soi», mais sûrement volonté de signer et de se revendiquer comme auteur. Toutefois, dans le cas de l'historiographie, cette affirmation n'ira pas sans une certaine fragilité, dans la mesure où l'histoire deviendra assez vite un genre mais pas une discipline : elle ne sera à aucun moment relayée et prise en charge par une institution (école ou autre), qui viendrait en codifier les règles d'accréditation et en contrôler les modes de légitimation. De plus, figure nouvelle sur la scène des savoirs, mais non surgie de rien, l'historien ne tardera pas à s'incliner devant le philosophe, qui va devenir, dès le IVe siècle av. J.-C., la référence majeure et, pour ainsi dire, l'étalon de l'intellectuel grec. Dès lors l'historien critiquera le philosophe, se fera passer parfois pour philosophe, ou s'emploiera à montrer que l'histoire est philosophique. Par ses exemples, elle peut aider sinon à faire l'histoire, du moins à en supporter les vicissitudes.

Dans ce bref aperçu des conditions de possibilité de l'écriture historienne, envisagée sur un horizon comparatiste, il faut bien évidemment donner la première place au développement de la cité isonomique, c'est-à-dire à tout l'univers intellectuel qui l'informe et l'exprime[3]. Dégagement d'un espace public, valorisation du débat public et contradictoire, importance du *nomos*, comme instituant proprement les communautés humaines, réflexions sur les différents régimes politiques. Dans ces enquêtes tous azimuts et dans cette intense volonté de savoir, de questionner, de repenser le monde à partir de cette expérience politique inédite, le rôle moteur est joué d'abord par les savants originaires des cités d'Ionie. Ce sont eux qui ont élaboré les nouveaux questionnaires. Arnaldo Momigliano a attiré l'attention sur l'écart qu'il y a entre la loi juive, la Torah et la loi grecque. La première présente un caractère ahistorique — « Il n'y a pas d'avant et d'après dans la Torah » — et rend l'historiographie inutile, alors que le *nomos* devient pour beaucoup d'intellectuels grecs du ve siècle un fréquent objet d'*historia*. Voici encore une autre différence qui renvoie à la distance des deux univers : la règle n'est pas pour les auteurs de la Bible de consigner différentes versions d'un même événement, tout au contraire, alors que l'historien grec estimera, lui, qu'il fait partie de son travail de les recueillir, puis

de les classer, notamment, en fonction de leur vraisemblance[4]. La reconnaissance de sa compétence
est à ce prix.

À côté de la *polis*, phénomène central et singulier,
auquel on est toujours ramené, nous prendrons
en compte deux facteurs qui ont joué un rôle
dans l'émergence d'une historiographie proprement grecque : la place de l'écriture et celle de l'épopée. Puis, nous prendrons comme fil conducteur la
question du rapport au temps entre la fin du VIe et
le IVe siècle.

ÉCRITURE ET HISTOIRE

Pour l'anthropologue Jack Goody, la pratique de
l'écriture a permis de rendre perceptible la distance entre *muthos* et *historia* et, corrélativement,
entre passé et présent[5]. Conduisant à mettre les
uns à côté des autres des récits jusqu'alors colpor-
tés oralement, et rendant possible de les saisir dans
la simultanéité, leur transcription rend soudain
visibles les décalages, les impossibilités, les contradictions entre les uns et les autres : leurs *inconsis-
tencies*. Car il ne se peut qu'un même personnage
soit ici et là en même temps, lui attribuer telle
action est impossible, il eût été ou trop jeune ou
trop vieux, etc. Ce sont, on le voit aisément, les
récits généalogiques qui sont les premières «victimes» de cet éclairage inédit.

Tel est exactement le sens de la remarque que
propose Hécatée de Milet dans l'introduction d'une
œuvre, que la tradition connaît sous le titre de *Généalogies*, *Histoires* ou *Hérologie* : «Hécatée de Milet
s'exprime ainsi : j'écris ce qui suit (*tade graphô*), tel

que cela me semble (*dokei*) être vrai ; car les récits (*logoi*) des Grecs sont nombreux et risibles, tels qu'ils m'apparaissent à moi[6]. » Le même Hécatée est l'auteur d'une *Périégèse* ou *Parcours de la terre habitée*, divisée en deux livres (l'un consacré à l'Europe, l'autre à l'Asie). Clair exemple de la montée de l'«égotisme», Hécatée est, en cette fin du VIe siècle, un des principaux représentants de l'ambition de savoir ionienne. Inventorier le monde et mettre de l'ordre dans les récits des Grecs relève d'un même projet intellectuel, prenant appui sur l'écriture. «Moi, Hécatée, j'écris et, passant au crible de mon *dokein* ces récits multiples, je ris.» Que sont ces «*logoi* des Grecs»? Des Grecs, pour les distinguer d'autres récits non grecs ou barbares? Des Grecs, en tout cas, et non ceux des gens de Milet ou de telle autre cité. Hécatée adopte un point de vue panhellénique. Vise-t-il alors la poésie épique, qui avait justement une portée panhellénique, celle d'Homère et d'Hésiode? Il est bien sûr tentant de le penser. Quelques exemples du mode d'exercice de son *dokein* subsistent. Le «chien d'Hadès» n'était pas un véritable chien, mais un serpent sévissant au cap Ténare et ainsi nommé à cause de son venin mortel. Il ne croit pas que Géryon, celui contre qui Eurysthée avait envoyé Héraclès avec mission de lui voler ses bœufs, ait quoi que ce soit à voir avec le pays des Ibères ; pas davantage qu'Héraclès a été envoyé vers une île, Érythie, localisée au-delà de l'Océan. Géryon régnait, en fait, sur le continent (grec), dans la région d'Ambracie et d'Amphilochie. Égyptos, à son avis, n'est pas venu en personne à Argos et, contrairement à ce que pensait Hésiode, il n'avait certainement pas cinquante fils : en réalité, pas même vingt[7].

Ces cas suffisent pour montrer comment étaient traités les «récits». L'écriture vient après, en position seconde. Peut-être même reprend-elle, si elles existent, des transcriptions ou des débuts de transcriptions antérieures? On peut penser, par exemple, à cette compilation connue sous le titre de *Catalogue des femmes*, placée sous le nom d'Hésiode, même si on le date aujourd'hui de la seconde moitié du VIᵉ siècle. Le principe organisateur en est la catégorie du vraisemblable, qui prendra de plus en plus d'importance dans les décennies suivantes. Mais, notons-le, ce réaménagement du savoir n'en sape nullement les fondements, au contraire. Ni l'existence de Géryon, ni celle d'Héraclès ou d'Égyptos ne se trouvent questionnées, en tant que telles. Leurs aventures sont même d'autant plus vraies qu'au terme de cette opération elles sont inscrites dans le vraisemblable de l'époque.

Presque en même temps qu'Hécatée, puis tout au long du Vᵉ siècle, plusieurs auteurs s'employèrent aussi à écrire, transcrire ces mêmes récits. Tels Acousilaos d'Argos, Phérécyde d'Athènes, Damastès de Sigée, Hellanicos de Lesbos, d'autres encore. D'eux, nous ne savons presque rien et leurs écrits, nombreux semble-t-il, sinon prolixes, ont disparu. À leur sujet, la tradition paraît hésitante ou embarrassée. Pour commencer, elle ne sait trop comment les nommer ni comment classer leurs œuvres. Sont-ils (encore) du côté du *muthos* ou appartiennent-ils à la sphère du *logos* (voire de l'*historia*)? Leurs écrits semblent proches des poètes et, pourtant, ils usent de la prose. Ils plagient, dit-on, ou continuent Hésiode, mais le rectifient aussi. Ont-ils écrit des *Généalogies* ou des *Histoires*, des *Antiquités* ou des *Archéologies*? Faut-il les appeler *genealogoi* (généalogistes), *historiographoi* (historiographes), *logopoioi* (faiseurs de récits), voire logographes ? Hérodote, pour sa part, désignera Hécatée comme *logopoios*. Thucydide les réunira l'un et l'autre sous la même appellation de *logographes*, qui n'a rien d'un compliment. Car celui qui transcrit des récits part de l'oral, qui, inévitablement, recherche plus le plaisir des auditeurs que le vrai. Son écriture obéit à une économie du plaisir, au lieu d'être réglée par l'ascèse de la recherche du vrai[8].

Un trait, peut-être nouveau chez ces auteurs, est leur capacité à déborder l'âge héroïque pour rejoindre le présent ou partir de lui. Ainsi Phérécyde est capable de remonter d'Hippocrate de Cos jusqu'à Héraclès et Asclépios ; ou, tout aussi bien, de partir d'Ajax pour arriver à Miltiade, le colonisateur de la Chersonèse, déclinant sans interruption, en treize générations, la généalogie de la prestigieuse famille athénienne des Philaïdes à partir de son éponyme[9]. Qu'attend-on en effet du généalogiste, sinon qu'il soit à même de produire une suite continue et (désormais) vraisemblable de noms ? De remplir les blancs entre l'ancêtre prestigieux à rallier et l'aujourd'hui. On saisit là le rôle (de légitimation) qui a pu leur être imparti par les cités ou certaines grandes familles : les relier aux grandes lignées, aux grands noms, les introduire dans les *logoi* fameux et leur assurer une place sur la « charte mythique » des Grecs. Ce souci du présent et cette attention au local sont deux traits qui caractérisent les histoires locales, appelées à prendre une grande extension au siècle suivant.

Pour dévider le *Catalogue* des vaisseaux, l'aède homérique avait besoin du savoir de la Muse, les premiers prosateurs, eux, doivent se constituer pour leur propre compte leur savoir généalogique[10].

C'est une science des noms, dont le réseau — local, régional ou à l'échelle de la terre entière — enserre l'espace et crée en même temps une profondeur de champ, que rend perceptible la succession des générations. Plus il connaît de noms, meilleur sera le généalogiste, mais il doit aussi être capable de questionner le pourquoi des noms. Il scrute éponymes et toponymes, et passe de l'étymologie à l'*aitiologie*. On conçoit que, une fois lancée, cette forme d'écriture puisse se développer presque indéfiniment. Il manquera toujours des noms, ou même un nom, il y en aura toujours qui auront été oubliés, déformés ou mal localisés. Il y aura toujours des demandes d'incorporation ou de rectification. Si, dans un premier temps, ce savoir a provoqué une prise de distance (quand Hécatée se met à rire face à la multiplicité des histoires grecques), il a ensuite moins creusé l'écart entre *muthos* et *historia* que privilégié la production d'un vaste réseau, espace sans blancs, où les noms, les plus connus et ceux qui l'étaient moins ou pas du tout, devaient pouvoir être reliés, se confortant et s'aidant les uns les autres. Mais attention, le vraisemblable était de rigueur. Que le généalogiste travaille pour une famille, une cité ou à l'échelle de tous les Grecs, sa méthode reste la même.

Deux derniers traits caractérisent encore ce savoir. Quand, au 1er siècle ap. J.-C., Flavius Josèphe relève «combien Hellanicos diffère d'Acousilaos sur les généalogies, quelles corrections Acousilaos apporte à Hésiode», c'est évidemment pour stigmatiser le peu de certitude de la science historique grecque. Mais, du même coup, il manque et ne peut que manquer le caractère pluriel, multivoque dans son principe, de cette première écriture qui admet plusieurs versions entre lesquelles il y a lieu de choisir et qui fait droit aux rectifications. On peut enfin passer de la généalogie à la chronologie, comme on le voit avec Hellanicos de Lesbos. À partir d'une étude du sanctuaire d'Héra à Argos, il établit en effet la liste des prêtresses qui s'y sont succédé. Par-delà la récapitulation valant pour l'histoire du sanctuaire lui-même, cette liste devint un point de repère par rapport auquel purent s'ordonner tout un ensemble d'événements[11]. La succession des prêtresses se transforme ainsi en instrument chronologique à portée plus large. La mise au point du découpage par olympiades marque un aboutissement dans cette voie. Instrument panhellénique, permettant de remonter jusqu'à la première olympiade (776 av. J.-C.), il est mis en œuvre par Ératosthène au IIIe siècle av. J.-C.

LISTES ET ARCHIVES

Dans les listes royales du Proche-Orient, Goody voit tout à la fois une condition préalable et une amorce de l'histoire. Consignant par écrit le nom des souverains, la durée de leur règne augmentée parfois de quelques notations, la liste royale est déjà une sorte de première histoire, qu'organise une chronologie scandée par la loi de la succession. Mais elle est aussi un matériau, dont l'accumulation et la conservation contribuent, avec d'autres, à la formation d'archives. S'applique donc cette notation qu'Hérodote réserve aux seuls Égyptiens qui, précisément, depuis toujours s'emploient à noter par écrit : « Comme ils s'attachent à conserver le souvenir du passé, ce sont de tous les peuples dont j'ai l'expérience, de beaucoup les plus savants[12]. »

Archives? ce terme familier et trop vague ne risque-t-il pas d'être trompeur? Les assyriologues ont fait observer que cette liste royale, bien loin d'être un document «brut», était le résultat d'une compilation et le produit d'une fabrication, sinon d'une falsification, opérée à un moment que l'on peut dater: la première dynastie d'Isin (Ier siècle du IIe millénaire). Composée sans doute à Nippur, elle combine des informations d'origine et de provenance diverses: des renseignements tirés d'autres listes rédigées dans les principaux centres du pays[13], mais aussi emprunts à la littérature épique, voire à des chroniques préexistantes. Loin d'être une écriture première de scribes archivistes préposés à l'enregistrement, elle est déjà ou d'emblée réécriture, encore une fois à un moment précis, d'un pouvoir qui ne cherche rien tant qu'à fondre en un tout unique et surtout continu des sources diverses. Non pas document, mais monument d'un pouvoir nouveau qui, proclamant sa propre légitimité et justifiant ses ambitions, écrit déjà son histoire. Un dogme soutient toute l'entreprise: depuis toujours, la Mésopotamie «n'a formé qu'un seul et unique royaume, avec une seule capitale[14]». Aussi est-il, par définition, impossible que la royauté ait pu être exercée dans deux cités en même temps. Pour obéir à cette vision de l'histoire, il faut donc ramener à l'ordre de la succession ce qui avait pu se déployer dans l'espace de la simultanéité. Telle est la loi organisatrice de l'écriture; qu'importe ensuite si, à des rois qui ont régné quinze ou vingt ans, succèdent d'autres dont les règnes ont pu durer huit cent quarante ou neuf cent soixante ans[15]. L'enjeu ne se localise pas en ce point et le vraisemblable obéit à d'autres protocoles.

Prise comme exemple par Goody, cette liste tend un peu à se dérober[16]. Renvoyant elle-même vers d'autres écritures préexistantes, vers d'autres «archives», elle n'est pas ce matériau qu'évoque l'usage moderne du mot archives. Trace, assurément, mais travaillée et retravaillée, elle figure un des monuments que ces rois, toujours bâtisseurs, construisaient et reconstruisaient. À côté de l'architecte, il y a le scribe, pour le même message «monumental». Comment en Grèce cette fois s'articulent écriture et archives[17]? listes et écriture? Quel rôle y jouent les listes? Au sens moderne du mot, on entend par archives un ensemble, un corps organisé de documents produits par une institution qui les choisit, les réunit et les conserve[18]. Inséparables d'une institution (qu'elles aident à fonctionner et contribuent à accréditer), les archives forment un ensemble (une pertinence les organisant) qui guide les choix. Tout archiver signifierait la ruine de l'idée même d'archives et ne subsisteraient plus que des monceaux de papiers. Cette conception des archives traduit le rapport qu'une société entretient avec le temps: on archive pour garder des traces écrites de, on fixe une mémoire, celle d'une institution, mobilisable dans l'avenir. Entre passé et futur, les archives présupposent un horizon historique (mais pas nécessairement historien).

Vers 500 av. J.-C., une petite cité de Crète passe un contrat avec un certain Spensithios pour qu'il soit le scribe et le *mnamôn* (le record vivant) pour la cité, «dans les affaires publiques, tant celles des dieux que celles des hommes». *Poinikazen* (écrire en lettres rouges ou en caractères phéniciens) et *Mnamoneuen* (être un homme mémoire) sont les deux termes qui définissent les compétences au titre desquelles il perçoit un salaire très confortable, et reçoit, tout étranger qu'il est, un statut analogue à celui du premier magistrat de la cité. Nommé à vie, il peut, en outre, transmettre sa charge à ses enfants. Tels sont les termes principaux d'un contrat, qui montre une modeste communauté, engageant une dépense non négligeable et régulière, pour s'attacher les services d'un expert[19]. Très riche, cette inscription n'en pose pas moins plusieurs questions. Sommes-nous en présence d'une pratique courante ? Indice tout à la fois d'un progrès général de l'alphabétisation (une cité se doit désormais de mettre par écrit ses affaires) et d'un retard relatif de la Crète ou de cette région intérieure de l'île, qui fait venir un spécialiste[20] ?

Surtout quel est le rapport entre l'acte d'écrire et la fonction de *mnamôn* ? Spensithios écrit et, en plus, il fait office de *mnamôn* ? Ou il remplit la fonction de *mnamôn* parce qu'il écrit ? Étant entendu que désormais l'homme-mémoire est un spécialiste de l'écriture. *Poinikazen kai mnamoneuen* ? La cité passerait à l'écriture, un peu comme on est passé des écritures à l'ordinateur[21] ? De là à lutter contre l'oubli dans la cité il n'y a qu'un pas, franchi parfois. Mais rien n'indique qu'il y ait cette visée rétrospective dans la décision de la cité, résolue à faire appel à ce médecin de type nouveau qui, armé de son stylet, viendrait se pencher au chevet d'une mémoire soudain oublieuse. Bien plutôt, Spensithios est là pour (déployant ses lettres rouges ?) rendre visible le champ des affaires publiques touchant à la fois l'administration des dieux et celle des hommes (c'est-à-dire finalement traduire la définition même de la *polis* et les exigences qui en découlent). En faisant appel à lui, la cité pense plus à son présent et à son proche avenir qu'à son passé; et plus qu'un archiviste du sacré, il est un « instrument » politique, sinon même un « homme » politique[22].

Spensithios avait-il des collègues ? En Crète même, le code de Gortyne (480-450 av. J.-C.) fait place au *mnamôn*, qui intervient aux côtés des magistrats dans des décisions de justice. Mais à quel titre exactement ? Comme témoin, garant, mémoire, greffier ? « Record vivant », attaché aux magistratures, il est, selon Louis Gernet, « le personnage qui garde le souvenir du passé en vue d'une décision de justice[23] ». Sorte de témoin public, mais d'abord reconnu au titre de sa mémoire individuelle, il « amorce les institutions caractéristiques d'un droit moderne que sont celles des archives et de l'enregistrement[24] ».

Une loi d'Halicarnasse (datée de 465-450) aide à préciser cette fonction. À propos de contestation de propriété — à la suite d'une période de troubles — elle superpose deux procédures: l'ancienne, celle du serment, valant comme preuve décisoire (en faveur de l'ancien propriétaire, pendant un certain laps de temps, mais en faveur du nouveau une fois le délai expiré), et la seconde, le recours au témoignage des *mnemônes*. Posant que « ce qu'ils savent doit être tenu pour établi », la loi dès lors subordonne la solution d'un litige au « témoignage d'un passé publiquement retenu et consigné »[25]. La maladresse même de la rédaction suggère deux niveaux de vérité juridique. Autrement dit, le personnage du *mnemôn* (qu'il tienne déjà registre écrit, ou pas encore) indique l'« avènement dans le droit d'une fonction sociale de la mémoire ». Par sa place et sa fonction, il permet de saisir la constitution dans le droit de « la catégorie du temps », dégageant « à des fins d'action et de règlement, la notion d'un passé qui vaut comme tel, la notion d'un avenir qui est assuré comme tel» — deux faces d'un même processus de pensée qui ne peut paraître «naturel» qu'une fois qu'il est acquis[26]. L'essentiel est probablement dans cette qualité de témoin public, ouvert et commun, où viennent s'inscrire, visibles désormais, les lois de la cité.

ÉPOPÉE ET HISTOIRE : HÉRODOTE

Si Hérodote s'inscrit dans tout ce contexte de recherche et dans ces pratiques d'écriture, il est non moins clair que son projet comportait d'emblée une autre dimension. Il a voulu entreprendre pour les guerres entre Grecs et Barbares ce qu'Homère avait fait pour la guerre de Troie. Comme l'épopée, l'histoire d'Hérodote, mais aussi de Thucydide, celle qui, pour les modernes, deviendra justement «l'histoire», pose au point de départ le conflit : l'affrontement des Achéens et des Troyens, les différends entre les Barbares et les Grecs, la guerre entre les Péloponnésiens et les Athéniens. L'aède chantait l'affrontement et l'*Iliade* s'ouvrait au moment où éclatait la querelle funeste entre les deux héros, l'historien choisit de raconter une grande guerre et commence par en fixer l'«origine». Hérodote entend déterminer l'*aitia*, Thucydide dégagera l'*alêthestatê prophasis* (la cause la plus vraie). À la différence de la Bible qui se veut une histoire continue depuis le début des temps, l'historien grec se donne un point de départ et s'en tient au déroulement d'une séquence limitée.

Inspiré par la Muse, l'aède «voit» dans les deux camps. Sachant bien que nul n'échappe aux desseins de Zeus, il connaît et chante les exploits et les malheurs des uns comme des autres, Achéens comme Troyens. De même, le premier historien, homme d'exil depuis qu'il a quitté sa cité d'Halicarnasse, s'assigne pour tâche de répertorier et de raconter les hauts faits, également des Grecs et des Barbares. Et l'histoire continue : exilé à son tour d'Athènes, Thucydide indique qu'il a pu « assister aux affaires dans les deux camps[27] ». Cette disponibilité ou cette ouverture a, bien entendu, un prix. L'aède, à en croire la tradition, l'a payé de la cécité de ses yeux de chair, tandis que l'historien la paie de l'exil.

Avec Hérodote, l'histoire n'entend pas rompre complètement avec l'économie du *kléos*, qui fixait le statut et la fonction de la parole épique. Comme si l'historien espérait reprendre, prolonger le chant de l'aède dans un monde qui a politiquement et socialement changé. Pourtant, dès la première phrase des *Histoires*, qui est presque de facture épique, plusieurs fractures sont à l'œuvre.

Proclamant d'entrée son souci de mémoire, Hérodote entend que les marques et les traces de l'activité des hommes, les « monuments » qu'ils ont produits, ne passent pas, ne s'effacent pas — comme une peinture qui, avec le temps, pâlit (*exitêla*) —, ou ne deviennent pas « privés de *kléos* » (*aklea*)[28]. Car, le grand effaceur tout aussitôt désigné, c'est le temps. L'économie du *kléos* produisait du passé, immédiatement, presque sans le savoir. Par le simple fait d'être chanté par l'aède, le héros se muait en homme d'autrefois.

L'historien, lui, en a rabattu sur les assurances de l'aède. On ne promet plus le *kléos*, on ne s'interroge même plus sur la validité des termes de l'échange (la vie contre la gloire), on voudrait seulement lutter contre l'effacement des traces, empêcher, retarder plutôt l'oubli de ces *erga* qu'aucune parole autorisée ne prend plus en charge. Dans le glissement de la positivité du *kléos* au simple adjectif privatif *aklea* se marquent en même temps la référence et l'appel à la parole épique et une rupture par rapport à elle.

Alors que l'aède avait naturellement pour répertoire la «geste des héros et des dieux», l'historien se donne pour seul domaine de compétence «ce qui est advenu du fait des hommes» (*genomena ex anthropôn*), dans un temps qui est, lui aussi, circonscrit comme «temps des hommes[29]». Le temps des dieux ou celui des héros sont des «passés» qui ont certes eu lieu, mais ils échappent au savoir de l'historien regardant à partir de son présent. Les dieux ne sont nullement absents, moins encore récusés, mais les modalités de leur présence et les marques de leur intervention sont désormais autres que dans l'épopée. D'emblée pris dans le temps et aux prises avec lui, l'historien tranche entre passé et présent, mais il le fait à partir de son propre présent, à partir de ce nom propre qu'il lance en commençant et qui lui permet de faire le départ entre «maintenant» ou «de mon temps» et «avant», «autrefois». Ce lieu de parole (et d'observation) une fois découpé, il peut «s'avancer» dans la suite de son récit et désigner, en fonction de son savoir à lui, Hérodote, celui qui a pris le premier l'initiative d'actes offensants envers les Grecs. En l'occurrence, c'est Crésus, le roi de Lydie[30].

Ulysse «vit les villes de beaucoup d'hommes et connut leur esprit». L'historien, de même, voyage, avec ses pieds (il se doit d'avoir bon pied, bon œil), mais aussi par et à travers les *logoi* des autres, s'arrêtant sur certains, passant vite sur d'autres. Et il sait, en plus, qu'il ne suffit pas de voir aujourd'hui ou d'avoir vu hier les villes des hommes, car le temps qui est effacement est aussi changement. « J'avance-rai dans la suite de mon récit, annonce Hérodote, parcourant pareillement (*homoiôs*) les grandes cités des hommes et les petites ; car, de celles qui jadis étaient grandes, la plupart sont devenues petites ; et celles qui *étaient* grandes *de mon temps* étaient petites autrefois ; sachant que la prospérité humaine ne demeure jamais fixée au même point, je ferai mémoire pareillement des unes et des autres[31]. » Hérodote énonce là comme une loi de l'histoire, à mi-chemin de la prophétie et du pronostic. Par une sorte de conversion, la distance entre le passé et le présent se mesure et s'appréhende dans le jeu de l'opposition du grand et du petit, retrouvant la figure simple (et rassurante, parce que génératrice d'intelligibilité) du renversement ou de l'inversion. Face à cette situation, la tâche de l'historien est de n'être injuste ni à l'égard du passé ni à l'égard du présent, en parlant *homoiôs* des cités des hommes.

Hérodote, remarquons encore, n'écrit pas celles qui « sont » grandes de mon temps, mais celles qui « étaient » grandes. Pourquoi, avec cet imparfait épis-tolaire, cette mise au passé de son présent ? N'est-ce pas déjà, en se regardant lui-même au passé, une façon de s'adresser aux « gens de l'avenir », qui devront eux-mêmes se garder d'oublier que rien, jamais, ne demeure à la même place ? Athènes pour-rait bien n'être pas toujours « grande », elle ne l'a pas toujours été. Le futur n'est nullement fixé, mais il n'est jamais complètement inédit : on se meut entre ces deux bornes du grand et du petit. Davan-tage encore, cet imparfait, apparaissant dans un prologue (probablement rédigé en dernier lieu, comme toute préface digne de ce nom), où l'historien présente et récapitule son entreprise, pourrait être déjà l'expression d'un regard rétrospectif jeté sur le chemin parcouru. L'œuvre est achevée et le temps a passé depuis le jour où, quittant Halicarnasse, le futur Hérodote avait entamé ses voyages.

L'aède avait pour domaine de compétence «la geste des héros *et* des dieux». L'historien, qui se limite à ce qui est advenu «du fait des hommes», dans le «temps des hommes», y ajoute un principe de sélection : choisir ce qui est «grand» et qui suscite l'«étonnement» (*thauma*). Il se donne ainsi un instrument de mesure du divers des événements et d'ordonnancement de la variété du monde.

Ce temps des hommes, nettement découpé, il n'est pas sûr qu'il soit uniforme. Au moment où il évoque les premiers peuplements de la Grèce, Hérodote indique que des Barbares ont pu se transformer en Grecs : c'est même le cas des Athéniens, des futurs Athéniens plutôt. Ils étaient d'abord des Pélasges, or les Pélasges étaient des Barbares. «Si bien que le peuple athénien dut, en même temps qu'il se transformait en grec apprendre une langue nouvelle[32].» Puis, vint un temps où ces passages, semble-t-il, ne furent plus possibles, comme si s'étaient enclenchées deux temporalités différentes. Les Grecs ont alors connu de grands accroissements, tandis que les Barbares «ne se sont jamais considérablement agrandis[33]». On a là l'amorce de deux temporalités qualitativement différentes : un temps des Grecs et un temps des Barbares. L'un porteur, par lui-même, d'*accroissements*, l'autre non. C'est presque une première formulation du fameux paradigme lévi-straussien des «sociétés chaudes» et des «sociétés froides».

Le temps des hommes possède encore une troisième caractéristique : sa longueur. Visitant l'Égypte, Hécatée de Milet vient à Thèbes et là, en bon généalogiste qu'il est, il récite aux prêtres sa propre généalogie qui, en seize générations, le conduit à un ancêtre divin. Seize générations, du point de vue des standards grecs, c'est déjà pas mal ! Celle des Philaides, établie par Phérécyde, un homme de l'art, n'en comptait que treize. Loin de s'extasier, que font alors les prêtres ? En compagnie de leur hôte, ils parcourent l'alignement des trois cent quarante-cinq statues de prêtres qui, précisent-ils, représentent une succession de générations humaines et rien qu'humaines[34]. C'est tout ! Cette anecdote vaut bien le rire d'Hécatée lui-même face aux *logoi* des Grecs, mais cette fois on sourit à ses dépens. Hérodote fait ainsi toucher la différence entre le temps des Égyptiens et celui des Grecs. Cette rencontre physique avec l'ancienneté de l'Égypte et la longueur du temps ne cessera plus de fasciner les Grecs.

«Dis-moi, Muse, l'homme aux mille tours», tel était le contrat inaugural de l'épopée. La Muse, fille de Mémoire et inspiratrice, était garante du chant du poète. Avec la première histoire, c'en est d'emblée fini de ce régime de paroles. La prose a remplacé le vers, l'écriture s'impose : la Muse a disparu. En ses lieu et place, un mot nouveau et une nouvelle économie narrative : «D'Hérodote d'Halicarnasse, voici l'exposition de son *historiê*...». Mot-emblème, *historiê* (forme ionienne de *historia*), s'imposera peu à peu (Thucydide, quant à lui, prendra grand soin de ne jamais l'employer). Mot abstrait, formé sur le verbe *historein*, enquêter, d'abord au sens d'enquête judiciaire, *historia* est dérivé de *histôr* (racine * *wid*), lui-même rattaché à *idein*, voir, et à *oida*, savoir. L'*histôr* est moins «celui qui sait pour avoir vu ou appris» que celui à même de se porter garant[35]. Or l'*histôr* est présent dans l'épopée, où il apparaît à plusieurs reprises comme celui auquel on fait appel. Il est moins témoin direct que celui qu'on prend à témoin.

Hérodote n'est ni un aède ni même un *histôr* : il *historei* ; il n'a pas l'autorité naturelle du dernier (il n'est pas un «maître de vérité», comme l'est Agamemnon) et il ne bénéficie pas de la vision divine du premier (l'aède est un «voyant»). Il peut seulement recourir à l'*historiê*, s'engager dans une procédure d'enquête, qui est le premier moment de son opération historiographique. Valant d'abord comme un substitut, l'*historiê* devient finalement un analogue de la vision omnisciente de la Muse, qui, elle, savait parce qu'elle était présente à tout. Ne s'autorisant au total que de lui-même, le narrateur-historien entend «avancer dans son récit en faisant mémoire pareillement des grandes et des petites cités des hommes».

Si l'*historiê* tout à la fois évoque le savoir de l'aède et rompt avec lui, il y a un autre geste de commencer (le second temps de l'opération historiographique), qui fait surgir la figure du devin et convoque le champ de la divination. Hérodote *historei*, mais il *sêmainei* aussi : il désigne, révèle, signifie. Le verbe *sêmainein* s'applique à celui qui a vu ce que les autres ne voient pas ou n'ont pas pu voir : il appartient nettement au registre du savoir oraculaire. Depuis l'épopée, le devin, qui sait le présent, le futur, mais aussi le passé, est présenté comme un homme de savoir. Épiménide de Crète, fameux

devin, était réputé appliquer sa divination, non pas
à ce qui devait être, mais à ce qui, déjà arrivé, restait
cependant obscur. La célèbre formule d'Héraclite,
selon laquelle l'oracle ne dit ni ne cache, mais
« signifie » (*sêmainei*), relève du même registre. Or,
dès le prologue, exactement au moment où, pour la
première fois, Hérodote prend la parole en disant
« je », il *sêmainei*. Il révèle, signifie… celui qui le premier a pris l'initiative d'actes offensants à l'égard
des Grecs. Il désigne Crésus, le roi des Lydiens, le
premier à avoir asservi des Grecs, comme responsable, coupable (*aitios*). Par cette recherche et cette
désignation en responsabilité, Hérodote ne se présente pas en devin ou ne joue pas au devin, mais il
reprend, au titre de son propre savoir, un style d'autorité de type oraculaire.

Ainsi investis, *historein* et *sêmainein* fonctionnent
comme deux verbes-carrefour, où viennent se loger
et s'entrecroiser des savoirs anciens et des nouveaux savoirs. Ainsi qu'en témoigne d'éclatante
façon l'œuvre d'Hérodote. Ils sont deux opérateurs
pour « voir clair » plus loin, au-delà du visible, dans
l'espace et dans le temps, deux gestes qui donnent
son style à la pratique du premier historien et lance
l'évidence de l'histoire. Ni aède ni devin, mais entre
l'aède et le devin.

DU *KLÉOS* AU *KTÊMA*

Thucydide n'entend ni *historein* ni *semainein*. Ni
aède ni devin, il pose au cœur de son épistémologie l'autopsie. Pourtant, dans le même temps qu'il
accorde à la vue la première place, il récuse systé-
matiquement le mot même d'*historia* (où l'étymolo-

gie mêlait pourtant voir et savoir) au profit du
verbe *suggraphein*. «Thucydide d'Athènes a rassemblé par écrit la guerre des Péloponnésiens et des
Athéniens, comment ils combattirent les uns contre
les autres; il avait commencé dès son déclenchement et avait prévu qu'elle serait grande et la plus
digne de récit de toutes celles qui l'ont précédée; il
le conjecturait parce que c'est parvenus à leur sommet que les deux partis allaient vers elle et qu'il
voyait le reste du monde grec se joindre à chacun
d'eux, tantôt sur le champ, tantôt en projet[36].»
L'œuvre ne se présente plus comme la manifestation d'une *historia*, mais comme une «inscription»,
une rédaction, une composition[37].

L'aède d'autrefois, par son chant incessamment
repris, offrait aux morts héroïques un *kléos* immor-
tel. Hérodote avait voulu empêcher que toutes les
marques de l'activité des hommes ne s'effacent, en
cessant d'être racontées. Thucydide, en choisissant
de «mettre par écrit», dès son début, une guerre
qu'il savait devoir être «la plus grande» de toutes,
donne son récit comme un «*ktêma* pour toujours».
Du *kléos* au *ktêma* le déplacement est sensible. Le
temps de l'épopée est bien terminé. Il ne s'agit plus
désormais de préserver de l'oubli les actions valeu-
reuses, mais de transmettre aux hommes de l'avenir un instrument d'intelligibilité de leur propre
présent: la guerre du Péloponnèse, constituée par
son premier (mais aussi, en un sens, dernier) historien en idéal-type. Elle n'est nullement un instrument de prévision de l'avenir, mais elle se veut outil
de déchiffrement des présents à venir, car, compte
tenu de ce que sont les hommes (*to anthropinon*),
d'autres crises analogues ne manqueront pas d'éclater dans le futur[38]. Pour Thucydide, cette perma-

nence de la nature humaine fonde en effet l'exemplarité de ce conflit (commencé en 431 et achevé en
404, entrecoupé de périodes de trêve), mais nommé
par lui — pour toujours — *La guerre du Péloponnèse.*

À la différence des logographes, accusés de céder
au plaisir de l'auditeur et de ne travailler qu'en
fonction du court moment de leurs performances
publiques, il ne vise pas à séduire l'oreille, mais seulement à être utile. Il ne veut pas d'une « production
d'apparat pour un auditoire du moment[39] ». Cette
histoire du présent n'a pleinement son sens que si,
fermement ancrée dans l'écriture et débordant les
seuls instants de sa présentation au public, elle a,
pour ainsi dire, les yeux fixés sur l'avenir. Comme si
Thucydide disait à ses contemporains : « Comprenez
que si je procède comme je le fais, c'est parce que
je m'adresse déjà à ceux qui viendront après vous,
ou je ne m'adresse à vous que dans la mesure où
vous partagez avec les hommes de l'avenir une commune nature humaine. N'attendez donc pas de moi
de belles histoires, de surcroît invérifiables ou même
carrément fausses. » Forme subtile de *captatio* en
forme de dénégation ! Curieusement, ce type d'histoire, à base de généalogies, restera associé à l'idée de
plaisir. Le sophiste Hippias d'Élis, que nous retrou-
verons un peu plus loin, ne se fait pas prier pour
dire que les Spartiates adorent qu'il leur récite d'anciennes généalogies ; de même Polybe, trois siècles
plus tard, associera encore l'histoire généalogique
avec le plaisir de l'auditeur[40].

Le savoir doit se fonder sur l'autopsie et s'organiser sur la base des données qu'elle procure. Des
deux moyens de la connaissance historique, l'œil
(*opsis*) et l'oreille (*akoê*), seul le premier peut

conduire à une vision claire et distincte (*saphôs eidenai*). Encore faut-il en faire un bon usage : l'autopsie n'est pas une donnée immédiate, il convient de la filtrer par toute une procédure de critique des témoignages pour établir les faits avec autant d'exactitude qu'il est possible. L'oreille, en revanche, n'est jamais sûre. Car, ce qui se colporte et se transmet n'a pas été éprouvé (*abasanistôs*). Par principe, on ne peut faire fond sur la mémoire, qui oublie ou déforme ou cède, au moment de l'exposition, à la loi du plaisir qui règle le bouche à oreille. Quand Nicias, le chef de l'expédition athénienne en Sicile, veut avertir la cité de sa situation critique, il envoie, comme il est normal, des messagers. Mais, craignant, ajoute Thucydide, qu'ils n'aient un trou de mémoire ou qu'ils ne se laissent aller à dire non la réalité, mais ce que la foule voudrait entendre, il rédige une lettre. Ainsi sans écran ou déformation, les Athéniens pourront « prendre un parti en pleine vérité ». Des déformations de la mémoire, Thucydide donne plusieurs exemples, mais sans véritable espoir de les rectifier, car toujours les idées toutes faites ont la préférence sur la « recherche de la vérité[41] ». Voilà donc bien pourquoi il n'est d'histoire scientifique que du présent.

Le passé, lui, n'est pas véritablement connaissable. C'est ce que vont démontrer ses premiers chapitres, connus sous le nom d'« Archéologie », où Thucydide réussit le tour de force de présenter à la fois l'exposé le plus clair sur les temps anciens et la démonstration la plus nette qu'on ne peut en faire véritablement l'histoire. « De fait pour la période antérieure (à la guerre présente) et pour les époques plus anciennes encore, on ne pouvait guère, vu le recul du temps, arriver à une connaissance claire ;

mais d'après les indices qui, au cours des recherches les plus étendues m'ont permis d'arriver à une conviction, je tiens que rien n'y prit de grandes proportions, les guerres pas plus que le reste[42].» Au *legetai* (on dit que) des logographes et d'Hérodote, qui rapportent ce qui se dit, Thucydide oppose le *phainetai* (il apparaît, il devient visible que). Mais cette lumière incertaine est toujours à produire à partir du présent, en mesurant les événements du passé à l'aune des événements contemporains et en se fondant sur le repérage et le rassemblement d'indices (*semeia*) convergents. Ainsi l'empire athénien (avec ses trois composantes que sont les remparts, la flotte et l'argent) sert de modèle pour retracer l'histoire du passé. Depuis toujours, la même histoire va se développant, simplement on n'a jamais disposé d'autant de bateaux, de tant de villes fortifiées et d'autant d'argent. Méditation sur la puissance (*dunamis*), l'«Archéologie» est tout entière sous-tendue par une théorie du progrès, qui fait écho aux réflexions contemporaines sur le même thème[43]. Mais au terme de son enquête (le vocabulaire judiciaire est en effet récurrent), l'historien n'atteint pas à l'évidence de l'autopsie. À l'instar du juge, qui procède par rassemblement d'indices, il parvient seulement et, au mieux, à la *pistis* (conviction).

L'éclairage du passé requiert l'intervention constante de l'historien pour «trouver» les faits et raisonner sur les indices. Le présent semble parler ou se donner à voir de lui-même, et l'historien s'efface[44]. Thucydide restreint le champ de l'histoire au présent et son sujet à l'histoire politique de la Grèce. Hérodote avait consacré quatre livres de ses *Histoires* aux Barbares. Pour Thucydide, il est d'emblée entendu que «le monde grec ancien vivait de manière analogue au monde barbare actuel[45]». Cette façon expéditive de mettre sur le même plan les Grecs d'autrefois et les Barbares d'aujourd'hui est une manière de dévaloriser et le passé et les Barbares. Le temps des Barbares est celui des Grecs d'autrefois, et le passé des Grecs n'est, au fond, pas plus intéressant que ne l'est le présent des Barbares. Se retrouvent les deux temporalités suggérées par Hérodote, avec d'un côté un temps fait de progrès et d'accumulation et de l'autre, un temps stagnant et répétitif.

La rencontre avec l'Égypte et son impressionnante réserve de temps avait modifié la perception qu'avait Hérodote de la durée du «temps des hommes». Le choc provoqué par la juxtaposition de la généalogie d'Hécatée avec la «liste» des prêtres de Thèbes en était l'expression. Parlant de la religion grecque et du rôle joué par Hésiode et Homère dans la fixation du panthéon, il estimait que cette intervention était toute récente : elle s'était produite, pour ainsi dire, «hier», c'est-à-dire il y a «quatre cents ans[46]». Focalisé sur le présent et sur la Grèce, Thucydide ne dirait jamais que quatre siècles équivalent à une journée. Mais ce même point de vue exclusif du présent l'amène à considérer le passé comme continu et également connaissable (ou inconnaissable). Pour lui, Minos est «le plus ancien personnage connu qui ait eu une flotte et conquis la maîtrise de la mer» : il figure la toute première réalisation du modèle de l'empire. C'est ce qui lui donne sa place et son sens dans l'évolution de l'histoire grecque. Pour Hérodote, en revanche, Minos se situe de l'autre côté du partage entre temps des dieux et temps des hommes, puisque c'est même à son propos qu'il a tracé cette distinction. «Polycrate [le tyran de Samos], écrit-il, est le premier des Grecs, à notre connaissance, qui songea à l'empire des mers — je laisse de côté Minos et ceux qui avant lui, s'il y en eut, ont régné sur la mer —, le premier du temps qu'on appelle le temps des hommes[47].» Ni Hérodote ni Thucydide ne mettent en question l'existence de Minos, mais le premier le rejette au-delà du cercle de son savoir, tandis que le second l'inclut dans son tableau des progrès de la puissance grecque, qui a comme point d'aboutissement (et de départ) le présent.

Mais, voilà que ce présent athénien, sûr de lui et impérialiste, se trouve plongé du fait de la guerre, «ce maître aux façons violentes», dans une crise sans précédent où toutes ses assurances viennent à vaciller[48]. Et cette découverte s'opère justement dans l'œuvre de l'homme qui s'est fait le théoricien le plus conséquent d'une histoire au présent, fondée sur l'autopsie et inscrite dans une théorie du progrès. À cet égard, il est difficile de ne pas accorder à l'inachèvement de la *Guerre du Péloponnèse* une portée au moins symbolique[49]. Deux temps forts, particulièrement dramatiques, décrivent cette crise, s'efforcent d'en atteindre les ressorts psychologiques profonds et d'en apprécier les effets. Avec l'épidémie de peste, Athènes éprouve un fléau qui vient mettre en question l'ordre même de la cité : la maladie (*nosêma*) débouche sur l'anomie (*anomia*). Le nombre des cadavres est tel que furent bouleversées toutes les coutumes funéraires. On se débarrassait des morts n'importe comment. On vivait dans l'instant sans plus rien respecter, loi humaine ou divine, avide de satisfactions rapides[50].

Cette brusque attaque des fondements de la vie civilisée était due, dans le cas d'Athènes, à un facteur exogène (la maladie était venue d'Éthiopie), mais les Corcyréens, eux, n'avaient pas même cette excuse. Le mal qui les frappe, la *stasis* pour lui donner son nom, qui corroda le lien social jusqu'en ses tréfonds, était complètement endogène. C'était une maladie de la cité elle-même. Cette épidémie, qui voyait aristocrates et démocrates lancés dans une guerre inexpiable les uns contre les autres, commença à Corcyre, mais elle «gagna ensuite pour ainsi dire le monde grec tout entier». Cette guerre civile bouleversa tout : les lois, mais aussi les règles les plus élémentaires de l'échange entre humains, sans quoi aucune sociabilité n'est même possible, et jusqu'au sens usuel des mots. Il ne resta que la nature humaine livrée à elle-même[51]. Tout l'univers de la cité et tout ce qui avait fait la confiance du présent en sa supériorité n'étaient plus que ruines. Il suffisait que la *polis* ait pu périr une fois, pour qu'elle se sût désormais mortelle. Thucydide dut continuer à écrire en sachant cela. L'autopsie était parfois difficile à supporter et le sens de l'histoire s'était sensiblement obscurci.

Œuvre unique, la *Guerre du Péloponnèse* témoigne de ce qui fut probablement la plus haute des ambitions intellectuelles jamais conçues pour l'histoire. Après on continua à écrire des histoires, on en écrivit même de plus en plus, mais l'historien se fit plus modeste. Au total, Athènes ne périt pas, mais elle fut lourdement vaincue. Ce fut le fardeau que le IVe siècle dut assumer.

LE IVᵉ SIÈCLE :
RENDRE LE PASSÉ VISIBLE

À l'optimisme du vᵉ siècle, promenant un regard curieux et assuré ou simplement sûr de lui sur le monde, succède une Athènes défaite, inquiète, nostalgique d'un passé de grandeur, que tous, partisans comme adversaires de la démocratie, eurent intérêt à idéaliser. Si avant 431 le présent dominait, après 404, le souci du passé l'emporte. Déjà en 411, au moment du coup d'État oligarchique, Clitophon avait proposé que «les commissaires élus (une commission de trente membres) auraient aussi à rechercher les lois des ancêtres quand Clisthène institua la démocratie[52]». En 403, la démocratie tout juste rétablie, un décret précise : «Les Athéniens se gouverneront d'après les coutumes des ancêtres, feront usage des lois de Solon [...] et aussi des règlements de Dracon[53].» Enfin, dans un pamphlet politique écrit vers 350, Isocrate proclame : «Je soutiendrai que la seule chose qui permettrait d'écarter les périls à venir et de nous délivrer des maux présents serait d'accepter le rétablissement de la démocratie d'autrefois, dont Solon, le meilleur ami du peuple, a fixé les lois et qu'a restaurée Clisthène, qui avait expulsé les tyrans et ramené le peuple[54].» Chacun part donc à la recherche d'une introuvable «Constitution des ancêtres», sorte de constitution démocratique d'unité nationale réunissant les grands noms du passé, censée receler en elle la solution des difficultés du présent.

Apparemment, ce n'est plus le présent qui dicte sa loi au passé, mais le passé auquel on fait appel pour

orienter le présent. Mais de quel passé s'agit-il ?
D'un passé largement *ad hoc*, où, sur une trame déjà
à peu près fixée, chaque orateur viendra apporter
ses variations en fonction de son projet politique et
de la situation du moment. Se retrouve donc, mais
d'une autre façon, la tyrannie du présent : un présent qui doute et qui cherche dans le passé une réas-
surance, des modèles d'action, tout en sachant au
fond que ce passé est définitivement passé. Au cours
du IVe siècle, Athènes n'aura, pourtant, de cesse de
reconstituer son empire, de répéter l'histoire.

Les orateurs poussent très loin cette instrumentalisation du passé[55]. Leur objectif est l'action présente : la décision à prendre immédiatement et la
politique à suivre. Thucydide faisait l'histoire du
présent, en s'adressant, idéalement au moins, au
futur. Pour les orateurs, l'histoire paradigmatique
doit aider à prendre les décisions du jour même ou
du lendemain. Convoqué comme modèle, le passé
est naturellement un passé de morceaux choisis.
Mais aucun genre oratoire n'a poussé plus loin cette
stylisation du passé que l'oraison funèbre. Cette
« histoire athénienne d'Athènes », comme l'a nommée Nicole Loraux, est « conforme à l'idée que les
Athéniens veulent se faire d'eux-mêmes ». Elle ne se
meut que dans le registre du « mytheux », ce *muthodes*
dans lequel, selon Thucydide qui déjà le leur reprochait, se complaisaient les logographes[56]. Dans sa
façon d'invoquer les héros d'autrefois, l'oraison
funèbre est plutôt neutralisation du temps. Avec
cette célébration rituelle des morts à la guerre de
l'année, on entre dans un temps immobile, où les
Athéniens, depuis toujours pétris d'excellence guer-
rière, sont invités à s'imiter eux-mêmes, en manifes-
tant l'essence de ce qu'ils sont depuis toujours.

Mobilisé dans les discours des orateurs, le passé est aussi rendu visible ou plus visible par la cité. Des décrets historiques sont souvent cités dans les assemblées du IVᵉ siècle : décret de Miltiade, de Thémistocle, de Salamine, etc. Christian Habicht a montré qu'on avait généralement affaire à des « faux » datant du IVᵉ siècle[57]. On est toujours dans ce même registre de l'instrumentalisation d'un passé exemplaire. Car « faux » veut simplement dire qu'on a bricolé avec des matériaux divers un texte auquel on a jugé utile, pour le rendre plus persuasif, de donner une forme officielle. C'est l'indice que le texte écrit, le document que l'on cite *verbatim*, a pris plus d'importance et qu'il apporte un surcroît de crédibilité. L'écrit vaut comme preuve. S'inscrit dans le même contexte et relève du même type d'usage du passé le souci qu'ont alors les cités de publier sur leurs murs des listes de leurs magistrats.

À Athènes, toujours, on connaît la liste des archontes (succession annuelle de magistrats éponymes). Retrouvée sur l'Agora, elle est datée, par la forme de l'écriture, des années 425. D'où plusieurs questions. S'agissait-il alors d'une première publication ou, à l'occasion d'une révision, déjà d'une republication ? Même si rien n'interdit de penser que les archontes eux-mêmes avaient tenu un tel registre déjà auparavant, le fait est que nous ne pouvons remonter au-delà du dernier quart du Vᵉ siècle et que, de toute manière, la cité s'est souciée, en ces années-là, de rechercher ou, au moins, de mettre à jour cette liste et surtout de la publier[58]. Nous ne sommes alors guère éloignés du moment où Athènes se met en quête de sa « Constitution des ancêtres ».

De façon plus nette encore, on voit la cité de Milet publier, en 335 av. J.-C., la liste de ses prêtres éponymes, les stéphanophores. Or toute la suite des noms allant de 525 à 335 a été entrée en une seule fois[59]. Un phénomène du même ordre s'observe également à Thasos vers 350, avec le catalogue des théores[60]. Ce sont donc autant d'indices convergents qui montrent que des cités, à peu près au même moment, sont soucieuses de fixer publiquement par écrit leur «généalogie» politique et de rendre ainsi manifestes l'ancienneté et la continuité de leur histoire.

Présence du passé et massif appel à lui, instrumentalisation de ce passé par les orateurs, tel est le climat dans lequel les études sur le passé (*ta archaia*) et les histoires locales vont prendre un grand essor. Participant de ce contexte, elles sont aussi une façon de répondre aux doutes du temps, en fournissant des rappels et des repères, à un moment où les destructions, les épreuves et les morts dues à la guerre du Péloponnèse devaient renforcer l'impression de rupture avec une époque désormais révolue. La cité ne parlait plus suffisamment, il fallait faire parler ses murs; les *logoi* risquaient de s'oublier, il convenait de les réunir et d'en faire des livres. Les usages directement politiques du passé, sous forme de textes de décrets ou de listes de magistrats (avec toute la part, plus ou moins grande, de fabrication que cela impliquait), nous ont déjà fourni un indice intéressant. Pour que ce souci de mettre le texte sous les yeux ait un sens, soit politiquement persuasif, il faut en effet qu'on soit entré dans un régime de preuve où la présomption penche en faveur de la production ou, au moins, de la reproduction du document lui-même (d'où aussi la raison d'être du faux)[61]. En ce point, recherches sur le passé et usages du passé peuvent partager un commun intérêt et trouver un même stimulus.

Vers 400 av. J.-C. paraît la première *Histoire d'Athènes* (*Attikê suggraphê*). Elle est l'œuvre, non d'un Athénien, mais d'un étranger, Hellanicos de Lesbos, l'historien-généalogiste, déjà rencontré. Contemporain de Thucydide, le catalogue de ses œuvres en prose et en vers est impressionnant. Il semble bien être l'initiateur de l'histoire locale et il a exercé ses talents en de nombreux lieux. Outre l'Attique, il s'est occupé d'Argos, de la Béotie, de l'Arcadie, de la Thessalie, mais il a aussi écrit sur l'Égypte, la Perse, les Scythes, sur les peuples et les noms de peuples, sur les coutumes barbares, sans oublier sa liste des prêtresses d'Héra et sans parler de ses poèmes[62]. Que dire d'une telle abondance, qui d'ailleurs pour l'essentiel nous échappe ? Ces multiples histoires locales devaient répondre à une demande et les cités ont dû faire appel au premier et au meilleur spécialiste, à moins qu'il ne soit venu lui-même proposer ses services. Comment a-t-il procédé ? Il a dû découper et redistribuer régionalement la matière généalogique, telle qu'elle avait pu être réunie et traitée par les premiers généalogistes comme Hécatée ou Phérécyde. Mais il disposait en plus de l'œuvre d'Hérodote. Bien entendu, il complétait, modifiait, adaptait en fonction des informations — orales et écrites — qu'il avait lui-même dans ses «fichiers» et de celles qu'il pouvait réunir sur place. L'important pour l'histoire locale, on le comprend, est la continuité : il faut pouvoir aller des origines au temps présent sans interruption. Dans le cas d'Athènes, qui est absente des grandes généalogies, Hellanicos est parti des rois mythiques, puis a utilisé la liste des archontes, avant d'en venir aux époques plus récentes[63]. Une telle perspective induisait une historicisation des *logoi*, pour en faire autant d'épisodes vraisemblables d'une histoire de la cité.

Hellanicos a ouvert la voie. Vers le milieu du siècle, des Athéniens, cette fois, publient des histoires d'Athènes, connues par les lexicographes sous le nom d'*Atthis*. Se succédant rapidement au cours de la période de confrontation avec la Macédoine jusqu'à la fin de l'indépendance de la cité, elles sont aussi les dernières histoires d'Athènes. Comme il se doit, chaque auteur reprend toute l'histoire depuis Kékrops, le premier roi, jusqu'au moment où il écrit. Félix Jacoby a eu raison d'insister sur la dimension politique de cette écriture de l'histoire : elle est une arme directe dans la lutte des partis[64]. Les Atthidographes ne sont pas des politiciens professionnels (à l'exception d'Androtion, exilé après s'être heurté à Démosthène), mais leur rapport à l'histoire, s'il est plus instruit et plus soucieux des temps anciens, n'est pas fondamentalement différent de celui des orateurs, plus pressés et moins savants.

Récapitulation de la mémoire d'Athènes, cette histoire est une pratique du patriotisme et une affirmation de l'identité athénienne par des notables, intellectuels modérés ou conservateurs. Cette forme d'histoire dura moins d'un siècle : le dernier des Atthidographes, Philochore, mourut peu après 260. Peut-être peut-on voir en lui le dernier des historiens d'Athènes et le premier des antiquaires ? C'est du moins la thèse de Jacoby, pour qui Athènes n'a dès lors, de toute façon, plus d'histoire. Commence, il est vrai, le temps des compilations et des collections, telle la collection de décrets, la première du genre, du péripatéticien Cratéros. Le propos est évidemment autre qu'à l'époque où l'on citait à l'Assemblée les décrets de Thémistocle ou de Salamine.

Il ne faudrait pas méconnaître un autre usage encore du passé, le plaisir : celui d'entendre conter d'anciennes histoires, ce plaisir de l'oreille vilipendé par Thucydide. C'est lui dont se réclame le sophiste Hippias d'Élis, tel du moins que Platon le met en scène. « Que racontes-tu aux Spartiates, lui demande Socrate, qu'ils écoutent avec tant de plaisir et qui te vaille tant de succès ? ». « Les généalogies, les généalogies des héros et des hommes, les fondations de cités. Je leur raconte comment dans les temps anciens s'instituèrent les cités et, en somme, toute l'archéologie, voilà ce qui les comble de plaisir. » Et Socrate d'ajouter, pour se moquer : « Encore heureux qu'ils ne mettent pas leur plaisir à t'entendre réciter la liste des archontes depuis Solon ! » Mais Hippias, qui est reconnu comme un des maîtres de la mnémotechnique, réplique imperturbable qu'il n'y aurait, en vérité, rien là de difficile pour lui qui peut réciter une liste de cinquante noms, après ne les avoir entendus qu'une seule fois. Pour achever d'enfoncer le clou, Socrate, toujours ironique, conclut : « Ils se servent de toi comme les petits enfants des vieilles femmes, pour se faire raconter des histoires qui leur plaisent[65]. » Il n'est donc qu'un conteur de *muthoi*.

Faut-il alors réduire le personnage d'Hippias à celui d'un monsieur je sais tout, le passé et le reste, capable de parler de tout et promenant de ville en ville sa mémoire d'éléphant et son art oratoire ? Ou convient-il de reconnaître en lui, avec Momigliano, un des fondateurs de l'archéologie comme science des antiquités et érudition ? La tradition lui attribue un ouvrage sur les noms de peuples et Plutarque mentionne son registre des vainqueurs olympiques. Est-ce suffisant? D'un point de vue plus général, Momigliano relève dans l'histoire une coïncidence entre le développement de la recherche érudite et les périodes de doute intellectuel. Il ajoute que, en outre, ce type d'intérêt s'est développé au moment où Thucydide restreignait drastiquement le champ de l'histoire aux faits politiques et fondait la primauté de l'autopsie[66]. On aurait alors mis sous ce nom nouveau d'archéologie, forgé peut-être par Hippias, ce que l'histoire véritable ne voulait pas ou plus prendre en charge.

Quant à l'histoire, selon Thucydide, elle continue. Mais sa grande période d'invention intellectuelle est passée. Finis les déclarations liminaires ambitieuses et les exposés de méthode! Le sens de l'histoire s'est décidément obscurci. Ainsi, les *Helléniques* de Xénophon reprennent en 411, là exactement où Thucydide s'était interrompu, et portent le récit jusqu'en 361 av. J.-C. Xénophon s'arrête juste après la bataille de Mantinée qui, de l'avis de tous, aurait dû être décisive, et qui en fait n'a décidé de rien. C'est, rappelons-le, sur ce constat désabusé que Xénophon prend congé de son lecteur. La divinité fit si bien les choses, dit-il, que chacun des deux camps estimait avoir gagné — chacun avait élevé un trophée et rendu les morts : «Chacun ne fut visiblement plus riche ni en cités ni en territoires, ni en autorité, qu'avant la bataille; et l'incertitude (*akrisia*) et la confusion (*tarachê*) furent plus grandes après qu'avant dans toute la Grèce. Pour moi, ma rédaction s'arrête ici; ce qui viendra après, un autre s'en chargera peut-être[67].» Les hommes ne font guère leur histoire et l'historien n'est pas le héraut chargé d'éclairer la postérité. L'évidence s'est dérobée. On a reproché à Xénophon de ne pas percevoir l'enchaînement des événements et de manquer de vue d'ensemble, mais ne serait-ce pas (aussi) l'expression d'une conviction ?

S'arrêter sur les individualités marquantes est au fond plus intéressant. Par exemple, il vaut la peine de chercher à comprendre pourquoi le Spartiate Teleutias était à ce point admiré de ses soldats. C'est même « l'occupation la plus digne d'un homme » (*axiologôtaton andros ergon*)[68]. Si l'on ignore sur combien d'années s'étendit la rédaction des *Helléniques*, on sait fort bien que Xénophon s'est exercé à bien d'autres formes d'écriture, dont témoigne une œuvre variée, souvent centrée autour de figures singulières (Socrate, Agésilas, Hiéron, Cyrus). Si bien qu'il apparaît à la fois comme celui qui reprit et transmit le modèle thucydidéen d'histoire contemporaine et celui qui s'en détourna ou y renonça. Il est un polygraphe qui écrivit de l'histoire, entre autre.

Cette montée de l'individu se trouve aussi dans l'œuvre de Théopompe de Chios. D'abord auteur d'*Helléniques*, il écrit ensuite des *Philippica* (*Histoire de Philippe de Macédoine*), expliquant dans sa préface que, jamais jusqu'alors, l'Europe n'avait produit un tel homme. Ce qui ne l'empêche pas de relever son injustice, sa perfidie, son penchant pour les femmes et son goût pour la boisson[69]. L'histoire recouvrait une direction, ou du moins savait-on d'où soufflait le vent de l'histoire contemporaine. Alexandre et ses historiens prendront le relais.

Éphore de Kymé, formé lui aussi, nous dit-on, à l'école d'Isocrate, choisit une autre voie pour tenter de renouveler l'histoire. Il élargit son objet, à la fois dans le temps et dans l'espace. Il est en effet reconnu par Polybe comme le premier auteur d'une histoire universelle (*ta katholou*)[70]. Quittant le seul contemporain, il décide donc de commencer son récit avec le retour des Héraclides. Ce devait être une façon de faire place aux préoccupations et aux acquis de l'archéologie. En second lieu, il réintroduit les Barbares dans le tableau, retrouvant peut-être un horizon hérodotéen ou universel, avec les Grecs et les Barbares. À en croire Diodore de Sicile, Éphore soutenait même la thèse de l'antériorité des Barbares. Abandonnant enfin le cadre étroit de l'annalistique, il découpe et organise la matière de son récit en ensembles plus vastes auxquels il consacre à chaque fois un livre. Histoire *kata genos* : s'agissait-il de regroupements pas périodes ou par régions ? les commentateurs en discutent[71]. L'intéressant dans sa démarche est la recherche dont elle témoigne d'unités narratives plus larges. Pour pouvoir être saisie ou rendue manifeste, l'intelligibilité semble avoir besoin de plus d'espaces chronologique ou géographique.

Chapitre 4

L'ŒIL DE THUCYDIDE
ET L'HISTOIRE
« VÉRITABLE »

Histoire « véritable » : l'historien entend ainsi prévenir le lecteur qu'il lui propose véritablement de l'histoire, en fait de l'histoire tout court ; l'histoire est vraie ou elle n'est pas de l'histoire. Position méthodologique, ce titre est aussi, dans le même mouvement, polémique. Car écrire une histoire « véritable », c'est soutenir que les autres ne le sont pas, soit par défaut de méthode (elles n'ont pas trouvé le chemin du vrai), soit pour toute autre raison, plus directement en rapport avec la place et la fonction de l'historien dans sa société. Histoire « véritable », « vraie », ou, dans ses variantes plus récentes, histoire « scientifique » ou encore « nouvelle », on a là quelque chose qui, depuis vingt-cinq siècles, traverse le projet d'écrire l'histoire ou de faire de l'histoire, du moins en Occident et même si ce qu'on a mis sous le vieux mot d'histoire a grandement varié. Je voudrais, à travers son texte et, inévitablement, à travers quelques-unes de ses lectures, évoquer celui qui fut l'initiateur de l'histoire « véritable » : Thucydide. Il a « toujours eu en vue la vérité dont l'histoire est la prêtresse [1] », notait Denys d'Halicarnasse, et David Hume estimait : « La pre-

mière page de Thucydide est, selon moi, le début de
l'histoire "véritable" » (*real history*).

Signe hautain d'une histoire austère, Thucydide
d'Athènes marque le point de départ de l'histoire
entendue comme discours de vérité, de ce discours
qui a comme raison d'être et comme exigence de
dire le vrai des *rerum gestarum* et comme privilège
de faire de ses praticiens des « maîtres de vérité ».

S'inscrit, en effet, à l'évidence dans les premières
pages de l'*Histoire de la guerre du Péloponnèse* une
volonté de rupture avec les autres *Histoires* et,
notamment, avec déjà les plus célèbres d'entre
elles, celles d'Hérodote. En exposant son *enquête*,
Hérodote voulait « empêcher que ce qu'ont fait les
hommes, avec le temps, ne s'efface de la mémoire et
que de grandes et admirables actions [...] cessent
d'être racontées ». Son souci n'est pas celui de la
vérité, ce qui ne signifie pas pour autant que son
plus grand plaisir soit de mentir : son projet est simplement autre. Il entend « dire ce qui se dit », non
qu'il y croie forcément, ni qu'il oblige le public à y
croire nécessairement toujours ; mais il estime que
son *devoir* de narrateur est de dire ce qui se dit,
quitte, le cas échéant, à privilégier (par l'ordre d'exposition, par exemple) la version qui lui paraît la
plus « croyable » (*pithanos*). Car une des preuves
qu'il peut donner de son savoir, donc un de ses titres
à être cru, c'est le nombre de versions qu'il connaît
du même événement, se contentant parfois de préciser en passant qu'il en a recueilli d'autres, mais qu'il
ne les exposera pas. Dans ce récit, qui obéit aux
exigences de la persuasion et qui n'est jamais bou-
clé (puisque le narrateur, s'il veut être « le plus
croyable » des enquêteurs, doit toujours avoir une
version de reste dans sa besace), le narrateur est

omniprésent. Se devant de dire ce qui se dit, il est le seul garant de ces dires multiples ; seul sujet d'énonciation, il est, par ses interventions directes et indirectes dans son récit celui qui sait. Il est, selon un mot qu'emploie Hérodote, celui qui *sèmainei*, celui qui fait voir et qui fait savoir[2].

Thucydide exécute en quelques mots cette manière de faire de l'histoire. Elle est le fait de ceux qu'il appelle «logographes», c'est-à-dire des gens qui transcrivent des *logoï*, qui mettent en forme (*sunethesan*) ces récits circulant de bouche à oreille. Pourquoi sont-ils condamnables ? Fondamentalement, parce que leur discours obéit à une économie du plaisir. Ils cherchent à plaire à l'auditoire et cèdent au plaisir de l'oreille ; et, le voudraient-ils, qu'ils ne pourraient totalement s'en garder, car c'est là une des conditions mêmes du fonctionnement de la communication orale, qui pousse à produire des «morceaux d'apparat» pour un auditoire d'un instant. Résultat : ils font non de l'histoire, mais dans le *muthôdes*, terme condescendant sinon méprisant : non pas «vraiment» du *muthos* comme les poètes, mais quelque chose qui ressemble à du *muthos*, qui l'est sans l'être, tout à la fois incroyable, indémontrable et traversé de vraisemblable.

À la séduction de la parole qui passe, Thucydide oppose son propre choix : être simplement et durablement vrai. D'emblée il se distingue de l'entreprise d'Hérodote, en évitant soigneusement de reprendre à son compte le mot ionien *historiê* (enquête) : «Hérodote de Thourioi expose au public (*apodexis*) ses enquêtes...». Mais «Thucydide d'Athènes a mis par écrit ensemble (*sunegrapse*) comment se déroula la guerre entre les Péloponnésiens et les Athéniens.» Là où le premier mettait l'*historiê*, l'autre, se plaçant d'emblée dans le monde de l'écriture, installe la *suggraphie*. *Ho suggrapheus*, celui qui consigne par écrit, l'appellation finira par désigner, en particulier, l'historien.

Alors que les *muthoi* des poètes sont sans âge et que les *logoi* des logographes sont d'âges mêlés, la volonté implique de s'en tenir au présent : il n'y a d'histoire « véritable » qu'au présent. Aussi le (futur) historien de la guerre du Péloponnèse s'est-il mis au travail en même temps que commençaient les hostilités. Des deux moyens de la connaissance historique, l'œil (*opsis*) et l'oreille (*akoê*), seul le premier peut conduire (à condition d'en faire un bon usage) à une connaissance claire et distincte (*saphôs eidenaï*) : non pas seulement ce que j'ai vu, moi, ce que d'autres disent avoir vu, mais à condition que ces visions (la mienne comme les autres) résistent à une critique serrée. L'oreille, elle, n'est jamais sûre. D'abord, parce que ce qui se colporte ainsi est accepté sans jamais être mis à la question (*abasanistôs*) par personne ; parce que, ensuite, il est impossible de faire fond sur la mémoire : soit elle oublie, soit elle déforme ; et, comble de malheur, les paroles de mémoire ont toute chance de recevoir un surcroît de fausseté du fait de la loi du plaisir, qui règle le bouche à oreille. Ainsi Nicias, quand il veut avertir sa cité de la situation critique dans laquelle il se trouve, envoie, nous l'avons déjà évoqué, des messagers ; mais craignant, dit Thucydide, qu'ils n'aient un trou de mémoire ou qu'ils ne disent, pour finir, non la réalité, mais ce que la foule voulait entendre, il écrit une lettre, car « c'était, à ses yeux, le moyen le meilleur pour que les Athéniens, instruits de son sentiment sans que rien l'obscurcît par la faute de l'envoyé, prissent un parti en pleine vérité » (*bouleu-*

sasthai peri tès alètheias)[3]. Dans le face-à-face de la communication orale, le messager risque de faire écran à la vérité, de la déformer, alors que l'écriture lui conserve son intégrité. Mais l'histoire ne s'arrête pas là, puisque la lettre de Nicias ne pouvant qu'être lue à haute voix à l'Assemblée avait forcément été rédigée dans cette perspective. Ce qui prouve seulement qu'on ne pouvait, alors, échapper complètement à l'oralité, pas plus Nicias que Thucydide lui-même, qui savait très bien, en l'écrivant, que sa *suggraphie* ferait l'objet de lectures publiques.

Le savoir historique se fonde sur l'autopsie et s'organise sur la base des données qu'elle procure, l'œil est au centre de l'histoire et l'histoire se fait au présent. Savoir historiquement, c'est avoir une connaissance claire et distincte, c'est aussi *to saphes skopein*, «voir clair», «découvrir dans sa clarté», ou encore *saphôs heurein*, «trouver clairement», «rendre évident». Savoir historiquement, c'est voir. Mais voir n'est pas d'emblée savoir. Il s'en faut précisément de tout le travail de l'historien qui est, pour Thucydide, recherche de l'*akribeia*, non pas de la simple exactitude, mais de la conformité avec les faits[4]. *Akribès* se dit, par exemple, d'une armure qui s'adapte bien au corps, qui «colle» au corps. L'«acribie» est ce qui doit, autant qu'il est possible, transformer le voir en savoir ou en «voir clair», assurer l'adéquation (*adaequatio*) entre le récit et le réel, ou mieux, faire que le récit dise les choses dans leur évidence. Bref, elle est un autre nom de la vérité. Et l'histoire «véritable» est non pas mémorial ou *historia*, mais *zetèsis tès alètheias*, recherche et quête de la vérité, c'est-à-dire aussi enquête, au sens judiciaire du mot[5]. Tout en voulant éviter le mot *historia*, Thucydide retrouve ainsi quelque chose du sens ancien d'*histôr*, comme garant dans un litige.

Mais dès qu'il s'agit du passé, il n'est plus possible de faire la lumière, comme va le prouver l'«Archéologie», où Thucydide réussit le tour de force de faire à la fois l'exposé «le plus clair» sur le passé de la Grèce et la démonstration la plus nette que l'histoire «véritable» au passé est, théoriquement, impossible. «De fait pour la période antérieure et les époques plus anciennes encore, on ne pouvait guère, vu le recul du temps, arriver à une connaissance parfaite (*saphôs heurein*); mais d'après les indices qui, au cours des recherches (*skopein*) les plus étendues m'ont permis d'arriver à une conviction, je tiens que rien n'y prit de grandes proportions, les guerres pas plus que le reste[6].» Ce n'est toutefois pas une raison pour céder à l'oreille et faire du récit une collection ou une construction de «on-dit». Au *legetai* hérodotéen, Thucydide va opposer le *phainetai*, «il vient à la lumière que», «il devient visible que», mais cette pâle clarté qui se détache sur fond d'obscurité et de rumeurs, comme autant de lucioles dans la nuit, n'est jamais donnée, elle doit, au contraire, à grand-peine, être produite par l'historien. L'«Archéologie» fait la part du visible et de l'invisible, jusqu'à la «mise en lumière» dernière, «la plus vraie» (*alèthestatè prophasis*), ou la plus évidente, celle qui a mené les Athéniens et les Spartiates à entrer en guerre.

Ces points de lumière (qui, en tout cas, la réfléchissent), Thucydide les appelle «indices» (*semeion, tekmèrion*)[7]. Comment les «trouve-t-il»? En usant de la comparaison, exprimée en termes de grandeur, avec le présent mis implicitement, le plus souvent, à contribution. Il ne s'est rien fait de grand

dans le passé, en comparaison de la guerre du Péloponnèse. Bien sûr un tel exorde est, en bonne rhétorique, un moyen très convenable de défendre mon
sujet. Mais il y a plus : il ne s'est rien fait de grand,
non pas parce que je le dis, mais parce que «les faits
eux-mêmes» le démontrent, ou plutôt je l'ai déjà
démontré, puisqu'il est entendu qu'il n'y a de grand
que le présent. Si le présent éclaire le passé, c'est
plus précisément le modèle de l'empire d'Athènes
qui va, au fil du temps, de Minos à Polycrate en passant par Agamemnon, le rendre visible. Ses trois
composantes (l'argent, la flotte, les remparts) deviennent trois indices à l'aune desquels se laisse «voir»
l'infériorité du passé. L'Empire est bien modèle et
mesure de référence, mais il est modèle invisible
et référence implicite. Depuis toujours, c'est en fait
la même histoire qui va son train, une histoire d'argent, de flotte et de remparts, et il n'est de changement que quantitatif (plus d'argent, plus de bateaux,
des remparts plus grands) ; mais toujours le même
pouvoir va se répétant, en grossissant : depuis toujours Athènes éclaire le monde !

Thucydide, comme le juge dans l'établissement de
la preuve, fait témoigner les indices qu'il rassemble
et ne reçoit rien pour vrai qu'il n'ait soumis à la
question. Dans ses premiers chapitres, il est plus
le juge que le médecin, dont l'œil, sur le corps du
patient, rend visibles les symptômes de la maladie.
À l'histoire du passé est interdite l'«acribie», à cette
obscure vision est seulement réservée, si on l'exerce
avec rigueur, la *pistis*, la conviction, à l'instar du juge
qui, dans une affaire, arrive à une (intime) conviction.

Voilà donc pourquoi il n'est pas d'histoire «véritable» du passé, mais l'«Archéologie», tout en critiquant ce qu'elle construit, est une tentative sans

précédent pour penser les anciens temps (*ta palaia*):
d'abord et avant tout en les embrassant comme
continus. Quand Hérodote a rencontré ce problème,
il a posé deux temps, celui des dieux et celui des
hommes[8]: du premier relève Minos, du second,
Polycrate de Samos; du premier personnage il ne
parle pas, ce qui n'implique nullement qu'il mette
en doute son existence, tandis qu'il raconte la tha-
lassocratie du second. Adoptant une position apparemment moins « moderne », Thucydide va, au
contraire, supprimer cette ligne de partage entre
les deux, cet horizon du temps[9]. Il n'y a qu'un seul
monde, qu'un seul « temps » continu. Si bien que
Minos devient « le plus ancien personnage connu
par la tradition qui ait eu une flotte ». Il va donc
sans dire que la question de son existence ne se
pose même pas. De même, la guerre de Troie a eu
lieu mais, racontée par les poètes, elle a été agran-
die (toujours l'idée que dans les temps anciens, rien
n'était vraiment grand — par comparaison à aujour-
d'hui). Le *muthos* est, en somme, un *logos* auquel
les poètes ont donné de l'enflure. Revue et corrigée
par Thucydide, la guerre « acquit une égalité et une
plausibilité, un ensemble politique, que la critique
accepta volontiers comme vérité historique. Et c'eût
été sans doute une vérité historique, si l'on avait pu
trouver à l'appui une preuve indépendante quel-
conque [...] Le mythe expliqué était ainsi élevé
à l'état d'un fait réel[10] ». Voici en effet comment
débute le récit de la guerre de Troie : « [...] Si l'on
fait une moyenne entre les navires les plus grands
et les plus petits, on voit que les troupes entières
n'étaient pas nombreuses, pour une expédition
envoyée en commun par la Grèce entière. La cause
en était moins la pénurie d'hommes que le manque

d'argent. Déjà, faute d'approvisionnements, ils avaient emmené des effectifs moindres, et limités à ce qu'ils espéraient pouvoir entretenir sur place en se battant[11].» Conclusion: en y mettant plus d'argent, l'opération n'aurait pas pris dix ans! Avec Thucydide le travail de sape du *muthos*, son historicisation si l'on veut, se trouve engagé et les taupes historiennes allaient, dès lors, pouvoir creuser.

Proclamant bien haut (trop?) qu'elle ne cherche pas à faire plaisir, mais seulement à être «utile», l'histoire «véritable» se donne enfin comme un «acquis pour toujours», selon la formule depuis si longtemps entrée au magasin du bien connu. Elle l'est d'abord parce que, l'histoire se faisant au présent, la transcription thucydidéenne est écrite pour toujours: nul ne pourra la réécrire après lui, du moins s'il veut «coller» au réel. Elle l'est ensuite parce que l'histoire des hommes étant à la fois changeante et foncièrement la même, ce récit véridique permettra, non de prédire, mais de «voir clair», lorsqu'à l'avenir, d'autres crises (*kinèseis*) ne manqueront pas d'ébranler le monde. Par ailleurs, la formule du *ktèma es aiei* a servi de point d'ancrage pour de multiples débats sur le temps cyclique, les lois de l'histoire, et a autorisé les nombreuses réflexions du genre «Thucydide et nous» (*Fabula de me narratur*), comme le notait l'abbé Mably ou le vivait encore Albert Thibaudet au cours de la guerre de 1914[12].

Si Hérodote est le père de l'histoire, Thucydide se veut et a été reconnu comme le père de l'histoire «véritable». Il fallait Thucydide pour qu'Hérodote pût apparaître comme menteur, lui qui ne disait pas: (j'écris) la vérité, mais: je dis ce qui se dit et d'ailleurs j'en sais plus long que je n'en dis. Cette réserve de savoir contribue à me rendre crédible comme narrateur, moi qui fais voir et fais savoir (*sémainei*) et qui suis le garant des *logoi* divers que je rapporte. Mais quand l'histoire devient quête de la vérité, le narrateur n'a plus qu'à se retirer (ou à mettre en scène son retrait). Il n'est dès lors plus celui qui *sèmainei*, mais, tout au plus, celui qui, dans le passé, fait venir à la lumière un indice[13]. Il pourra être ce narrateur « absent », qui laisse parler les faits : *objectif*. C'est-à-dire tout aussi bien cet œil placé au centre et « omniprésent » : *objectif*, en effet.

Quand Adolphe Thiers déclare : « Être simplement vrai, être ce que sont les choses elles-mêmes », il ne pense pas à Thucydide, mais on conçoit que ce dernier ait pu devenir la figure tutélaire de l'histoire analytique, méthodique, positiviste du XIXᵉ siècle. Niebuhr l'admirait, Ranke reconnaissait son influence sur lui. Il y a peu encore, l'historien de l'Antiquité Kurt von Fritz insistait sur la continuité du développement historique et entendait soutenir, contre Wilamowitz et contre Collingwood, que l'histoire scientifique existait en fait à partir de Thucydide et que les historiens modernes pouvaient recevoir « des leçons de leur collègue antique[14] ». Mais, alors que l'histoire positiviste pense que la vérité, pour se dévoiler, a besoin du silence des archives et que l'histoire s'écrit donc au passé, Thucydide entendait démontrer que l'histoire « véritable » ne pouvait se faire qu'au présent.

Thucydide est vrai : « Ce n'est pas l'historien, c'est l'histoire qui semble parler. » Pourtant, la question de la vérité, celle qui habite l'écriture historienne, ne se laisse pas aussi aisément congédier. Au fil des lectures de Thucydide, qu'on le prenne comme texte particulier ou comme paradigme du texte historique, elle revient sous plusieurs formes : celle, par exemple, du partage entre le récit et les discours, ou les harangues, pour parler comme les classiques, celle du général et du particulier, au moins depuis le vieil ukase aristotélicien, celle, plus récente, de l'histoire comme art ou comme science.

« En ce qui concerne les discours prononcés par les uns et les autres [...] j'ai exprimé ce qu'à mon avis ils auraient pu dire qui répondît le mieux à la situation, en me tenant, pour la pensée générale, le plus près possible des paroles réellement prononcées[15]. » Thucydide est vrai, pourtant les discours sont faux ; ne cherchant pas à les donner pour véridiques, il n'est assurément pas un menteur, mais il n'est pas vrai pour autant. La question des discours est un des points forts et obligés de la bibliographie thucydidéenne et au-delà. Examinons trois façons de la poser dans son rapport avec la déontologie de l'historien « véritable ».

Celle de l'abbé Mably d'abord. La harangue est certes fausse, mais elle est nécessaire pour que l'histoire soit à la fois « instructive et agréable » et elle ne peut être véritablement instructive que si elle est agréable. La fausseté de la harangue ne remet pas en cause la confiance que l'on peut avoir dans l'historien, car « le plaisir nous fait illusion. Les lecteurs, qui ne songent qu'à s'amuser, ne chicaneront point un historien qui leur plaît ; et ceux qui, ayant plus d'esprit, cherchent à s'instruire, savent bien que ces harangues n'ont pas été prononcées, mais ils veulent connaître les motifs, les pensées, les intérêts des personnages qui agissent [...] Nous oublions l'historien, nous nous trouvons en commerce avec les plus grands hommes de l'Antiquité [...] Ce n'est plus un

récit, c'est une action qui se passe sous mes yeux
[...] Essayez de les supprimer [les harangues] dans
Thucydide et vous n'aurez plus qu'une histoire sans
âme ; cet ouvrage que tous les princes et leurs
ministres devraient lire tous les ans ou plutôt savoir
par cœur, vous tombera des mains[16] ». Illusion
mimétique, la harangue n'est pas un ornement de la
narration permettant à l'historien de faire montre
de sa virtuosité, mais l'« âme » de l'histoire, la fiction
agréable et nécessaire pour que le livre ne tombe
pas des mains et que l'histoire puisse remplir sa
fonction : instruire les princes et les ministres. La
harangue est cette fiction sans laquelle les leçons de
l'histoire ne seraient pas entendues par ses destina-
taires ; cette part de fausseté qui fait, en somme, la
vérité de l'histoire. L'on voit, en outre, comment le
plaisir, chassé par Thucydide, a fait retour avec
Mably dans les bagages de la pédagogie.

Un siècle plus tard, l'histoire est désormais une
science (c'est-à-dire existe une histoire qui se pense
comme science). Aussi l'helléniste Alfred Croiset,
écrivant sur Thucydide, est-il amené à reprendre la
question des discours[17]. Commençant par reconnaître la distance qui sépare cette manière de faire
des « scrupules de la science moderne », il s'efforce
ensuite de la combler, en jouant de la distinction
entre le fond et la forme. Le discours est, c'est
incontestable, un « mensonge de la forme », mais sur
le fond, l'historien moderne fait « la même chose que
Thucydide » : comme lui, il « interprète », il montre
la « logique interne » d'une série d'actes. La vérité
du fond n'est donc pas sensiblement affectée par ce
« mensonge de la forme », qui, de surcroît, ne « trompe
personne », puisqu'il a été d'emblée avoué par son
auteur. S'il y a mensonge, il n'y a donc pas de men-

teur. À ce point de son raisonnement, Croiset évoque
un instant et comme repoussoir, Hérodote, menteur
à la fois sur le fond et dans la forme. Ce mensonge,
somme toute véniel, peut même, pour finir, être porteur de vérité, dans la mesure où, à défaut de «la
vérité un peu terre à terre», l'histoire acquiert ainsi
«cette vérité supérieure qu'Aristote attribuait comme
un privilège à la poésie. Mais ce n'est pas sans raison que l'esprit moderne a renoncé pour jamais à
cette méthode d'exposition historique [...] Il y a un
idéal supérieur encore à ce mélange pourtant si
admirable de vérité et d'artifice : c'est la vérité toute
pure, la vérité du fond et celle de la forme, à la
condition que le génie la mette en œuvre». Fond,
forme, vérité «terre à terre», vérité «supérieure»,
vérité «toute pure» aussi, voilà en tout cas, Thucydide blanchi ou absous. Il est et demeure un maître
de «vérité», un collègue (génial).

R. G. Collingwood, enfin, sera beaucoup plus bru-
tal : les discours prouvent que Thucydide n'est pas
un historien. Un homme «ayant réellement l'esprit
historien» se serait-il permis d'user d'une telle
«convention»? «Le discours, tant par son style que
par son contenu, est une convention caractéristique
d'un auteur dont l'esprit, incapable de se concentrer
complètement sur les événements eux-mêmes, est
sans cesse détourné des événements vers quelque
leçon cachée derrière, vers quelque vérité immuable
et éternelle dont ils ne sont, pour parler comme Platon, que les *paradeigmata* ou les *mimèmata*[18].»
Conclusion : si Hérodote est le père de l'histoire,
Thucydide, lui, est le «père de la psychologie historique», et «la psychologie historique n'est pas
de l'histoire». Heureusement, Kurt von Fritz et bien
d'autres veilleront sur leur collègue Thucydide.

D'ailleurs, Collingwood n'était pas, lui-même, un historien mais un professeur de métaphysique, embarqué dans la philosophie de l'histoire !

Mais le partage entre récit et discours, comme procédé véridique de l'écriture historienne, renvoie vers un autre partage, plus fondamental, qui a informé la lecture des commentateurs, celui établi par Aristote entre le général et le particulier. L'histoire, on le sait, est plutôt du côté du particulier, alors que la poésie a accès au général. Le général est « le type de chose qu'un certain type d'homme fait ou dit vraisemblablement ou nécessairement » ; le particulier est « ce qu'a fait Alcibiade ou ce qui lui est arrivé[19] ». À lire Thucydide à l'aide de cette grille, on éclaire la scansion entre les récits et les faits, ou les discours et les lois, et on explique en quoi l'œuvre peut être un « acquis pour toujours ». Car c'est par les discours que les faits de la guerre du Péloponnèse « sont éclairés par des pensées si pénétrantes que, devenant des illustrations de lois générales, ils acquièrent pour toujours un pouvoir de suggestion pour qui s'intéresse à la politique[20] ». Le récit est la pure succession factuelle, tandis que le discours exprime le général, la loi, l'universel, la permanence de la nature humaine, donc la vérité ; mais aussi la vérité du récit[21].

Il y a tout de même quelque chose d'étonnant dans cette manière de procéder. L'historien est du côté du particulier, soutient Aristote ; vous avez tout à fait raison, répondent les commentateurs, d'ailleurs Thucydide est à la fois du côté du général et du particulier, ce qui montre bien qu'il est un historien « véritable ». On joue sur tous les tableaux à la fois. On fait appel à Aristote pour dire ce qu'a fait Thucydide et on loue Thucydide de ne pas tomber sous le coup de la critique d'Aristote. Le partage est à la fois opératoire et caduc : Thucydide s'y plie et le tourne ; pour certains, c'est sa grandeur, pour d'autres comme Collingwood, son échec ; pour d'autres encore un échec, peut-être inévitable : « il s'avérait que le récit, tout seul, menait finalement à un échec : il racontait seulement ce qu'Alcibiade avait fait et ce qui lui était arrivé. C'étaient là des faits, non des vérités[22] ».

Exprimé en termes de vérité, le partage entre le particulier et le général, à l'arrière-plan duquel s'entendent les débats, chez les modernes, sur les lois de l'histoire, donne, par exemple, l'arithmétique de Croiset. Le mieux, c'est la vérité «toute pure», soit celle du fond et de la forme ; mais d'un certain «mensonge de la forme» peut sortir une vérité «supérieure» (poétique). Ceci compense largement cela et le texte est donc saturé de vérité. Croiset se sert bien de la discrimination aristotélicienne, mais il la fait rejouer dans la perspective du partage plus moderne entre l'histoire comme art et l'histoire comme science, avec la vérité de l'art et celle de la science.

À propos de Thucydide, deux noms ont illustré ce partage : Francis Cornford et Charles Cochrane. Cornford était un helléniste appartenant à ce qu'on a appelé «l'école de Cambridge». Pour le dire très vite, ce petit groupe (marqué par les idées de Frazer et comprenant, notamment, Jane Harrisson et Gilbert Murray) s'est attaché, en prenant au sérieux la mythologie, à faire resurgir la part dionysiaque de la pensée grecque que refusaient de voir les classicistes. Dans ces conditions, élire Thucydide, la fine fleur du rationalisme grec, est stratégiquement heureux. Il publie en 1907 un livre au titre provocant,

Thucydides mythhistoricus. «*Mythhistoricus*» ne veut pas dire qu'il est un menteur, mais que voulant faire de l'histoire, il a finalement produit une sorte de *muthos*, non pas délibérément, mais inévitablement, car il était «un Athénien né avant qu'Eschyle ne fût mort». Par *Mythhistoria*, il entend «une histoire coulée dans un moule de conceptions (artistiques ou philosophiques) qui, bien avant que l'œuvre ne fût même envisagée, étaient déjà présentes, pour ainsi dire à l'état brut, dans les structures mentales de l'auteur[23]».

Le savoir partagé est alors «mythique et poétique», mais pas scientifique. Aussi ce qui était commencé comme une œuvre de science ne pouvait, au fur et à mesure de son développement, qu'échapper à son auteur et se muer en une œuvre d'art. La position «rien que les faits» était, à la longue, intenable, car la science du vᵉ siècle ne permettait pas de penser leurs rapports (principalement par suite de l'absence du concept de cause), si bien que leur nécessaire *suggraphie* allait, insensiblement, se faire en ayant recours à des schèmes immédiatement disponibles, tragiques avant tout, tels que Thucydide avait pu les apprendre chez Eschyle. Thucydide n'y est pour rien : ce n'est pas la volonté de savoir ou de comprendre qui lui a fait défaut, mais simplement l'outillage mental ; il est «né trop tôt». C'est une «illusion moderniste» de le créditer d'une réflexion sur les causes de la guerre du Péloponnèse, car le concept n'existait simplement pas. Ce n'est que récemment, avec la théorie darwinienne, que l'histoire a été conçue comme «processus naturel» obéissant à une «loi de causalité». Thucydide n'est pas, pour Cornford, un véritable historien (et s'il est «vrai», ce qu'il dit, en fin de compte et malgré lui, c'est la vérité du *mûthos*), il se tient au «seuil de l'histoire», plus près d'Hérodote que des modernes. L'histoire «véritable» ne pouvant commencer qu'après Darwin. Sur ce point, Cornford rejoint Wilamowitz.

Mal accueilli par la corporation, cet essai fut réfuté en 1929 par Charles Cochrane. Avec *Thucydides and the science of history*, il entendait répondre à Cornford, mais aussi à tous ceux qui, critiquant Cornford, s'accordaient cependant avec lui pour placer Thucydide dans l'ère de l'histoire non scientifique ou, au mieux, préscientifique, puisque l'histoire scientifique était réservée au xixe siècle. Sa thèse se résume simplement : Thucydide n'est pas un artiste (même malgré lui), mais un homme de science, à l'école d'Hippocrate. « Les *Histoires* de Thucydide représentent une tentative pour appliquer à l'étude de la vie sociale les méthodes employées par Hippocrate dans l'art de la médecine et elles sont un parallèle exact des tentatives des historiens scientifiques modernes d'appliquer des schémas interprétatifs évolutionnistes dérivés de la science darwinienne[24]. » Thucydide est à Hippocrate ce que les historiens modernes sont à Darwin. À l'affirmation d'une rupture entre la science darwinienne et ce qui l'a précédée, se substitue la production d'une analogie. Et comme la démarche hippocratique est réellement scientifique (c'est-à-dire qu'à l'instar des sciences naturelles modernes, elle procède par induction), l'histoire de Thucydide l'est aussi.

La science darwinienne sert de référence ou d'étalon à Cochrane comme à Cornford, mais l'un s'en sert pour rejeter Thucydide du côté de l'art, l'autre pour le présenter en «pionnier» de l'histoire scientifique. Cette dernière disparut au moins jusqu'à la Renaissance, pour ne réapparaître vraiment qu'avec la nomination de Niebuhr à Berlin en 1810. Décidément friand de parallèles, Cochrane en esquisse un autre, curieux, entre Hérodote et Gibbon cette fois, qui serait une sorte d'«Hérodote des temps modernes», car, pas plus que lui, il ne mérite «le titre d'historien scientifique[25]». Avec ce livre, était, en tout cas, fermement tracé le portrait de Thucydide en médecin. On le retoucha, on le discuta, on douta, mais rarement, de son authenticité[26] et, le plus souvent, comme ces portraits de famille si familiers que l'on ne les voit plus, on n'y prit même plus garde: «Thucydide et la médecine», bien sûr, et on se contentait d'indiquer (en note) *Thucydide et la science de l'histoire.*

Chapitre 5

VOIR DEPUIS ROME :
POLYBE ET LA PREMIÈRE
HISTOIRE UNIVERSELLE

Après Hérodote et Thucydide, Polybe est le troisième grand des historiens grecs. Le premier avait
présenté la guerre ayant opposé les Grecs et les Barbares, les guerres médiques ; le second avait choisi
de raconter la guerre entre les Péloponnésiens et
les Athéniens ; au troisième s'impose le récit de la
conquête romaine : non pas une grande guerre
unique, mais toute une série de conflits livrés sur de
multiples théâtres d'opérations. « Comment et grâce
à quel gouvernement l'État romain a pu, chose sans
précédent, étendre sa domination à presque toute la
terre habitée et cela en moins de cinquante-trois
ans ? » : telle est la question à laquelle Polybe se propose de répondre, pour le plus grand profit, pense-
t-il, de ses lecteurs.

Partant de l'épopée, Hérodote voulait être un
nouvel Homère, et il devint finalement, non pas
un aède en prose, mais « le père de l'histoire ».
Récusant aussi bien Homère qu'Hérodote, Thucydide, lui, voulait être Thucydide d'Athènes : celui
qui a consigné par écrit la guerre du Péloponnèse.
Pour toujours. Il avait commencé « dès son déclenchement et compté qu'elle serait importante et la

plus considérable de toutes celles qui avaient eu lieu[1]». Se voyant comme un nouveau Thucydide, Polybe est finalement devenu Polybe, c'est-à-dire l'auteur de la première histoire universelle.

Inspiré par la Muse, Homère chantait la geste des Achéens et des Troyens. Tout comme Zeus du haut de l'Olympe, l'aède «voit» en effet les deux côtés. D'entrée de jeu, Hérodote entendait faire également mémoire des grandes actions accomplies tant par les Grecs que par les Barbares[2]. C'est alors la façon grecque de dire l'humanité. Mais, malheureusement, le temps de l'épopée n'est plus et, à la vision divine ou inspirée, s'est désormais substitué le laborieux et exigeant travail d'enquête (*historia*). Homme de l'exil et voyageur, l'historien fait appel à l'œil et à l'oreille : il voit et il entend, il s'informe, il recueille différentes versions et il rapporte. Mettant au centre de sa méthode l'autopsie (le fait de voir par soi-même), la sienne comme celle des autres, Thucydide ne rompt pourtant pas avec cette tradition «des deux côtés», mais il la reformule. Comment a-t-il su «quelque chose d'exact» sur les deux côtés ? Ainsi qu'il nous l'apprend lui-même, l'exil, dont il a été frappé, lui a permis d'assister «aux affaires des deux côtés — et pas moins à celles des Péloponnésiens[3]». De plus, si le conflit a mis face à face les Athéniens et les Péloponnésiens, il s'est étendu, ajoute-t-il aussitôt, à tous leurs alliés respectifs et même, pour faire bonne mesure, à «une partie des Barbares». Si bien qu'il concerna pour finir la «majeure partie de l'humanité». C'est donc bien «le plus grand ébranlement» qui se soit jamais produit. Se retrouve au final l'ambition posée d'emblée par Hérodote.

Avec Polybe, exilé lui aussi mais à Rome, la règle

des deux côtés, venue de l'épopée, tombe d'autant plus que la catégorisation en Grecs et Barbares n'est plus opératoire. Où faudrait-il placer les Romains ? Et parler de la guerre entre les Romains et les Carthaginois ou entre les Romains et les Macédoniens manquerait complètement ce que Polybe estime être sa découverte majeure et la nouveauté de son temps : la simultanéité d'engagements, qui mettent aux prises des protagonistes différents, se déroulant en des lieux variés et retentissant les uns sur les autres. On peut alors soutenir qu'il y a plus de deux côtés ou, tout aussi bien, qu'il n'y en a plus qu'un seul, puisque Rome, en étendant sa domination, constitue le trait d'union ou joue comme agent de liaison entre ces histoires jusque-là locales et séparées. C'est ce moment et ce mouvement, celui d'une première mondialisation à l'échelle de la Méditerranée, que cherche à saisir Polybe, et dont il veut rendre compte. Telle est l'intuition et telle sera, dès lors, la tâche de l'historien. Reste encore entière la question du comment : comment construire et transcrire ce point de vue sur l'histoire du monde ? Comment voir depuis Rome ? Quelle évidence nouvelle l'œil de l'historien peut-il, doit-il embrasser ?

QUI EST POLYBE ?

Si Hérodote comme Thucydide avaient ouvert chacun leur œuvre par une signature inaugurale : « Hérodote de Thourioi... », « Thucydide d'Athènes... », Polybe, lui, n'en fait rien. Polybe, le Mégalopolitain, l'Achaïen, le Grec, le Romain ? Il ne se nomme pas, mais commence par un éloge de l'histoire. Preuve qu'on est désormais loin des débuts, quand il s'agissait encore de construire une place de savoir et que l'identité de l'auteur passait par l'appartenance à une cité. L'histoire est désormais un genre dans lequel le récit tend à l'emporter sur l'enquête, avec ses conventions, ses règles d'écriture, son ambition d'être utile. Plus exactement, Polybe se livre, en bon rhétoricien, à un éloge indirect. Si les historiens qui l'ont précédé avaient en effet négligé de célébrer l'utilité de l'histoire comme maîtresse de vie, il n'y manquerait pas, mais puisque tel n'est pas le cas, il ne le fera pas! Et il le fera d'autant moins (mais naturellement il l'a fait dans l'intervalle), que son entreprise est entièrement inédite! «Le caractère absolument extraordinaire des faits que j'ai entrepris de narrer, écrit-il tranquillement, suffit à lui seul pour retenir l'attention du public et inciter jeunes et vieux à se plonger dans cet ouvrage[4].» Il gagne ainsi sur les deux tableaux. En faisant siennes les lois du genre, il se fait reconnaître et prend place parmi les historiens, mais simultanément il s'en distingue, car, au fond, son entreprise n'a nul besoin de recourir à ces éloges convenus. Sa radicale nouveauté suffit. Elle est l'effective réalisation de ce qui souvent n'est chez les autres que propos attendus et efforts pour attirer le chaland. Ne s'agit-il pas du «projet le plus ambitieux qu'ait jamais conçu un historien[5]»? Voilà pour la modestie! À sa façon, son ambition n'est pas moindre que celle de Thucydide.

En dehors de cette première signature, Hérodote et Thucydide sont peu diserts sur eux-mêmes, alors que Polybe l'est sensiblement plus. Il intervient souvent d'abord comme auteur, expliquant ce qu'il veut ou a voulu faire, proposant des réflexions sur l'histoire, polémiquant avec tel ou tel, puis comme témoin et acteur, surtout dans la dernière partie de son *Histoire*. Il use aussi bien de la première que de la troisième personne. Comme il l'explique vers la fin de son ouvrage, « il me faut mettre quelque variété dans les termes utilisés pour parler de moi, car la répétition constante de mon nom risquerait d'être lassante et si, d'autre part, je disais sans cesse "moi" ou "grâce à moi", je finirais par agacer, sans le vouloir, le lecteur[6] ». Ainsi, sa rencontre avec le jeune Scipion Émilien offre un exemple significatif de cette mise en scène de lui-même à la troisième personne. Il décrit longuement la scène au cours de laquelle Scipion, âgé de tout juste dix-huit ans, lui demande d'être son guide pour qu'il se montre digne de sa famille et de ses ancêtres et comment Polybe accepte[7].

À en croire Ranke, qui s'y connaissait, un historien doit être vieux : il avait dépassé quatre-vingts ans au moment où il confie cette observation à son *Journal* et venait de se lancer, justement, dans la rédaction d'une *Histoire universelle* ! Polybe a eu cette chance : il a vécu plus de quatre-vingts ans d'une vie qui se découpe en trois temps. D'abord, il y a l'avant Pydna, quand il est un notable de la cité arcadienne de Mégalopolis, l'après Pydna ensuite, quand il est pendant dix-sept ans un otage à Rome et qu'il fréquente l'aristocratie romaine, enfin le retour en Grèce après 150, qui est aussi une période où il voyage et accomplit plusieurs missions pour le compte des Romains. On le retrouve aux côtés de Scipion Émilien au siège de Carthage, en 146, peut-être aussi au siège de Numance en 133. Il meurt vers 126 d'une chute de cheval.

Polybe, comme Hegel, estimait qu'il était né au bon moment. Si le second, voyant, en 1806, Napo-

léon passer à cheval dans Iéna occupée, avait cru
apercevoir l'Esprit du monde sortir de la ville pour
aller en reconnaissance, le premier avait découvert,
en la personne du consul Paul-Émile, vainqueur en
168 avant notre ère du dernier roi macédonien,
Persée, un instrument de l'histoire universelle[8]!
Naturellement, l'histoire conçue comme processus
et « savoir d'elle-même » est encore bien loin d'exister, il s'en faut même de quelque vingt et un siècles,
et Polybe n'est pas un annonciateur de Hegel. Il n'a
d'ailleurs rien d'un philosophe, même s'il pense
avoir trouvé le moyen de corriger les assertions
d'Aristote sur l'histoire, qui a pour domaine le particulier et non le général. Non, il se veut historien,
seulement, pleinement historien, à la manière de
Thucydide, son grand prédécesseur du ve siècle
avant notre ère.

Le face-à-face du consul romain victorieux et du
roi vaincu avait pris place à l'issue de la bataille de
Pydna, où la légion romaine avait défait la jusque-là
formidable phalange macédonienne. Avec cet événement, dont Polybe a été personnellement témoin,
tient-il à préciser, s'achève un empire. Avant il y eut,
selon le schéma de succession retenu par Polybe,
l'empire lacédémonien, mais bref et limité, précédé
par le vaste empire Perse. L'importance du moment
est même soulignée par des réflexions sur la Fortune.
On voit d'abord Scipion, le vainqueur, très maître
de lui-même, inviter ses soldats à ne pas « s'enor-
gueillir outre mesure de leur succès », car c'est bien
plutôt lorsqu'on remporte les plus grands succès
qu'il faut « songer à la Fortune contraire ». Polybe,
ensuite, intervient en son nom propre, en se servant
d'un propos de Démètrios de Phalère, « qui lui revient
sans cesse à l'esprit ». Pour donner un exemple frap-

pant de la mutabilité de la Fortune, ce dernier avait cité la chute, aussi imprévisible qu'imprévue, de l'empire perse sous les coups d'Alexandre. « La Fortune, qui se tient libre de tout engagement vis-à-vis de nous dans notre vie [...] a voulu aujourd'hui encore, avait écrit Démètrios, faire savoir à tous les hommes qu'en livrant aux Macédoniens les richesses des Perses, elle ne leur en a, à eux aussi, concédé la jouissance que jusqu'au jour où il lui plairait d'en user autrement avec eux[9]. » Or ce jour, cent cinquante ans plus tard, était arrivé, faisant de la réflexion de Démètrios une véritable prophétie rétrospective.

Troisième grand, derrière Hérodote et Thucydide, Polybe vient après, chronologiquement bien sûr, mais aussi du point de vue de la réputation. De son *Histoire*, beaucoup plus longue que celles de ses deux prédécesseurs (mais il a vécu nettement plus longtemps qu'eux !), la tradition n'a conservé que le tiers environ. Seuls les cinq premiers livres sont complets, le reste provient d'extraits byzantins et de citations. Dès le Iᵉʳ siècle de notre ère, Denys d'Halicarnasse lui reprochait son style peu attrayant, tandis que la grande dimension de l'ouvrage (quarante livres) en rendait le maniement difficile. À la différence d'Hérodote et de Thucydide, il n'a pas été un modèle littéraire et l'histoire littéraire de l'histoire — l'appréciation des historiens en fonction de leurs qualités littéraires conduisant à l'établissement d'un canon —, telle qu'elle a été élaborée par Cicéron, Denys d'Halicarnasse ou Quintilien, et telle qu'on la pratiquait dans les écoles des grammairiens, n'a jamais fait grand cas de lui. Comme source, en revanche, il a été abondamment utilisé par Cicéron (en particulier son livre VI sur la Constitution romaine), par Strabon (sur la géographie), par Tite-Live (sur les affaires de Grèce et d'Orient).

Quand on le redécouvre à Florence, au début du xvᵉ siècle, et qu'on le traduit bientôt en latin, il va impressionner favorablement les humanistes, à commencer par Leonardo Bruni, qui le paraphrase pour écrire une histoire de la première guerre punique[10]. Mais ce Polybe historien, alors plus réputé que Thucydide, est bientôt flanqué de deux autres personnages : le philosophe politique et l'expert militaire. C'est à son livre VI et à Machiavel qu'il doit de faire son entrée dans le cercle des Penseurs politiques. Bodin le tient en haute estime et il restera, jusqu'à Montesquieu, le théoricien de la Constitution mixte. « Le gouvernement de Rome, écrit ce dernier, fut admirable en ce que, depuis sa naissance, sa Constitution se trouva telle, soit par l'esprit du peuple, la force du Sénat ou l'autorité de certains magistrats, que tout abus du pouvoir y pût toujours y être corrigé[11]. » Les pères fondateurs américains lui prêtèrent encore attention, en particulier John Adams, qui y trouvait une première formulation de la théorie des *checks and balances*, même s'il est bien entendu qu'au final les Constitutions des États américains doivent être supérieures à toutes celles qui ont précédé (spartiate, romaine ou anglaise), puisque l'équilibre des pouvoirs, obtenu par le lieu des pouvoirs et des contre-pouvoirs, implique leur stricte séparation[12]. Quant au Polybe, en auteur de manuel pour officiers d'état-major, c'est Juste Lipse, à la fin du xvɪᵉ siècle, qui l'installe dans ce rôle. De ce double portrait, Fénelon se fait encore l'écho au début du xvɪɪɪᵉ siècle, quand il relève que Polybe est « habile dans l'art de la guerre et dans la politique ». Avant de poursuivre, « mais il raisonne trop, quoiqu'il raisonne très bien ». Et de conclure : « Il va au-delà des bornes d'un simple historien[13]. » Trop politique et trop militaire pour être seulement ou pleinement historien ! Ainsi, chacun peut avoir son Polybe, mais personne, semble-t-il, n'est disposé à le lire pour lui-même, pour ce qu'il a voulu faire.

Ensuite, sa réputation va décroître. Du point de vue des admirateurs de la Grèce « classique », il est né trop tard et il écrit mal. La Grèce des cités n'est plus. Il n'a pas de sympathie pour Athènes, dont « le peuple a toujours ressemblé à l'équipage d'un navire privé de capitaine[14] ». Sa mauvaise foi, note-t-on, va jusqu'à inclure Sparte dans la succession des empires, mais pas Athènes. À l'heure, en outre, où l'histoire moderne se fait et s'écrit en termes nationaux et nationalistes, l'histoire ancienne suit le mouvement. Polybe appartient au camp des vaincus, de ceux qui ont toujours échoué à former une nation. Si la liberté grecque a expiré à Chéronée en 338 devant Philippe de Macédoine, après Pydna en 168, la Grèce n'est plus qu'une dépendance de Rome. Or, ce vaincu a choisi Rome[15].

On peut alors, soit reconnaître son réalisme politique, soit déplorer cette trahison des idéaux grecs. « Citoyen sagace », mais « mauvais citoyen » à coup sûr, ainsi était-il présenté, en 1858, dans un compte rendu de la thèse de Fustel de Coulanges, *Polybe ou la Grèce conquise par les Romains*, où l'auteur reprochait à Fustel d'avoir « trop vu les choses par les yeux de cet ami des Romains qui n'est ni un patriote, ni même un demi-patriote[16] ». Mais, selon Fustel, on ne pouvait raisonner en ces termes, car la cause « la plus générale » de la conquête était à chercher chez les Grecs eux-mêmes. La guerre irré-

médiable, que n'avaient cessé de se livrer aristocrates et démocrates, avait corrodé jusqu'au cœur
le lien social. Aussi, entre les Romains et les Grecs,
la lutte n'était ni entre deux nations, ni entre deux
peuples, mais entre deux partis, l'aristocratique et
le démocratique. La neutralité était impossible.
Aristocrate, Polybe a finalement choisi Rome. «Il
renonça à l'indépendance d'abord par peur de la
démocratie, ensuite par admiration pour Rome[17].»
Plus précautionneux, Denis Roussel estime qu'à
Rome, Polybe sut ne pas devenir un de ces «plats
rhéteurs cosmopolites», comme il y en avait tant, et
qu'au total ce ne fut pas «sans hésitation et sans
angoisse qu'il se rangea définitivement du côté de
Rome[18]». Même si aujourd'hui certains le contestent, le choix de Rome par Polybe me paraît clair,
mais sans oublier qu'il n'a pas choisi d'y venir en
167 comme otage.

COMMENT ÉCRIRE L'HISTOIRE?

Des traités antiques sur l'histoire, le seul à nous
être parvenu est le *Comment on doit écrire l'histoire*
de Lucien de Samosate, publié en 165 après notre
ère. D'où la perplexité des commentateurs: comment se fait-il que ce soit l'unique et que, plus grave,
son auteur soit un sophiste réputé, et pas un historien? Remarquons seulement, ici, qu'on pourrait
trouver chez Polybe, au fil des préfaces et des digressions, toute la matière d'un véritable *Comment il
faut écrire l'histoire*. Défenseur sourcilleux du territoire de l'historien, il se montre d'abord prompt à
dénoncer les mauvais historiens et autres charlatans. «Comme il arrive pour la médecine, beaucoup

de gens s'adonnent aux travaux historiques à cause
du prestige que cette science a acquise dans le passé »,
soucieux de faire parler d'eux, soucieux de se faire
bien voir, ils n'écrivent jamais que « ce qui leur
paraît opportun de dire pour que leurs ouvrages les
fassent vivre [19] ». Il est non moins zélé pour corriger
les erreurs des autres : celles, innombrables, de
Timée, auquel il consacre presque un livre entier,
mais d'autres aussi. Cet acharnement dans le déni-
grement ne laisse d'ailleurs pas d'être quelque peu
suspect. Car, Timée, originaire de Sicile, mais ayant
passé une vie d'exil à Athènes, jouissait d'une grande
réputation. N'avait-il pas été le premier, au début
du IIIe siècle, à écrire l'histoire des Grecs de l'Occident et donc à faire découvrir Rome à ses lecteurs ?
Ce que Polybe, qui reconnaît prendre sa suite, n'était
peut-être pas prêt à lui pardonner !

Quoi qu'il en soit, Polybe, en bon connaisseur du
genre historique, n'a aucun mal à distribuer bons et
mauvais points. Mauvais pour Théopompe, bons, en
revanche, pour Éphore, ses plus fameux prédécesseurs du IVe siècle. Viendraient ensuite les rubriques
normalement attendues dans ce genre de texte :
sur l'utilité de l'histoire, sur les discours en histoire
(question obligée depuis Thucydide), sur les défauts
à éviter (en particulier sur les détails inutiles ou
les faits prodigieux), sur la nécessité d'expliquer les
intentions et les causes dans les récits de guerre, sur
ce qui sépare l'histoire de l'éloge, sur la différence
entre la biographie et l'histoire. Plus spécifique serait
son chapitre sur les diverses manières d'écrire l'histoire, où il explique pourquoi il s'en tient au seul
genre de l'histoire « pragmatique » ou histoire politique, à l'exclusion des deux autres, plus attrayants,
l'histoire généalogique et celle qui traite des migra-

tions, des fondations de villes et des liens de parenté
entre peuples. Plus austère, l'histoire où se trouvent
rapportées les actions des nations, des cités et des
chefs d'État, est la plus originale, car elle se «renouvelle sans cesse», et donc la plus utile[20].

Comme il y a une médecine «théorique» — livresque —, venue surtout d'Alexandrie, il y a une
histoire «théorique», puisant son savoir presque
exclusivement dans les bibliothèques. Aussi, croire
ou plutôt faire croire qu'avec ce seul bagage on est
armé pour soigner un malade ou écrire une bonne
histoire participe de la même illusion ou de la
même charlatanerie. Quel est l'historien qui pousse
jusqu'à la caricature ce défaut? Timée, bien sûr, lui
qui a travaillé pendant un demi-siècle dans les
bibliothèques athéniennes! La tradition est alors
appelée à la rescousse et invoquée l'autorité d'Héraclite pour défendre la supériorité de l'œil sur
l'oreille: les yeux sont des témoins plus fidèles que
les oreilles. L'autopsie thucydidéenne demeure la
référence. Éphore lui-même a soutenu que si l'on
pouvait assister en personne à tous les événements,
ce serait de beaucoup la meilleure façon d'être
informé. Malheureusement, Timée «a pris, pour
s'informer, la plus agréable et la moins sûre des
deux voies. Jamais il ne s'est servi de ses yeux pour
se renseigner. Il ne s'est servi que de ses oreilles.
De plus, alors qu'il y a deux façons de s'informer
par ouï-dire, il s'est contenté de puiser dans les livres
et il ne s'est guère soucié de recueillir des témoignages oraux[21]». Sans voyager, sans observer, sans
aucune expérience militaire ou politique, il s'est
pourtant acquis la réputation d'être le maître de
l'histoire, alors que le vrai critère est à placer dans
«l'expérience personnelle acquise dans l'action et

l'épreuve[22] ». En réalité, le saint patron des historiens devrait être, selon Polybe, non pas Hérodote
ou Hécatée, mais Ulysse en personne, car

*Il a visité les villes de bien des peuples, dont il a
    connu l'esprit
Et, sur la mer, il a enduré bien des souffrances.*

Il représente l'historien complet : il a vu, il a
connu par lui-même, et il a été à la peine. Depuis
Thucydide au moins, ce que coûte (à tous les sens du
mot) l'enquête historique, à qui la pratique, est une
preuve de sérieux dont l'historien n'hésite pas à se
prévaloir. Mais attention, l'historien en Ulysse n'est
pas un simple correspondant de guerre. Pour bien le
faire entendre, Polybe fait appel, cette fois, à Platon.
De même que les sociétés n'iront bien que lorsque
les rois seront philosophes ou les philosophes
rois, de même l'histoire n'ira bien que lorsque les
hommes d'État considéreront que l'écrire est la plus
belle et la plus nécessaire des tâches ou quand les
futurs historiens comprendront qu'une formation
politique est indispensable[23]. Il voudrait tant qu'on
ne sépare pas faire l'histoire et faire de l'histoire, lui
qui est probablement devenu historien parce qu'il
ne pouvait plus être un homme d'action. Mais il sait
bien que la politique se fait désormais à Rome et
qu'il s'adresse (d'abord ou seulement) à des lecteurs, Grecs, mais aussi, espère-t-il, Romains, à des
hommes qui sont attirés par l'histoire politique,
ayant le goût de comprendre ce qui s'est passé et ce
qui est en train de se passer.

Au total, ce traité sur l'écriture de l'histoire ava-
liserait pleinement les éloges, que Polybe qualifiait,
en commençant sa préface, de convenus à l'histoire

maîtresse de vie. Elle offre « l'éducation politique la plus efficace [...] le meilleur entraînement à l'action », elle apprend « à supporter dignement les renversements de fortune ». S'il s'en était tenu à cette seule défense et illustration de l'histoire, Polybe apparaîtrait comme un défenseur sourcilleux du genre, ne redoutant pas la polémique, pas mécontent de lui et très volontiers donneur de leçons, le tout dans le cadre d'une épistémologie tout à fait classique, à la Thucydide, qui a pour maîtres mots expérience et autopsie. On le lirait comme un des bons historiens de l'époque hellénistique et de la conquête romaine. Rien de moins, rien de plus.

DEVENIR HISTORIEN À ROME

Mais il y a justement quelque chose de plus. Être né au bon moment, selon le mot de Momigliano ! Mais si naissance il y a eu, elle s'est produite alors qu'il approchait la quarantaine, après Pydna, et lors de son exil à Rome. Ou encore aller à Rome a été son chemin de Damas ! Là, il a vu l'histoire universelle et il a cru que Rome en était l'instrument. A-t-il eu des prédécesseurs ? Évidemment, pas Timée, qui s'est limité à la Sicile et à la Méditerranée occidentale. Il ne s'en reconnaît qu'un seul : Éphore, encore est-il crédité d'avoir « tenté » d'écrire une histoire universelle[24]. Mais aurait-il pu faire plus ? Non, car il y a bien une nouveauté des temps, une innovation de la Fortune, qu'on peut dater des années 220, de la 140e olympiade, au moment où s'engage la deuxième guerre punique, « les affaires d'Italie et d'Afrique se sont trouvées désormais enlacées aux affaires de Grèce et d'Asie et il y a eu convergence de toutes choses vers un aboutissement unique[25] ».

Jusqu'alors les Grecs, historiens ou non, s'étaient-ils posé ce type de question ? Clairement non, et les doctrines anthropologiques ou les schémas culturels qui leur avaient permis de réfléchir sur les débuts de l'humanité ou les origines de la vie en société n'étaient en rien historiques. Qu'il s'agisse du mythe hésiodique des races, du mythe de Protagoras (évoquant la dispersion initiale des hommes), ou même du modèle des genre, de vie, ce sont des schémas, marquant certes des césures, des avant et des après, des successions et, le plus souvent, des dégradations, mais, intemporels et localisés nulle part, ils concernent des humains indifférenciés. Le débat sur les Constitutions, mis en scène par Hérodote, a proposé un instrument nouveau pour penser la succession des régimes. Comment on passe de la monarchie à l'aristocratie et à l'isonomie, et comment la forme dégradée de chacun d'entre eux conduit au régime suivant ? Mais il s'agit d'un schéma de philosophie politique, logique, producteur d'intelligibilité, pouvant valoir n'importe où (la meilleure preuve en est qu'Hérodote n'hésite pas à mettre ce débat typiquement grec dans la bouche de dignitaires perses)[26]. Reste le schéma, évoqué plus haut, de la succession des empires. Il est esquissé chez Hérodote, qui montre les Perses succédant aux Mèdes, eux-mêmes précédés par les Assyriens. Les Macédoniens viendront s'ajouter à la liste. Polybe, lui-même, y fait figurer les Lacédémoniens, mais pas les Athéniens, signe que des variantes devaient exister. Mais ces listes ne font qu'entériner qu'une puissance en remplace une autre, pour un temps, c'est tout. Il y a changement, mais pas de *telos* de l'histoire.

Polybe précise bien que chacun des empires précédant Rome était limité : les Perses restèrent finalement en Asie, les Lacédémoniens ne réussirent même pas à dominer la Grèce entière, les Macédoniens conquirent l'Asie, mais jamais ils ne gagnèrent l'ouest de l'Europe. Avec la montée de la puissance romaine, en revanche, un changement quantitatif, mais aussi une sorte de bond qualitatif s'est produit. Sur cette conviction, intuition ou quasi-révélation, Polybe ne s'explique pas : il la donne comme une évidence qui ne se discute pas. Sa tâche d'historien sera de la présenter et de la faire, si possible, partager. La question est celle du comment ? Quels instruments intellectuels va devoir utiliser l'historien, puisque, dans un premier temps au moins, les schémas dont il pouvait disposer ne permettaient pas de voir ce qui s'était passé entre 220 et 168 avant notre ère. Comment assurer son propos ou son autorité, alors que, par définition, il ne pouvait être partout en même temps ? Toute l'autopsie du monde n'y suffirait pas. Dans un second temps seulement, il pourra se retourner vers la philosophie politique grecque et proposer, sur un autre registre, une explication par l'excellence de la Constitution romaine. On voit donc, et c'est tout l'intérêt, un historien en plein bricolage.

La notion centrale à laquelle il fait appel est celle de *sumplokê*. Évoquant le tissage, le mot désigne, en premier lieu, l'action d'entrelacer la chaîne et la trame. Chez les atomistes, comme Leucippe et Démocrite, il exprime la conjonction des premiers éléments. Reprise par les stoïciens, la notion exprime l'enchaînement nécessaire des événements naturels comme humains, finalement la forme du destin ou de la providence[27]. Appliquée à l'histoire, elle va permettre de pointer qu'avant 220, ce qui se passait dans le monde avait un caractère «disséminé», car «il n'y avait pas plus d'unité de conception et d'exécution que d'unité de lieu». Après 220, en revanche, l'histoire «s'est mise à former comme un tout organique» et les événements, comme un tissu qu'on tisse, à «s'enlacer» les uns aux autres. Aujourd'hui, en recourant à une autre métaphore, on parle d'histoire connectée». À ce moment de son effort de conceptualisation, Polybe écrit «histoire» (*historia*) au singulier. Alors qu'avant se produisaient des actions (*pragmata*) dispersées, maintenant a cours une histoire unique (celle qui se déroule), qui se trouve être aussi celle que Polybe écrit. C'est en effet le même mot qui, à ce point, vient désigner l'histoire comme événement et comme récit. On n'est certes pas dans Hegel ou Droysen, mais quelque chose s'est passé !

Mais comment voir cet entrelacement qui a transformé l'histoire en un corps vivant ? Quel point de vue est susceptible de le permettre ? Pour résoudre cette difficulté, Polybe recourt à une autre notion, qui est aussi une image : celle du corps. L'histoire-événement est, selon lui, comme un corps. Or, cette métaphore du corps est utilisée depuis longtemps dans le domaine de la composition littéraire. Aristote en use dans la *Poétique*. Lucien s'en servira justement pour parler du récit historique. Le corps vaut donc à la fois comme «forme du contenu» de l'histoire et comme «forme de sa forme»[28].

Reste encore posée la question du comment voir ? Grâce à la *sunopsis*, répond Polybe, c'est-à-dire à la faculté de «voir ensemble», d'embrasser d'un seul regard. Il ne s'agit plus de voir (seulement) les deux côtés, comme le Zeus d'Homère, mais de tout voir simultanément. Les Muses de la tradition épique étaient réputées être partout présentes, à même de tout voir et tout savoir. Privé de cette vision de caractère divin, l'historien avait dû trouver des substituts et payer de sa personne. Aussi, pour voir mieux et plus loin, voir ce qui ne se voit pas ou plus, Hérodote s'était-il doté de la capacité d'enquêter (*historein*) et de signifier, révéler, désigner (*sêmainein*), par exemple, celui qui a été le responsable de la guerre entre les Grecs et les Barbares[29]. Thucydide passait sans difficulté de l'autopsie à la *suggraphie*.

La *sunopsis* appartient aussi au vocabulaire de la philosophie. Elle désigne l'ambition de la saisie de la totalité et, pour les stoïciens en particulier, elle est l'expression de la saisie de l'univers comme système organique. La *sunopsis* enfin est le résultat : ce que l'historien fait voir à son lecteur, l'évidence, en produisant un récit synoptique. Introduisant le concept de *sunopsis*, Polybe fait appel à ces différents sens et registres en bloc, avec l'espoir de gagner sur tous les tableaux.

Pour valider le recours à ces concepts (où plan du réel et registre métaphorique se mêlent), il faut encore un opérateur historique et un garant. Polybe les trouve dans la Fortune, raison dernière ou dernière instance, mais dont le mode d'intervention préféré est celui de l'imprévisible. «L'originalité de mon sujet et ce qu'il y a d'étonnant dans l'époque que nous venons de vivre résident justement en ceci : la Fortune a dirigé pour ainsi dire tous les événements dans une direction unique et elle a contraint toutes les affaires humaines à s'orienter vers un seul et même but. Aussi l'historien se doit-il, de son côté, de faire en sorte que ses lecteurs puissent embrasser d'un seul regard les ressorts qu'elle a partout fait jouer pour produire tous ces effets ensemble[30]. » Se plaçant du point de vue de la Fortune, l'historien se doit de proposer, justement par sa narration synoptique, un analogue de ce nouveau cours donné par la Fortune aux affaires du monde. Et les quarante livres forment « pour ainsi dire une texture continue où l'on peut suivre le cours des événements[31] ».

Le récit se modèle sur les événements, sans qu'il y ait, en principe, de distance ou d'écart entre ce qui s'est passé et ce qui est dit. La seule limitation est que l'historien ne peut échapper à la diachronie narrative (il ne peut raconter qu'une action après l'autre). Le caractère simultané de la *sunopsis* ne peut se monnayer qu'en développements qui se succèdent. Conscient du problème, Polybe se fixe une règle. Il présentera les événements olympiade par olympiade, puis année par année à l'intérieur de chaque olympiade, et il parcourra les différents théâtres d'opérations toujours dans le même ordre : Italie, Espagne, Afrique, Grèce, Asie, Égypte. Il s'agit donc de créer un effet de *sunopsis* pour le lecteur. Polybe sait bien qu'il travaille dans l'approximation. L'analogue est aussi un succédané.

Comment agit la Fortune ? Comme un auteur de tragédie. Le vocabulaire employé par Polybe l'indique. Le lecteur devient en effet un spectateur de cette représentation nouvelle, où la Fortune sait surprendre et sait pratiquer, avec un art consommé, le renversement tragique (*peripeteia*) : ce contre toute attente, qui reste imprévisible, mais se révèle après-coup nécessaire. D'où l'insistance mise par Polybe dans sa préface sur l'étonnant, le surprenant (*para-doxon*) de son sujet. Il est comme le scribe de la pièce composée par la Fortune, ou son copiste.

Hérodote avait construit son propos à partir de l'épopée, en continuité et en rupture avec elle. Être Homère ou rien, et devenir finalement Hérodote ! Polybe, lui, se tourne vers la poésie tragique, mais pour conclure à la définitive supériorité de l'histoire sur la tragédie. Elle est une vraie tragédie — il n'est que de prendre les agissements de la Fortune —, mais elle est en plus une tragédie vraie : véridique. Pour Polybe, la confrontation s'établit moins directement avec les tragédies classiques elles-mêmes qu'avec la *Poétique* d'Aristote. Pourquoi ? Parce qu'on y trouve, certes, toute une réflexion sur la tragédie, mais aussi, et probablement surtout, parce qu'il y a le fameux chapitre ix, dont tout historien ou futur historien devait avoir entendu parler, même s'il ne l'avait pas lu ! C'est là qu'Aristote avait établi la supériorité de la poésie tragique sur l'histoire.

Si bien qu'on peut lire le texte de Polybe comme une réponse longuement différée à Aristote[32]. Polybe le réfute, ou plutôt le bouscule et le pille, en retournant contre lui ses propres armes. Du coup, son *Comment il faut écrire l'histoire* gagne en portée et en intérêt. Comment Polybe nomme-t-il en effet sa nouvelle histoire ? Nous avons parlé jusqu'ici, et c'est la traduction habituelle, d'histoire universelle, mais il la désigne, lui, comme histoire « générale » ou « selon le général ». Éphore, d'après Polybe, avait cherché à « écrire le général » (*katholou graphein*)[33]. Or, ce concept de « général » n'est autre que celui employé par Aristote, quand il écrit que « la poésie est un genre plus philosophique et plus sérieux que l'histoire : la poésie dit plutôt ce qui relève du général (*ta katholou*), l'histoire ce qui relève du particulier (*ta kat hekaston*). Fait partie du général l'espèce d'hommes à qui il arrive de dire ou de faire telle espèce de choses selon le vraisemblable ou le nécessaire, c'est le but de la poésie qui attribue des noms ; tandis que le particulier, c'est ce qu'a fait ou subi Alcibiade[34] ». Le domaine de l'histoire est celui de la succession aléatoire du particulier.

De ces considérations qui devaient être devenues assez répandues dans les milieux intellectuels de l'époque, Polybe prend l'exact contre-pied. Dans les histoires, notait encore Aristote, « on expose nécessairement non pas une seule action, mais un seul temps, tout ce qui est arrivé pendant celui-ci concernant un seul personnage ou plusieurs, et dont chaque élément a rapport avec l'autre au gré du hasard ». Ce n'est pas parce que les batailles de Salamine et d'Himère en Sicile eurent lieu au même moment qu'elles tendaient à la même fin, de même « dans les époques qui s'enchaînent, il arrive qu'un fait en suive un autre, sans qu'il s'ensuive du tout une fin unique[35] ». Le poète tragique, en revanche, compose un récit (*muthos*), qui forme une action unique et complète, « avec un début, un milieu et une fin, pour que comme un être animé, unique et formant un tout, il procure un plaisir spécifique ».

Tout se passe comme si Polybe transférait la définition du *muthos* aristotélicien (comme « système des faits », intrigue) d'un coup sur l'histoire, la sienne du moins. N'affirme-t-il pas, dans sa préface, qu'elle forme un tout, qu'elle tend vers une fin unique, qu'elle a un début et une fin, et qu'elle est comme un grand corps vivant ? Depuis la 140e olympiade l'histoire est ainsi. Jamais, je l'ai déjà noté, Polybe ne s'arrête sur l'ambiguïté de l'histoire-événement et de l'histoire-récit. Plus exactement, il ne la perçoit pas, car elle est vaine ou vide. La Fortune

en auteur tragique règle la question, en la faisant
disparaître.

Contre-pied encore. Déjà inférieure à la tragédie,
l'histoire ne saurait prétendre au statut de science,
puisqu'il n'est, en bonne définition aristotélicienne,
de science que du général. Pourtant, Polybe n'hésite pas un instant à la qualifier de «science» (*epis-
têmê*), pourvu qu'elle soit pratiquée avec la rigueur
critique nécessaire[36]. D'un général à l'autre ou de
la tragédie à la science! Mais du «général», selon
Aristote, au *katholou* polybien s'opèrent plusieurs
glissements. À l'opposition centrale du général et
du particulier, il en substitue, en réalité, une autre.
Le général, c'est le tout : cette totalité que forme
l'histoire depuis 220 et qu'il faut embrasser d'un
seul regard. Dès lors, l'histoire «générale» s'oppose
à ce qu'il nomme l'histoire partielle (*kata meros*),
celle qui convenait pour avant, quand les affaires
étaient dispersées, mais qui aujourd'hui manque
son objet, car, même mises bout à bout, des histoires locales ne feront jamais une histoire générale
ou globale : elles manquent l'essentiel, la *sumplokê*,
ce tissage et ce tissu du corps vivant. Polybe donne
enfin un tour spatial, géographique, à son histoire,
en glissant du général (*to katholou*) au catholique
(*historia katholikê*). En recourant à l'adjectif le sens
se déplace : histoire «catholique», histoire universelle oui, mais au sens spatial, puisque ce qu'il
s'agit de raconter, c'est comment les Romains ont
conquis la presque totalité du monde habité. On est
loin d'Aristote.

À ce point, il ne reste plus à Polybe qu'à enfoncer
le clou, en concluant à la supériorité de l'histoire
sur la tragédie. «Le but de l'histoire et celui de la
tragédie ne sont pas identiques, mais contraires.»

Faisant appel au vraisemblable, la tragédie doit en effet déployer toutes les ressources du persuasif, pour «captiver son auditoire et le charmer sur le moment», alors que l'histoire, par des actions et des discours vrais, doit instruire et convaincre «pour toute la suite des temps» les gens soucieux de s'instruire[37]. Pour parachever le mouvement, Polybe brandit alors la vieille et fameuse opposition thucydidéenne entre le discours d'apparat, composé pour le plaisir de l'instant, et l'austérité d'un récit historique qui ne vise qu'à être utile. Mais, cette fois, c'est la tragédie qui se trouve rejetée du côté du présent et, finalement, de la tromperie, alors que l'histoire, se faisant reconnaître comme une tragédie vraie, s'impose, à nouveau, comme un «acquis pour toujours». La parenthèse est close : Polybe est le nouveau Thucydide et l'histoire échappe aux artefacts de la littérature.

Mais ce rapide coup de main contre les positions d'Aristote laisse derrière lui une aporie en héritage, sur laquelle l'histoire butera jusqu'à l'époque moderne. Pour Aristote en effet, le poète est celui qui fait (*poiein*) des récits (*muthoi*) qui, par la mise en œuvre de la *mimêsis*, représentent des actions. L'histoire, en revanche, n'est ni du côté du faire ni de la représentation : l'historien ne fait pas les faits, il se contente de «dire ce qui s'est passé» (*legein ta genomena*) et, en aucun cas, il lui revient de *poiein ta genomena*[38]. Puisque, pour Aristote comme pour tous les historiens antiques, y compris Polybe, les faits sont là (les événements ont eu lieu). L'historien n'est donc pas un «poète» ou un «poïète» (*poiêtês*), mais seulement un «montreur» (*mênutês*). Il doit s'efforcer d'être un «miroir», renvoyant sans distorsion ce qu'il reçoit, redira Lucien. Il n'a pas à chercher quoi dire, mais seulement comment le dire. Or, dès l'instant où l'on transfert sur le récit historique ce qui définit le *muthos* tragique, puisque telle est bien, nous l'avons vu, l'opération polybienne, on le fait passer du côté du *poiein*, du faire poétique et de la représentation. Pas du tout, répondrait Polybe, puisque le poète tragique, ça n'est pas moi, mais la Fortune. Je reste fermement du côté du seul *legein*, je dis ce qui s'est passé, puisque ce sont les faits qui ont été effectivement tissés ainsi par la Fortune. Mon seul mérite, mais il est grand, c'est que je suis un meilleur miroir à même de recevoir et de renvoyer le tout de l'histoire comme tel. Certes, mais quand les garants (Fortune ou Dieu) auront disparu, la difficulté ne manquera pas de resurgir : dire ou faire ? Non pas du tout au sens d'inventer de toutes pièces, mais de représenter ce qui a eu lieu, dans une problématique de *mimêsis*, telle qu'elle a été magistralement analysée par Paul Ricœur[39].

LA CONSTITUTION MIXTE

D'emblée, Polybe avait posé une double question et annoncé une réponse en deux temps : comment et grâce à quel gouvernement les Romains ont-ils conquis le monde ? D'abord, faire saisir la globalisation de l'histoire en la rapportant au plan de la Fortune, puis passer sur un tout autre registre, celui de la philosophie politique et engager un débat sur les Constitutions, afin de faire ressortir les qualités particulières des institutions romaines. Comment les deux plans s'articulent-ils ? Polybe ne le précise pas. Faudrait-il comprendre la lente matu-

ration du régime romain comme une opération pré-
parée de longue main par la Fortune? Au fond, la
réflexion sur les Constitutions emportait avec elle sa
propre logique et n'avait guère eu besoin de l'histoire. Royauté, aristocratie, démocratie: un régime
s'installe, se dégrade (la royauté en despotisme,
l'aristocratie en oligarchie, la démocratie en ochlo-
cratie), un autre lui succède, selon un enchaînement naturel, jusqu'à ce qu'on revienne au point de
départ. Il y a donc non pas trois, mais six formes
de gouvernement. On est là sur un terrain grec, bien
balisé depuis Hérodote déjà, et illustré par Platon
et Aristote. Polybe a rassemblé ses explications
dans un livre, le VI, en partie perdu, qui a fait couler encore bien plus d'encre que la seconde préface
annonçant la poursuite de son *Histoire*[40]. Rome
est-elle finalement, elle aussi, promise au déclin
auquel est sujet tout organisme vivant? Après la
naissance et la maturité vient la chute. Ou Rome
a-t-elle réussi à se sortir du cycle, ou à le bloquer,
pour un temps du moins?

Le premier intérêt de cette analyse, on l'oublie
parfois, est son existence même. Après, on peut
la trouver pertinente, ou non. Mais déployer un tel
appareil conceptuel grec présupposait que Rome
appartenait au même espace politique que la Grèce.
C'est probablement dans l'enquête menée par Aristote sur les différentes Constitutions, où figuraient
Carthage et Rome, qu'on trouverait le point de
départ de ce mouvement, mais on est passé de l'établissement d'une typologie des régimes à une étude
de Rome comme *polis*. À cette première nouveauté,
Polybe en ajoute une seconde, plus délicate et beaucoup plus difficile à apprécier, compte tenu de l'état
lacunaire du texte: historiser ces schémas de philo-

sophie politique en les rapportant aux premiers siècles de l'histoire de Rome. Il est ainsi conduit à diagnostiquer que Rome avait atteint « son plus haut degré de perfection » lors de la deuxième guerre punique, tandis que Carthage était déjà sur la pente du déclin.

Ces points accordés, les discussions peuvent commencer, les réponses varier et les savants se partager. Selon Momigliano, précédé par Mommsen, l'explication ne vaut rien. Déplaçons légèrement la question. Polybe a-t-il décrit ce qu'il a vu ou vu ce qu'il voulait décrire ? Pour Claude Nicolet, Polybe « explique ce qu'il voit [...] La théorie s'efface vite, note-t-il, devant une analyse toute pratique des compétences et des freins réciproques » du régime romain[41]. Philippe Gautier, en revanche, considère Polybe comme « un grand mystificateur », car l'analyse politique grecque classique ne lui semble pas transposable à Rome (en tout cas pour cette période)[42]. Plus balancé, Frank Walbank ne dénie pas toute validité à l'analyse de Polybe[43].

Polybe, lui, pensait tenir l'explication la plus pertinente et peut-être la plus convaincante pour un intellectuel grec de la puissance romaine. Il part de l'idée courante, présentée par Isocrate entre autres, selon laquelle « l'âme de la cité n'est rien d'autre que sa Constitution[44] ». Entendue en son sens le plus large (puisqu'elle comprend aussi bien les institutions militaires que les cortèges funèbres des grands), elle est « l'esprit » de la cité, et de ce fait « la principale cause de sa réussite ou de son contraire[45] ». À ce premier principe s'en ajoute un second : le « mélange » l'emporte en excellence sur la forme simple. Sparte est alors toujours citée. La meilleure

Constitution sera donc celle qui sait les combiner toutes.

Les conditions du parallèle entre Sparte et Rome étant réunies, Polybe va s'y lancer. Mais, là où la tradition parle de mélange, il raisonne, lui, uniquement en termes d'équilibre de forces antagonistes par le jeu de poids et de contrepoids. Dans la Constitution spartiate, aucune des trois parties ne pouvait l'emporter durablement sur l'autre. Il en va de même pour Rome entre les consuls, le Sénat et le peuple. Mais la grande différence entre les deux est que l'une, fruit du raisonnement de Lycurgue, a atteint d'emblée son excellence, alors que l'autre s'est développée progressivement à travers « les luttes et les épreuves », jusqu'à devenir « le plus beau système politique de notre temps ». L'histoire, comme fournisseuse d'exemples, joue son rôle, mais il n'en demeure pas moins, Polybe y insiste, que ce développement s'opère « selon la nature » : histoire et nature marchent de conserve. Comment se concilient les deux explications ? Il ne fait, en tout cas, pas l'ombre d'un doute que, pour Polybe, cette capacité à se corriger et à apprendre soit à porter au crédit de Rome.

Une seconde différence vient assurer définitivement la supériorité de Rome. « Si l'on pense qu'il est plus glorieux et plus méritoire de dominer des populations nombreuses [...] alors il faut reconnaître que la Constitution lacédémonienne était imparfaite et que le système de gouvernement des Romains est supérieur et plus efficace[46]. » Les faits ont prouvé que les Spartiates, raisonnables à l'intérieur, étaient incapables de se contrôler à l'extérieur. Rome apparaît, au total, au jugement de Polybe, non seulement comme une cité de plein exercice, mais comme une cité qui a su se doter d'une Constitution meilleure que celle de la cité, depuis longtemps devenue la référence, sinon le cas d'école, de la réflexion politique grecque. D'autres après lui, comme Denys d'Halicarnasse sur qui nous allons arriver, creuseront plus avant ce thème de la supériorité de Rome comme cité.

L'HISTOIRE CONTINUE

Le *muthos* de l'histoire universelle a un début et une fin et forme un tout organique, pourtant Polybe a pris la décision de poursuivre son *Histoire* au-delà, jusqu'en 145, soit dix livres de plus. Pourquoi? À quel moment? La question a fait couler pas mal d'encre elle aussi. Ses dispositions à l'égard de Rome auraient changé et le temps de la critique serait venu sur la façon dont les vainqueurs exercent leur domination sur les vaincus? Ce ne sont, en tout cas, plus les clairs matins des commencements de l'histoire universelle. Ou, au contraire, ces dix livres, dont manque la plus grande partie, étaient-ils une célébration de Scipion Émilien et, accessoirement, de Polybe?

Il a continué, parce que l'histoire ne s'est pas arrêtée à Pydna! Pydna était peut-être son *telos*, mais pas sa fin. L'histoire «universelle» continue sur sa lancée et la domination romaine aussi. La Fortune n'est pas en train de ménager un nouveau renversement. Le temps de l'innovation est passé (ou n'est pas encore revenu): pour la Fortune et donc aussi pour l'historien. Comme l'avait fait Thucydide, Polybe s'est expliqué dans une seconde préface, où il s'efforce de justifier ce qui est, sans l'être

vraiment, un nouveau commencement. Elle est placée au début du livre III, juste avant que Polybe
n'entre vraiment dans son sujet[47]. Les deux premiers
livres n'étaient qu'un préambule, retraçant pour le
lecteur grec insuffisamment informé l'avant : avant
que la *sumplokê* ne devienne effective et que débu-
tent, avec la guerre d'Hannibal, ces cinquante-trois
années au cours desquelles jamais autant d'événements ne s'étaient produits.

Des explications un peu alambiquées de Polybe,
il ressort cependant qu'il ne mobilise plus du tout
le même appareil conceptuel. Il ne s'agit plus de
sunopsis, ni de tout organique, ni de renversement,
ni de « général », cette période n'est plus un *muthos*
ou comme un *muthos* tragique. De quoi s'agit-il
alors ? D'évaluer la politique des vainqueurs et l'attitude des vaincus, de déterminer si la vie sous l'autorité de Rome est acceptable ou intolérable, pour
aujourd'hui, mais aussi pour que dans l'avenir on
sache si Rome doit être louée ou blâmée, d'arriver
enfin à cette « nouvelle période de troubles (*tarachê*) et de bouleversements (*kinêsis*) », conduisant,
en 146, à la destruction de Carthage et au désastre
total en Grèce, avec le sac de Corinthe.

L'histoire continue, mais on est retombé dans
l'histoire ordinaire ou classique. Le vocabulaire
même l'indique : « troubles » (*tarachê*), c'était le mot
employé par Xénophon pour décrire l'état de la
Grèce, au moment où il avait décidé d'interrompre
ses *Helléniques* ; « bouleversements » ou « crise »,
c'était le mot dont se servait Thucydide pour présenter l'effet de la guerre du Péloponnèse sur la
Grèce. Quant à l'historien, il revendique sa qualité
de témoin (*autoptês*), ayant vu par lui-même, le
garant c'est donc lui, mais en plus il a été acteur.

On retrouve là, appliqué à Polybe lui-même et par lui-même, l'alliance de l'historien et du politique. En émule d'Ulysse, il a voyagé et connu l'esprit de bien des peuples.

Reste la Fortune. Ayant quitté son habit de tragédienne, elle redevient cette puissance, qui fait que rien jamais n'est assuré. Polybe souhaite qu'elle lui prête vie pour pouvoir mener son œuvre jusqu'à son terme. Et, parvenu à la conclusion, il l'invoque une dernière fois pour qu'elle lui conserve la confiance des Romains pour le restant de sa vie. C'est sur elle encore que médite Scipion devant Carthage en flammes. Ces réflexions sont un rappel et un écho de celles de Paul-Émile, son père, au soir de Pydna. La Fortune n'a pas changé son cours, la puissance romaine demeure plus formidable que jamais, mais il songe que «les cités, les nations et les empires sont tous, comme les hommes, voués au déclin par la divinité, que tel avait été le sort d'Ilion, cité jadis prospère, celui des empires assyrien, mède et perse, qui furent, en leur temps, les plus vastes du monde, celui, en dernier lieu de la Macédoine, qui brilla d'un si vif éclat», il cita, intentionnellement ou comme sans le vouloir, les vers que voici :

Un jour viendra où elle périra, la sainte Ilion,
Et, avec elle, Priam et le peuple de Priam à la bonne
    lance.

À Polybe qui l'interrogeait, Scipion ne cacha point qu'il pensait à Rome, en «voyant comment sont les choses humaines[48]». De Pydna à Carthage, du père au fils, avec le même Polybe en témoin, soit dix livres d'une histoire, où l'auteur ne prétend plus embrasser le point de vue de la Fortune.

Exilé à Rome, Polybe renonce-t-il à la Grèce ? Évidemment pas, puisque tout le savoir qu'il mobilise est grec et le bricolage intellectuel auquel il se livre opère avec des notions et des références grecques. Voyant l'histoire depuis Rome, il s'efforce de comprendre ce qui s'est passé : non pas comment les Grecs ont été vaincus — ce qui serait au mieux une question d'histoire « partielle » ou locale —, mais comment les Romains ont conquis le monde. Voir de Rome et voir *comme* Rome. Dans ce *comme* se loge toute son opération historiographique et toute l'ambiguïté de sa position. Comme Rome, et c'est adopter le point de vue des Romains sur leur conquête : se faire l'œil romain et devenir leur agent. Comme Rome, c'est aussi voir ce que les Romains n'avaient pas vu et ne pouvaient pas voir. La *sunopsis*, cette vision du vaincu, déployait sous les yeux des Grecs ce qu'ils n'avaient pas su voir, mais, dans le même mouvement, elle faisait voir aux vainqueurs leur conquête comme ils ne l'avaient encore jamais vue[49]. D'où la solution, à la fois théorique et pratique, finalement trouvée par Polybe, la *sunopsis* est le point de vue même de la Fortune. Ce voir comme la Fortune a l'avantage d'offrir un point de vue absolu, hors point de vue, qui rend possible l'opération polybienne, mais il en constitue en même temps le point aveugle.

Chapitre 6

VOIR DEPUIS ROME :
DENYS D'HALICARNASSE
ET LES ORIGINES
GRECQUES DE ROME

Qui sont les Romains ? d'authentiques Grecs, et Rome, depuis toujours, depuis le premier jour, est une cité grecque. Quand Rome n'était pas encore dans Rome, elle était déjà grecque. Telle est la simple et singulière thèse posée, répétée, démontrée à grands renforts de généalogie et d'étymologie, de citations et de témoignages par Denys d'Halicarnasse dans son livre le plus fameux. Telle est aussi la raison d'être de cette longue enquête menée par un homme de lettres du Ier siècle av. J.-C., qui a fait le voyage depuis Halicarnasse jusqu'à Rome en vue de s'y installer. Là, il exerça son métier de rhéteur et mena ses recherches. Alors qu'un siècle et demi plus tôt, Polybe avait dû s'y rendre comme otage, il y va de son plein gré, peu après qu'Auguste a mis fin aux guerres civiles. Le premier s'était employé à traduire l'évidence de la domination romaine en bricolant une notion opératoire d'histoire universelle, le second investit le terrain des origines où tout ou presque se serait déjà joué.

Vingt-deux ans plus tard, Denys présente ses *Antiquités romaines* comme un «don en retour» offert à Rome pour tous les avantages et, notamment la *paideia* (culture), qu'elle lui a prodigués[1]. *Paideia*, le mot n'est pas neutre, car chacun sait, depuis la définition de la grécité comme culture par Isocrate, que la différence entre le Grec et le Barbare est, avant tout, affaire non de nature mais de culture[2]. Si donc Rome est vue par Denys, à l'instar de l'Athènes d'autrefois, comme une école de *paideia*, il n'est que trop clair que les Romains ne sont pas ou plus, ou mieux n'ont jamais été des Barbares. Davantage, dans le prologue de son traité sur *Les orateurs antiques*, il se félicite pleinement du retour de l'ancienne rhétorique (*philosophos rhêtorikê*), qui avait été presque évincée par celle arrivée la veille ou l'avant-veille de «quelque infâme trou d'Asie[3]». À l'origine de cet heureux changement, on trouve, estime-t-il, la puissance de Rome, qui a «forcé toutes les cités à regarder vers elle» et la valeur de ses dirigeants, qui sont hommes de qualité tant par leur jugement que par leur culture (*eupaideutoi*)[4]. À la différence des villes de l'Hellade, oublieuses de leur héritage, ce sont donc eux qui ont su se révéler les vrais dépositaires du classicisme (ou de l'atticisme), les véritables hommes de culture : des Grecs authentiques. En choisissant d'étudier les plus fameux orateurs antiques (c'est-à-dire grecs), Denys, critique littéraire installé à Rome, entend amplifier encore ce succès, en confortant les choix intellectuels des dirigeants romains, afin de leur faire mieux connaître «leur» héritage et de les rendre, s'il se peut, encore plus «grecs[5]».

Ne peut-on penser que, sur un autre registre, les *Antiquités romaines* poursuivent le même objectif ? Démontrer l'origine grecque des Romains vise en effet une double utilité : du côté romain, bien évidemment, mais aussi du côté des Grecs, toujours mal ou insuffisamment informés. Prouver, avec pour la première fois tous les détails nécessaires (*akribôs*), que les Romains ne sont pas des vagabonds sans feu ni lieu, mais descendants de Grecs tout ce qu'il y a de plus authentiquement Grecs.

Dans sa préface, Denys justifie ainsi le choix de ce sujet[6]. D'apparence médiocre, méritant à peine une *Archéologie*, les débuts de la Ville s'inscrivent en réalité de plein droit dans la grande histoire (*koinê historia*), puisque Rome, par l'extension jamais égalée de sa domination, tant dans l'espace que dans la durée, est venue occuper la dernière (et la première) place dans le schéma de la succession des empires. Aussi l'*Archéologie* se revendique comme une *historia* de plein droit, mieux encore «histoire générale», tandis que son auteur se pose d'entrée de jeu, non pas ou pas seulement en antiquaire, mais en véritable historien. Il est *ho suntaxas*, celui qui rassemble et met en ordre : historien donc, faisant œuvre d'historien[7].

«Je commence mon histoire à partir des dits (*muthoi*) les plus anciens [...] et je poursuis mon récit jusqu'à la première guerre punique[8].» C'est là l'orthodoxe déclaration d'un historien qui fixe les limites chronologiques de son sujet. À ceci près que, là où l'historien commence par poser, d'une façon ou d'une autre, la coupure — Hérodote faisait le départ entre un temps des dieux et celui des hommes ; Thucydide démontrait dans son *Archéologie* que du passé on ne pouvait écrire l'histoire —, Denys revendique, lui, la continuité depuis les *muthoi* les plus anciens. Sans solution de continuité, l'*historia* s'étend jusqu'aux *muthoi*. À l'autre extrémité, le *terminus ad quem* révèle un curieux usage de la pratique de légitimation qui veut que l'historien suivant reprenne là où le précédent s'était arrêté. Les historiens passent, le récit continue, et l'histoire se fait au présent. Remontant la chaîne, Denys choisit, lui, de s'interrompre là même où Polybe, son prédécesseur déjà lointain, avait commencé son *Histoire*. Praticien d'une histoire du passé, Denys s'insère rétroactivement dans la chaîne des historiens et se légitime de son successeur.

Archéologie, histoire, les *Antiquités* se veulent en plus une histoire « totale » de Rome, où l'on trouve les guerres extérieures, mais aussi intérieures, les Constitutions et les lois, les mœurs et donc une histoire « culturelle » (*Bios*). Jadis, Dicéarque avait écrit une *Vie de la Grèce* (*Bios Hellados*), Denys offre aujourd'hui à son lecteur une *Archaios Bios* de Rome[9]. Où il est justement prouvé qu'elle a depuis toujours connu une « Vie grecque » (*Bios hellên*)[10]. Dans ce glissement du substantif « Grèce » à l'adjectif « grecque » vient s'inscrire le projet de Denys.

D'emblée, son entreprise est placée sous le signe du mélange. Denys ne veut surtout pas d'une histoire *monoeidês* à la Polybe, qui se cantonne dans un genre et se limite à une seule forme : l'histoire « pragmatique », dont l'austérité vient garantir l'utilité pour son seul destinataire revendiqué, l'homme politique[11]. Mieux vaut se réclamer de la « bigarrure » (*poikiliê*) d'Hérodote ou de la « polymorphie » (*to polumorphon*) de Théopompe[12]. Pour ne jamais lasser les lecteurs, il convient de mêler les genres et de varier les styles, en conjoignant ainsi plaisir et utilité (sous forme d'*exempla*) à l'adresse des praticiens de l'éloquence politique, des hommes soucieux de philosophie ou des lecteurs ordinaires simplement désireux de se distraire[13]. Le rhéteur ne disparaît pas devant l'historien.

GRECS, BARBARES, ROMAINS

Pour n'être pas des Barbares, les Romains sont-ils pour autant véritablement des Grecs ? Oui, répond Denys, qui prend soin de préciser qu'il n'est pas l'auteur de cette découverte. Car, plus elle sera romaine ou présentée comme telle, plus grande sera, au final, son autorité. Les premiers à l'avoir formulée sont ceux qu'il nomme « les plus savants » des historiens romains (à commencer par Caton[14]). Les Aborigènes, les premiers habitants véritables de l'Italie étaient, non pas des autochtones, mais des Grecs. Pour trouver d'authentiques autochtones, nés du sol, il faut, démontre Denys, se tourner vers les Étrusques. La précision est rien moins qu'anodine, puisqu'elle permet de glisser entre les Étrusques et les Romains une différence de nature. L'identité romaine n'a donc nul besoin d'emprunter les chemins de l'Étrurie[15].

Quant aux hypothèses et autres propositions soutenues par les auteurs grecs (depuis le Vᵉ siècle av. J.-C., on en compte pourtant un certain nombre[16]), elles sont purement et simplement balayées comme peu sérieuses. Ni Timée, pourtant le premier historien grec à avoir longuement parlé de Rome, ni même Polybe ne sont mieux traités. Congédiés eux aussi, et pour le même motif, les premiers historiens romains. Ni Fabius Pictor ni les premiers annalistes n'ont enquêté avec plus d'« acribie » sur les débuts de leur ville. Ne restent donc en lice que « les plus savants » déjà nommés, dominés par la haute et austère figure de Caton et incontestable autorité en ces matières, puisqu'il est l'auteur des *Origines* ou livre des *Fondations* (des principales cités d'Italie). Peu suspect d'être excessivement philhellène (même s'il connaissait le grec[17]), est avec Cicéron, Varron, et quelques autres parmi les grands intellectuels romains qui ont, à proprement parler, «pensé» Rome. Pour lui, les Aborigènes, venus là bien des générations avant la guerre de Troie et le débarquement d'Énée près de l'embouchure du Tibre, étaient d'origine grecque. En un tournemain, Denys fait donc sienne cette thèse (qui devient : les Romains sont des Grecs). Son apport et son travail consisteront, non à la discuter en la confrontant aux autres (d'emblée discréditées), mais à la renforcer, à lui apporter précisions et compléments, en mettant à son service toutes les techniques de la critique littéraire et tout l'appareil de l'érudition antiquaire des Grecs.

L'élucidation de l'identité des Aborigènes en offre un bon exemple[18]. Qui sont-ils à l'origine, eux qui, changeant deux fois de noms, deviendront les Latins puis les Romains ? La question est donc d'importance. Partant de l'étymologie, toute la démonstration de Denys consiste à passer d'une étymologie inadéquate à une étymologie «juste». *Aborigènes* signifierait, selon certains, autochtones ; en grec, précise Denys, *nous* dirions *genarchai* ou *prôtogonoi*. Mais d'autres, aux antipodes de cette première explication, corrigent Aborigènes en *Aberrigènes* (*aberrare*) et, conformément à toute une tradition, en font des errants : l'étymologie rejoint le genre de vie ou l'implique. D'où, à partir de là, un rapprochement possible avec les Lélèges, errants bien connus des Grecs et toujours disponibles.

Sans même réfuter ces explications (qui, en s'opposant, se ruinent d'elles-mêmes), Denys introduit aussitôt après l'argument d'autorité. «Les plus savants» des Romains disent que les Aborigènes étaient des Grecs, venus d'Achaïe, bien des générations avant la guerre de Troie[19]. L'essentiel, qui ne sera plus remis en question, est désormais posé. Peut commencer le travail de l'archéologue, car les historiens romains, eux, n'en savent pas davantage. Une migration a certes eu lieu, mais quand, à partir d'où, avec qui, pourquoi? Prenant le relais, Denys repart de cette formule: «Si leur thèse est exacte (*hugiês*)», alors les Aborigènes «ne sauraient être les colons d'aucun autre peuple que celui appelé aujourd'hui arcadien». À l'appui de cette affirmation, il commence par produire la généalogie arcadienne jusqu'à Oenôtros, fils de Lycaon, qui précisément émigra en Italie. Puis, il cite trois témoins de poids, qui tous confirment cette présence oenôtrienne en Italie: Sophocle, le poète, Antiochos de Syracuse, «un historien passablement ancien» (en fait, de la seconde moitié du ve siècle), Phérécyde d'Athènes, «qui ne le cède à personne comme généalogiste». Conclusion: je suis convaincu (*peithomai*) que les Aborigènes descendent des Oénôtres. Peut alors venir la «bonne» étymologie de leur nom. Bonne, car elle donne une description juste de leur histoire et de leur genre de vie. Pourquoi Aborigènes? Parce qu'ils sont gens de la montagne: *Ab-oros*, selon une étymologie mixte, latine et grecque à la fois. Ils vivaient dans la montagne et en viennent. De fait, «c'est une particularité des Arcadiens d'aimer le séjour des montagnes[20]». Ainsi va l'administration de la preuve.

Outre la généalogie, l'étymologie et l'appel aux «témoins», l'enquêteur, pour se convaincre et pour persuader, a recours à toutes les marques, traces, restes, objets (*mênumata, ichnê, mnêmeia, tekmêria*) encore visibles aujourd'hui[21]. S'y ajoutent enfin les témoignages fournis par les fêtes, les rituels et les sacrifices. Les Grands Jeux (*Ludi magni*) viennent confirmer, dans leur registre, la parenté (*suggeneia*) des Romains et des Grecs[22]. En s'appuyant sur la double autorité de Fabius Pictor et d'Homère, Denys (qui, une nouvelle fois fait passer à la trappe tout le côté étrusque[23]) trouve une éclatante confirmation du caractère grec des rituels romains et, en particulier, de leur façon de sacrifier. De cette lecture croisée, il ressort même que les Romains ont su conserver certaines coutumes que les Grecs après Homère ont abandonnées. Comme s'ils se montraient plus fidèles à Homère que les Grecs eux-mêmes.

Pourquoi ce choix de Denys ? N'a-t-on affaire qu'à une besogne platement courtisane, œuvre d'un littérateur payant son écot (le «don en retour») aux puissants du temps ? Ou ne serait-ce qu'un jeu d'esprit érudit ou un divertissement littéraire sans prise véritable sur le réel, où la dextérité à manier les généalogies et l'habileté à jouer avec les traditions suffisent à réjouir les *happy few* et épuisent le propos ? Plus proche, en somme, de La *Franciade* de Ronsard, et de toutes les variations sur les origines troyennes des Francs, que des *Recherches de la France* d'Étienne Pasquier ? Ne vaut-il pas mieux reconnaître un véritable enjeu dans le choix de Denys et dans sa réponse à la question de l'identité des Romains ? Quel peut être le projet d'un homme qui, alors que la domination romaine est depuis longtemps devenue une évidence quotidienne, entreprend d'expliquer d'abord à ses compatriotes mal informés ou mal disposés les origines de Rome ? Ne fait-il que répéter avec retard et en grec ce que des

Romains ont depuis longtemps écrit en latin ? Peut-être pourrait-on le soutenir s'il était tout seul. Mais au même moment Varron, Tite-Live et, plus que tous, Virgile, en composant l'*Énéide*, s'en soucient. Loin d'être dépassé, le sujet semble au contraire d'actualité.

En outre, la même affirmation (les Aborigènes sont d'origine grecque) a-t-elle la même signification quand Caton la propose et quand Denys, en la citant, la reprend ? Chez Caton, qui est le premier à choisir d'écrire l'histoire en latin, elle peut avoir servi d'instrument d'émancipation symbolique, en permettant d'échapper à la bipartition des Grecs et des Barbares, ou plutôt de la subvertir. « Vous autres Grecs, vous nous classez parmi les Barbares, mais nous le sommes d'autant moins que nous avons des ancêtres grecs. » Reprise en grec par Denys pour des lecteurs grecs, elle transmet une information qui, on l'avouera, a bien perdu de son actualité depuis bientôt deux siècles. Plus aucun Grec ne doit penser en ce début de l'ère augustéenne que les Romains sont purement et simplement à ranger du côté des Barbares. Strabon ne leur reconnaît-il pas, au même moment, la mission historique d'avoir relayé les Grecs dans l'œuvre de civilisation de l'*oikoumène* ? Les Romains sont des Grecs ne signifie-t-il pas plutôt désormais : « Nous Grecs sommes un peu des Romains ; nous sommes leurs parents, au vrai leurs grands-parents, et leur empire est donc aussi un peu le nôtre » ? De cet empire gréco-romain qui, avec Auguste, se dessine plus sûrement encore, la généalogie vient, en somme, légitimer l'existence et l'évidence, la place aussi que les élites grecques ont à y tenir. Leur place, toute leur place.

Mais l'horizon intellectuel à l'intérieur duquel vient s'inscrire l'archéologie romaine de Denys est un espace grec du savoir, dont Homère figure le premier ordonnateur. Avec les cinq vagues successives des migrations, s'étend sur l'Italie un filet aux mailles bien serrées : celui d'une généalogie grecque, qui sait nommer sans lacune la continuité des générations.

De Denys à Strabon (dans le livre I de sa *Géographie*), la même démarche se retrouve : l'un déploie une généalogie, l'autre parcourt un espace, mais, dans les deux cas, on pose ou on prouve que les premiers repères sont grecs. Pourquoi Strabon consacre-t-il tant de pages et tant de soins à soutenir qu'Homère est « l'archégète » de la géographie ? Sinon pour prouver qu'avec Homère déjà, les Grecs connaissaient, et donc « maîtrisaient » l'*oikoumène* et ses limites. Poète certes, Homère n'en dit pas moins vrai. Strabon ne peut que défendre une lecture réaliste des voyages d'Ulysse, qui ont bien eu pour cadre la Sicile et l'Italie. Polybe déjà avait estimé nécessaire de réfuter l'hypercriticisme d'Ératosthène. « On trouvera, avait écrit ce dernier, le lieu des errances d'Ulysse le jour où l'on découvrira le bourrelier qui a cousu l'outre des vents. » Pas du tout, répliquent Polybe et Strabon[24]. La géographie est grecque veut d'abord dire qu'Ulysse est le premier à avoir vu et surtout raconté ces lieux et Homère le premier à avoir mis l'espace, tout l'espace en mots (grecs)[25].

DENYS D'HALICARNASSE
CHEZ LES MODERNES

Pour nous aujourd'hui, si Denys apparaît comme un témoin des rapports entre la Grèce et Rome, il est aussi partie prenante dans la construction d'une représentation nouvelle de ces rapports. Quelque chose comme la vision d'un vaincu, mais de la septième génération, et qui a fait le choix de Rome ! Comme Polybe, Posidonius, Panætius, ou Strabon et, bientôt, Plutarque ou Aelius Aristide, il vient s'inscrire dans la lignée de ces intellectuels grecs qui ont regardé vers Rome, voire depuis Rome, et qui, en tout cas, l'ont prise comme objet de leurs enquêtes ou réflexions. En France, la dernière traduction de Denys remonte à 1723 (si l'on excepte celle en cours aux Belles Lettres). Dans son *Cours d'études historiques*, Daunou le présentait comme «un de ces dieux inconnus dont le culte est garanti par le respect avec lequel on s'éloigne de leurs autels. On leur rend volontiers les hommages qu'ils sont en possession de recevoir, excepté le seul qui aurait quelque valeur et utilité, et qui serait d'étudier leurs ouvrages[26]».

De fait, Denys a connu quelques vicissitudes posthumes. Il est passé de la lumière à la poussière de l'oubli. Entre sa redécouverte (la première traduction latine des *Antiquités* date de 1480 et la grande édition de R. Estienne est de 1546) et le XVIIIe siècle, il a bénéficié d'une grande autorité. On le jugeait supérieur à tous les autres historiens latins, mais aussi grecs pour sa manière de présenter les antiquités de Rome. On relevait qu'il avait parlé des

Romains de façon plus honorable que les Romains ne l'avaient jamais fait des Grecs. Scaliger le félicitait de son exact souci de la chronologie et Bodin louait son sérieux. Sans conteste, il était reconnu supérieur à Tite-Live. C'était encore l'opinion soutenue dans les préfaces aux deux traductions françaises, qui ont paru coup sur coup en 1722 et 1723[27]. Bellanger, le second traducteur, le félicitait tout particulièrement d'avoir voulu briser «la distinction la plus odieuse de tous les peuples en Grecs et Barbares», étant bien entendu que la «vanité grecque» rangeait les Romains dans cette dernière catégorie. Denys a donc choisi Rome pour faire pièce à la suffisance grecque.

Mais Denys vécut là les derniers moments d'une existence posthume qui, aux compliments alliait les marques de déférence, la courbe de son destin allait s'inverser pour longtemps. Archéologue des premiers temps de Rome, il ne pouvait en effet manquer d'être complètement pris dans l'immense débat qui s'engage et se propage sur «l'incertitude des premiers siècles de Rome». Son coup d'envoi public est donné par la polémique qui, de 1722 à 1725, oppose à l'Académie des inscriptions et belles lettres Lévesque de Pouilly à l'abbé Sallier[28]. Pouilly, mathématicien et introducteur de Newton en France, cherche à démontrer l'incertitude; Sallier, professeur d'hébreu au Collège royal, défend la certitude. L'enjeu de ce débat, doublement surdéterminé par la querelle des anciens et des modernes et par la question du pyrrhonisme en histoire, excède largement les *Antiquités romaines* et même Rome. Denys se trouve néanmoins questionné sur ses sources et sommé de produire ses preuves. D'où tient-il ce qu'il sait ? «Si l'on a dit d'Athènes qu'on n'y mar-

chait que sur des monuments célébrés par l'Histoire, écrit Pouilly reprenant Cicéron, l'on peut dire
de Rome que l'on n'y apercevait que des monuments illustrés par des Fables.» Sallier n'a d'autre
ressource que d'affirmer (en soi licitant l'autorité
de Cicéron) «la chaîne continue d'une tradition
confiante et ininterrompue» depuis les origines
mêmes de Rome jusqu'à l'auteur des *Antiquités*. Si
Pouilly, accusé d'être «philosophe», est réduit au
silence, les questions vont cheminer.

Elles seront fortement reprises quelques années
plus tard par Louis de Beaufort dans sa *Dissertation
sur l'incertitude des cinq premiers siècles de l'histoire
romaine*, où se trouve consommée la disgrâce de
Denys[29]. Savant protestant, installé aux Pays-Bas,
Beaufort entend passer au crible de sa critique les
témoignages des historiens anciens les plus accrédi-
tés et, en quelque sorte, les retourner contre eux-
mêmes, pour ébranler les fondements sur lesquels
est établie l'histoire des premiers siècles. Ainsi, il
n'a pas de mal à montrer que nul d'entre eux ne soutient avoir vu de ses propres yeux les fameuses
Annales des pontifes, pas même Denys, à qui tout un
chapitre est consacré. Il est significativement intitulé «Du caractère de Denys d'Halicarnasse et du
fond qu'on peut faire sur son histoire».

Pour la première fois, en effet, le choix de Denys
et sa personne sont contestés : le caractère vient
témoigner contre l'œuvre, dont l'autorité est dénon-
cée comme trompeuse. Elle est «ostentation» avant
tout. Denys n'a pas (et ne peut pas avoir) les preuves
de ce qu'il avance, mais il fait comme si. Il affecte
l'exactitude et la sincérité. «Comme il étale de la
critique et de l'érudition dans plusieurs de ses
recherches et de ses discussions, on se laisse aisé-

ment éblouir par une apparence d'exactitude et de bonne foi, qui cependant n'ont rien de réel, dès qu'on les éclaire de près[30]. » Quel but poursuit-il ? « Faire porter avec plus de patience aux Grecs le joug qu'une nation qu'ils regardaient comme barbare leur avait imposé. » Le choix de Rome, jusqu'alors valorisé comme lucide et courageux, se charge de connotations négatives. Denys n'est plus qu'un flatteur, faisant sa cour aux Romains (et un traître à la Grèce). À ce point, Beaufort introduit un rapprochement très intéressant avec Flavius Josèphe, qui « songea bien plus à faire sa cour aux païens qu'à se conformer à l'exacte vérité[31] ». À sa façon, Denys est, lui aussi, un « juif de cour ». Et il a échoué, puisque les Romains, dont pourtant il flattait la vanité, ont continué à raconter leurs origines sans trop se soucier de ses démonstrations. Tite-Live, en revanche, est réhabilité : non qu'il en sache plus long sur les origines, mais justement parce qu'il avoue n'en pratiquement rien savoir. Sa « sincérité » le sauve et doit le faire préférer à Denys, qui est condamné comme homme et comme historien[32].

L'auteur des *Antiquités romaines* était entré dans un long purgatoire ! L'historiographie allemande du XIXe siècle, prenant en somme la suite des critiques du réformé Beaufort, le tient en piètre estime. C'est un *Græculus*, un petit Grec. Il est tout à la fois trop littérateur pour avoir ressenti profondément le drame humain des Grecs vaincus par Rome et trop borné, trop ignorant, pour appréhender la réalité de Rome (l'État et le droit). Tout occupé qu'il est à chanter les louanges de Rome comme véritable représentante de l'hellénisme, il est incapable de saisir ce qu'a pu réellement signifier pour des hommes comme

Caton ou Varron l'étude de leurs origines. Vraiment, conclut Eduard Schwartz, il n'est qu'un «pédant petit Grec[33]».

Une ultime critique enfin part du Denys critique littéraire pour se retourner contre le Denys historien. Son œuvre rhétorique, dont on reconnaît l'importance, vient encore dévaluer l'œuvre historique. Tel est le verdict de M. Egger au début du xxe siècle. Au moment où l'histoire clame son horreur de la littérature, se proclame science positive et s'organise fortement en discipline dans le bastion de la nouvelle Sorbonne, au moment donc où Thucydide tend à être reconnu comme père de cette histoire, Denys, l'incorrigible rhéteur, ne peut qu'être énergiquement dénoncé et tancé au nom de la nécessaire séparation (qu'il n'a même pas soupçonnée) entre l'histoire et cette rhétorique où Michelet, rappelle Egger, avait reconnu l'avant-goût de «l'imbécillité byzantine». La meilleure preuve de cette outrecuidante ignorance est fournie par les critiques qu'il a cru judicieux d'adresser à Thucydide en personne. Ne s'est-il pas mêlé de le corriger et même de récrire des passages entiers? «Pardonnons-lui, conclut Egger, irénique mais lucide, d'avoir mal compris le génie de Thucydide[34]»! Une fois encore, il n'est qu'un petit professeur grec, un *Græculus* comparé à ses grands ancêtres, un rhéteur qui fait l'historien, mais bien incapable de voir au-delà de sa rhétorique. Modèle, les *Antiquités* le sont, mais tout négatif, «un modèle achevé de ce que peut produire l'intrusion de la rhétorique dans l'histoire[35]».

Que restait-il alors à Denys? Inférieur à Tite-Live, il est, comme historien, inférieur à son sujet et, comme homme, inférieur à lui-même. Que restait-il même de Denys ? Pourtant, la courbe de son destin allait à nouveau s'infléchir, connaissant un retournement et une remontée. Comme en témoignent les travaux d'abord menés aux États-Unis par Glen Bowersock et, en Italie, par Emilio Gabba[36]. Non que Denys soit tout soudain devenu ou redevenu une autorité sur les origines de Rome. Il est simplement un témoin auquel on a commencé à poser d'autres questions. Les points de vue se sont déplacés et les questionnaires modifiés. Tel est le Denys, celui que j'évoquais il y a un instant, qui intéresse aujourd'hui. On lit moins, dans les *Antiquités,* une histoire des origines qu'une histoire *sur* les origines. Elle est une histoire de second degré, déjà de l'historiographie, suscitée et produite par des conjonctures différentes, avec des strates multiples, et où il n'est pas facile de démêler les traces des divers enjeux auxquels des historiens tant grecs que romains avaient, pour leur part, cherché à répondre.

Au service de Rome et partageant les valeurs de l'aristocratie romaine (ce qui explique tout à la fois une adhésion sans faille à l'ordre romain et la présence du thème de la décadence d'une Rome qui, précisément, a « oublié » les valeurs de ses origines), Denys, avec d'autres et après d'autres déjà, entend réélaborer un passé, revisiter une culture, bref inventer une tradition. Ou, du moins, s'y risquer avec les moyens et les limites aussi d'un rhéteur du Ier siècle, dont le discours prétend non pas dire le vrai, mais produire du « croyable ». L'opération « archéologique » consiste à enlever du « mythique » et à augmenter la part du vraisemblable, à aller du moins mythique vers le plus vraisemblable, pour tendre vers le récit « le plus ressemblant à la vérité » qui se puisse écrire.

ROME, CITÉ MODÈLE

Rome est une cité grecque. Depuis toujours les Romains connaissent une «vie grecque». D'abord venus de cette Grèce, de la Grèce qu'est l'Arcadie, il n'y a pas, conclut Denys, plus «purement» et plus «anciennement» grecs que les Romains[37]. Mais fait-il vraiment éclater, comme l'en félicitait Bellanger, le binôme Grec/Barbare par l'introduction d'un troisième terme? On pourrait le croire quand il annonce, par exemple, qu'il va prouver à son lecteur que Rome a donné, dès ses débuts, plus de preuves d'excellence (*aretê*) qu'aucune autre cité «grecque ou barbare[38]». Mais l'expression, depuis si longtemps en usage, est simplement une façon figée de dire «tout le monde». Les mots qui la composent peuvent-ils être encore entendus de qui les prononce ou les reçoit? Peuvent-ils désigner le surgissement d'une entité nouvelle qui, si elle n'est, à coup sûr, pas du côté des Barbares, ne se confond pas pour autant avec l'autre terme du couple?

À d'autres moments, notamment quand les immigrants successifs ont à se battre contre des «Barbares[39]», il paraît simplement en reconduire l'usage, se contentant d'inclure *ipso facto* les futurs Romains dans l'ensemble grec. Pourtant, à propos des rituels sacrificiels (auxquels Denys s'intéresse de près comme témoignant d'une identité culturelle), lui échappe la formule «nous Grecs» (utilisons de l'orge), tandis que «les Romains» (ont recours à l'épeautre). Ce «nous» face à «eux» est fugitif, comme un lapsus.

Dans la logique de cette perspective, l'histoire de Rome est perçue comme celle d'une «barbarisation» sous l'effet d'un «mélange» venant altérer une pure grécité originaire. C'est une autre version du thème de la décadence. On pourrait même «s'étonner de ce qu'elle n'ait pas été entièrement barbarisée pour avoir accueilli des Opiques, des Marses, des Samnites, des Tyrrhéniens, des Bruttiens et des milliers d'Ombriens, de Ligures, d'Ibères et de Celtes, etc.». L'exemple d'autres cités coloniales, installées en milieu barbare, montre en effet que Rome, même si elle a «désappris» certaines de ses premières coutumes, a étonnamment bien résisté. «Bien d'autres, en effet, ont en peu de temps désappris toute leur grécité au point de ne plus parler grec, de ne plus suivre les habitudes grecques, de ne pas reconnaître les mêmes dieux ni les lois tempérées des Grecs (toutes choses qui, en premier, marquent la différence entre la nature [*phusis*] grecque et la nature barbare), ni même n'importe quel autre signe distinctif[40].» Les Achéens du Pont, au contraire, ont complètement «oublié» leur grécité originaire pour devenir «les plus sauvages des Barbares». À travers ces observations sur l'acculturation, Denys nous apprend tout à coup qu'il y a pour lui non seulement une *culture* (*to Hellênikon*), mais aussi une *phusis* grecque, distincte de la nature des Barbares. Comment s'articulent-elles l'une à l'autre? On ne sait trop. Les Romains, en tout cas, avaient l'une et l'autre en partage. Témoigne, en particulier, de ces mélanges, la langue latine, qui n'est ni complètement grecque ni vraiment barbare, mais un composé des deux, où domine le dialecte éolien[41]. Ce qui a pour conséquence que les Romains ne réussissent pas «à prononcer correctement tous les sons articulés»!

Mais Denys ne peut faire commencer le mélange du jour seulement où la cité s'ouvre aux Barbares

opiques ou autres. Alors que toute la tradition
clame que d'emblée Rome a été placée sous le
signe du mélange. Mélange oui, mais entre Grecs,
pourrait-il rétorquer. Il ne s'y risque pas vraiment
et laisse comme un certain flou. Il y a le mélange
des Aborigènes avec les Pélasges, des Latins avec
les arrivants Troyens (1, 60, 1 ; 89, 2) ; des Albains,
il nous dit qu'ils proviennent d'un mélange de
Grecs de diverses origines, mais aussi d'un élément
barbare local (2, 2, 2). Quant à la troupe de colons,
qui un beau matin quitta Albe pour fonder Rome, il
est simplement précisé que Romulus et Rémus la
mêlèrent à « ceux qui étaient là », c'est-à-dire à une
population locale présente on ne sait trop comment
(1, 85, 4). Dans l'usage qu'en fait Denys, la métaphore du mélange est tout à la fois expressive et
vague, marquée de façon positive (accroissement)
ou négative (barbarisation) selon les moments. Elle
indique qu'il oscille, pour penser la fondation, entre
deux modèles grecs répertoriés : celui de l'*apoikia*
et celui du synœcisme[42].

Le premier modèle est celui de la fondation d'une
colonie, avec expédition et installation de colons.
Rome est alors proprement une colonie (*apoikia*).
La marche par étapes vers Rome peut même se
concevoir comme une lente *apoikia*, inaugurée avec
la première migration arcadienne pour ne s'achever
qu'avec l'ultime départ d'Albe, décrit par Denys
avec un grand luxe de détails. Aux deux jeunes gens,
leur grand-père confie non seulement une troupe
de colons (composée elle-même de diverses catégories), mais il leur fournit également « de l'argent, des
armes, du blé, des esclaves, des bêtes de somme, et
tout ce qui était indispensable à la construction
d'une cité ». À cette future colonie ne manque pas un

bouton de guêtre ! Denys use et abuse de ce modèle, qui s'accorde parfaitement avec la logique de sa propre thèse. Plus Rome résulte en effet d'une *apoi-kia*, plus elle a des chances d'être pleinement grecque.

Mais, à ce point de l'histoire, il doit encore se débarrasser de Rémus. La règle n'est d'ailleurs pas pour une colonie d'avoir deux archégètes. Sa manière de procéder est intéressante, car elle fait aussi appel à des notions ou références grecques, qui permettent à la fois de respecter la tradition (la mort inévitable de Rémus) et d'engendrer un récit vraisemblable débouchant sur cet acte de violence. Quand la troupe des colons sort d'Albe, elle est composite, mais une. Elle le demeure encore, après qu'a eu lieu le « mélange » avec les restes de la population locale résidant sur le Palatin et autour de la colline de Saturne. Mais la division intervient aussitôt après, quand Romulus et Rémus décident de la scinder en deux pour, pensaient-ils, susciter l'émulation (*philotimia*), et hâter ainsi la fin des travaux d'installation. Hélas, la *philotimia* (positive) se retourne en rivalité (*stasis* toute négative). Aussi, avant même que la cité ne soit vraiment fondée, est-elle plongée, avec l'introduction de la *philotimia-stasis*, dans l'univers bien connu des luttes pour le pouvoir à l'intérieur de la cité. Rome n'est pas encore Rome, mais elle ressemble déjà à la cité que, par exemple, décrira bientôt Plutarque dans ses *Préceptes politiques*. Le même vocabulaire politique y a (déjà) cours pour décrire les brigues, ambitions, courses au pouvoir, qui mettent aux prises les notables et leurs factions[43]. Jusqu'à la guerre civile et au meurtre. Tout part, en somme, de l'ambivalence de *philotimia*, d'où peut « sortir » un récit conférant intelligibilité et vraisemblance à des événements qui, autrement, en seraient bien dépourvus. Finalement, il n'est pas surprenant que les choses aient ainsi tourné !

À ce registre d'explication complètement politique s'en superpose un autre, pré-politique si l'on veut, pour lequel l'univers de référence ne serait plus la cité hellénistique et ses luttes, mais plutôt les *Travaux et les Jours* d'Hésiode. Avec sa célèbre ouverture sur la bonne et la mauvaise Querelle (*Eris*) adressée à son frère Persès, avec qui il est précisément en litige. L'une, poussant à rivaliser avec autrui, est « bonne aux mortels », tandis que l'autre « fait grandir la guerre et les discords funestes[44] ». De même, *Eris* vient à s'installer de façon ouverte entre les deux frères, Romulus et Rémus. Mais, dès l'instant de la division des colons en deux groupes, elle vire à la « mauvaise querelle[45] ». Entre les deux registres le croisement s'opère aisément : on passe de *philotimia* à *eris* ou de *stasis* à *eris*. En choisissant justement le mot *eris*, Denys apporte une autre dimension à son texte, presque une autre intrigue d'où il peut tirer le fil de son propre récit. Le désir de commander (*philarchia*), auquel sont en proie les deux frères, est dit *akoinônêtos* : l'expression est intéressante, car elle joue sur les deux registres évoqués. D'abord leur désir du pouvoir ne tolère aucun partage. Chacun veut tout pour lui tout seul. On est là dans le domaine de l'*eris* « pré-politique ». Mais cette volonté traduit aussi une négation complète de toute forme de communauté (*koinônia*) : elle empêche ou détruit tout lien social[46]. Aussi l'*eris-stasis* ne peut-elle que déboucher sur une tuerie qui mêle, elle aussi, les deux registres, puisque des « frères » et des « concitoyens » s'égorgent mutuelle-

ment[47]. Victorieux, mais triste, Romulus, seul fondateur désormais, peut instituer Rome[48].

Mais, de même que Denys ne pouvait écarter
complètement le mélange des origines de Rome, il
ne peut maintenir jusqu'au bout le seul modèle de la
fondation coloniale. D'autant moins qu'il est bien
isolé et, là aussi, en contradiction trop évidente avec
la tradition. Ni Cicéron, ni Tite-Live, ni Virgile, ni
même Plutarque ne lui font place. À en croire Plutarque, Rome serait même le contraire d'une fondation par envoi de colons, puisque ce sont les
citoyens d'Albe qui, refusant de recevoir chez eux
toute cette bande de marginaux recrutés par les
deux frères, ne leur laissent d'autre choix que de
s'installer ailleurs et à leur propre compte[49].

Le second modèle disponible est donc celui du
synœcisme. La cité nouvelle ne procède pas de l'arrivée de colons venus d'une métropole, mais de
la réunion de populations déjà présentes sur les
lieux mêmes. Denys s'en sert allusivement, laissant
entendre que Rome résulte d'un synœcisme, ou
qu'il y a du synœcisme dans cette histoire, mais
jamais il ne s'interroge sur la compatibilité ou l'articulation des deux modèles. Est-ce une *apoikia* ou
un synœcisme ? Ou un combiné des deux ? Évoquer
le synœcisme offre un avantage supplémentaire,
dans la mesure où le maître en la matière, la référence grecque par excellence, est Thésée.

Certes, Denys ne met pas en parallèle la naissance d'Athènes comme cité et la fondation de
Rome, mais son Romulus devait avoir pour un
Grec quelque chose de Thésée (on sait que bientôt
Plutarque les appariera). Le très long discours qu'il
fait prononcer à Romulus, avec ses surprenantes
interrogations sur le régime qu'il convient d'établir

162 *Évidence de l'histoire*

et pratiquement son offre de renoncer au pouvoir, trouvent un précédent dans la conduite du Thésée d'Isocrate, par exemple. En mettant à disposition un modèle de conduite (plausible et connu), la figure de Thésée vient aider Denys à mettre en récit la fondation et à construire son intrigue (une fois Rémus supprimé et satisfaites les exigences de la tradition). Elle rend presque vraisemblable l'interrogation sur la *politeia*. Comme Thésée, Romulus pose au peuple assemblé la question du régime à instaurer[50]. Mais il va sans dire qu'après Polybe, qui en avait fait le point nodal de sa réflexion sur la puissance romaine, on ne peut plus prétendre parler de Rome sans mettre l'accent sur sa Constitution (*politeia*)[51]. La crédibilité est à ce prix. La «Constitution de Romulus» est la façon dont Denys satisfait à cette exigence et répond à cette attente. Non sans se contredire quelque peu. Il commence en effet par poser, à la suite de Polybe ou de Cicéron, que la Constitution romaine n'était pas sortie tout armée de la tête d'un législateur, si divin fût-il, mais qu'elle était plutôt une création continuée et le produit de nombreuses expériences. Puis, il n'hésite pas à s'étendre sur cette Constitution de Romulus, qui apparaît comme un second temps fort de la fondation, voire presque une nouvelle fondation[52].

De cette introuvable Constitution, il ressort que Rome est bien une cité (*polis*). Mobilisant les catégories de la philosophie politique grecque, Polybe, nous l'avons vu, l'avait déjà amplement prouvé. Au livre VI de Polybe vient correspondre le livre II de Denys, mais alors que l'un développait une réflexion de type structural sur les régimes, l'autre met en récit (Romulus procéda..., entreprit..., créa..., résolut..., etc.), et historicise (telle institution, tel mécanisme est un emprunt à la Grèce...).

En outre, les temps ayant changé, l'accent sur le caractère mixte ou l'équilibre n'est plus à l'ordre du jour. N'occupant plus la place centrale dans la machinerie du pouvoir, le Sénat renvoie plutôt du côté du conseil des Anciens entourant le roi homérique. Car tous les rois «disposaient d'un conseil constitué de l'élite des citoyens, comme en témoignent Homère et les plus anciens des poètes. Et contrairement à ce qui se passe aujourd'hui, le pouvoir royal archaïque n'était ni arbitraire ni absolu[53]». Voilà pour les nostalgies sénatoriales.

Cité depuis toujours, Rome est de plus, selon Denys, une cité accomplie, plus réussie que les plus réputées des cités grecques classiques : Sparte, Athènes ou Thèbes. Ne se contentant pas d'emprunter telle ou telle institution, les Romains ont su, dès le temps de Romulus, perfectionner le modèle. Ainsi, du patronage, qui était une ancienne pratique grecque (mais alors plus proche en fait de l'esclavage), ils ont su faire une institution centrale. Entre le patron (patricien) et le client (plébéien) a été en effet instaurée toute une gamme d'obligations réciproques, qui ont fonctionné à la longue comme de véritables rapports de parenté[54]. Créateur de concorde (*homonoia*), le patronage a fait de Rome une cité capable de contrôler ses luttes internes, sa *stasis*, cette guerre pour le pouvoir que les cités grecques, elles, n'ont jamais su réduire durablement. Rome, qui a pourtant commencé sous le signe de la *stasis* fratricide, la pire qui soit, a réussi ensuite à remplacer pendant six cent trente ans — jusqu'à Caius Gracchus —, précise Denys, le meurtre par la persuasion[55]. C'est là un achèvement

considérable et une incontestable supériorité de
Rome. Souvent, l'historiographie moderne, notamment allemande, reconduira cette appréciation.

Ville, demeurée longtemps sans *stasis*, elle est aussi
une cité «ouverte». À la différence des anciennes
cités grecques, anxieuses de préserver la «noblesse
de leur sang» et fermées sur elles-mêmes au point
de n'accorder qu'exceptionnellement leur droit de
cité, Rome s'est toujours montrée «généreuse» en
cette matière. S'introduit là le thème, promis à
un bel avenir dans les comparaisons entre les Grecs
et les Romains, de la «générosité» romaine face à
l'«avarice» grecque[56]. Voilà pour Denys une seconde
supériorité manifeste de Rome qui, de cette attitude,
a fait une politique et, au total, un puissant ressort
de son empire. Montrer qu'un tel projet n'avait tout
simplement pas de sens pour la cité grecque serait
aisé, puisqu'elle se définit, avec Aristote, comme
une communauté «accomplie et autosuffisante».
D'emblée, dès sa fondation elle se pense comme
complète. Importe ici, seulement ce que Denys, puis
beaucoup d'historiens ont cru et propagé après lui.
Rome a trouvé une voie que les cités grecques ont
manquée. À nouveau, Rome se révèle une cité plus
accomplie : la même *polis* qu'en Grèce, mais en
sa perfection. Elle est, dit Denys, la cité «la plus
accueillante et la plus humaine de toutes», celle qui
a su être le plus authentiquement et le plus profondément une communauté (*koinôtatê*)[57].

Avec les *Antiquités romaines* s'opère ainsi un
intéressant déplacement. Rome comme cité n'est
plus jugée à partir de la Grèce, mais ce sont, en
revanche, les cités grecques qui sont jaugées à partir de Rome, perçue désormais comme l'accomplis-

sement de la cité. La cité grecque ne s'arrête pas à la bataille de Chéronée, Rome était son avenir ! Si Denys, démontrant que les Romains sont des Grecs, est conduit à helléniser Rome réciproquement, quand il « restitue » la Constitution de Romulus, il se livre à une « romanisation » de la cité grecque. Poussant à l'extrême le coup de force polybien, il en vient à soutenir, en effet, que Rome est une cité, une cité dont la réussite prouve l'excellence de la Constitution, une cité accomplie, mais encore le modèle même de la *polis*.

Telle est la thèse et ses principaux enjeux. Le sujet est d'actualité. En un moment où l'État romain, comme l'écrit Tite-Live, « s'est accru au point de plier sous sa propre grandeur », la question de leur identité semble préoccuper les maîtres du monde. Dans le quadrille des origines, face à ceux qui, avec Virgile, proclament que les Romains ne sont ni Grecs ni Étrusques, mais Troyens, Denys réplique : vous n'êtes évidemment pas Étrusques puisque vous êtes des Grecs, fils de Grecs, et si vous êtes Troyens, vous êtes encore, ou vous étiez déjà des Grecs.

SECONDE PARTIE

Évidences modernes

Chapitre 1

L'ŒIL DE L'HISTORIEN
ET LA VOIX DE L'HISTOIRE

Poursuivons l'enquête, en interrogeant maintenant trois historiens français du XIXᵉ siècle et rou-
vrons la question de l'association entre l'œil et
l'histoire, théorisée déjà par les premiers historiens
grecs et inscrite dans le vieux mot d'*historia* lui-
même : les chemins de l'évidence de l'histoire. Car
il y a une histoire de la vision, ou, de façon plus
large encore, du visible et de l'invisible, de leur
organisation et de leur partage, changeant d'une
époque à l'autre. Cette histoire aux multiples composantes, scientifique, artistique, religieuse, mais
aussi politique, économique, sociale serait aussi
une histoire de la vérité[1]. À l'intérieur d'une telle
histoire générale, un chapitre pourrait être consacré à une archéologie du regard historien, qui repé-
rerait, à partir de l'œil et de sa place, les divers
régimes historiographiques qui, de l'Antiquité à nos
jours, ont prévalu dans ce qui est devenu la tradition européenne. L'*historein* et le *semainein* d'Hérodote, à quoi entend se substituer l'«autopsie»
thucydidéenne, la *sunopsis* de Polybe regardant le
monde depuis Rome, puis la mise en place de
l'*auctoritas* médiévale, où la production de l'évi-

dence devient affaire d'autorités ; la découverte
oculaire du monde à partir de la Renaissance,
la vision synoptique et quasi divine de Bossuet, la
vision synoptique et philosophique de Voltaire, le
ou plutôt les réalismes du xixᵉ siècle ; une forme
d'histoire où le visible n'est ni donné, ni découvert,
mais construit par l'historien qui s'inclut lui-même
dans son observation. Resterait encore à faire place
à ce visible profondément transformé par les tech-
nologies modernes (la photographie, le cinéma, la
télévision et, aujourd'hui, le virtuel). Une telle étude,
partielle encore (puisqu'elle suit principalement
l'évidence comme vision), montrerait comment, pos-
tés aux frontières du visible et de l'invisible, les historiens ont pu se présenter comme des maîtres de
vérité, devenir des maîtres d'école, parfois aussi
des dispensateurs d'aveuglement et des fonction-
naires de l'effacement, se vouloir aujourd'hui des
déchiffreurs du présent.

   Si l'histoire est vision, elle est aussi audition. Pour
Hérodote, nous l'avons vu, elle est un mixte d'« œil »
et d'« oreille », avant que l'enquêteur ne transforme
par son écriture le dire des témoins en voir pour le
lecteur[2]. Indiquer comment s'articulent dans le discours historien le visible et l'audible, comment au
cours des siècles, les parts respectives du vu et de
l'entendu, du point de vue de la vérité qu'ils empor-
tent et de la créance qu'ils suscitent, appartiendrait
donc aussi à cette enquête. Il y a des regards historiens, mais aussi des « voix » de l'histoire, qui peuvent
parfois, comme chez Michelet, n'être plus qu'une
seule voix : celle du peuple ou de la France.

   Les historiens qui, à parler strictement, ne « voient »
rien ou presque, en tout cas plus rien, depuis qu'il a
été convenu que l'histoire devait se faire non au pré-

sent mais au passé, n'ont pu éviter, dans leurs récits
et dans leurs propos de méthode, de recourir naturellement à cette — faut-il dire — métaphore de la
vision, et de réfléchir sur leur pratique au moyen de
cette figure. Cette approche aurait l'avantage d'aider aussi à mener un peu plus loin le débat sur histoire et littérature ou histoire et fiction, non pas du
tout pour réduire la première à la seconde, en s'arrêtant, par exemple, sur la manière dont l'œil des
romanciers du XIXᵉ siècle travaille le partage visible
et invisible et dit le réel.

« DANS LA POUSSIÈRE
DES CHRONIQUES... »

Pour l'historiographie libérale, comment le visible
est-il structuré ? Avant tout politique, cette histoire a
d'abord pour projet de penser la Révolution, qui est
conçue à la fois comme rupture et commencement,
mais aussi comme l'aboutissement prévisible de la
longue marche du tiers état (entamée depuis le
XIIᵉ siècle, avec la révolte communale), mais elle est
aussi excès, dépassement, oubli de son propre but,
échec donc et inachèvement[3]. La voir dans sa vérité
est donc la tâche première. Comme homme politique (qu'il est souvent activement), l'historien libéral entend l'achever, en dotant enfin la France de la
monarchie constitutionnelle que, contrairement à
l'Angleterre, elle a jusqu'alors manquée. Comme
historien, il a besoin de la bien comprendre, pour
pouvoir faire enfin cette « véritable histoire » de
France qu'il se considère désormais comme requis
d'écrire. Ainsi, Augustin Thierry estimait que « notre

Révolution éclaire les révolutions médiévales» et
que «l'histoire de France telle que nous l'ont faite
les écrivains modernes, n'est point la vraie histoire
du pays, l'histoire nationale, l'histoire populaire, il
nous manque l'histoire des citoyens, l'histoire des
sujets, l'histoire du peuple[4]». Car ils n'ont pas su
voir la Révolution, réellement. Être historien désormais signifie donc se faire généalogiste de l'identité
en vue d'aspirer aux «hautes fonctions d'historiographe de la liberté française[5]».

À la différence de l'historiographe classique qui
est comme l'œil du roi[6], ou du philosophe des
Lumières qui se voit en peintre d'histoire, l'historien libéral n'est pas un observateur détaché, hors
champ ou hors de l'histoire, qui, dans la distance
même, saisit dans une vision synoptique la vérité
de son objet. Il n'a pas les ressources de Polybe.
Il s'octroie cependant une place privilégiée. Non
pas immergé ou submergé, comme le chroniqueur
médiéval, il observe l'histoire au moment où elle
est près de se terminer. Pour Thierry, en effet, 1830
vaut comme une quasi-fin de l'histoire : «Croyant
avoir sous mes yeux la fin providentielle du travail
des siècles écoulés depuis le XIIᵉ siècle», annonce-
t-il. De ce point de vue «extrême», proche de son
achèvement, l'histoire se donne à voir et révèle le
sens profond de son mouvement. «Cette Révolution, écrit-il, a fait faire un pas au développement
logique de notre histoire[7].»

Non pas détaché, mais pleinement engagé dans
son présent, l'historien écrit pour un lecteur, lui-
même partie prenante et acteur potentiel dans ce
présent, à qui son récit doit faire voir ce progrès de
l'histoire. De cet objectif découle, pour ce qui est
de la composition et de l'écriture, qu'il ne faut pas

dissocier narration et commentaire. « C'est une
fausse méthode que celle qui tend à isoler les faits
de ce qui constitue leur couleur et leur physiono-
mie individuelle ; et il n'est pas possible qu'un historien puisse d'abord bien raconter sans peindre, et
ensuite bien peindre sans raconter. Ceux qui ont
adopté cette manière d'écrire ont presque toujours
négligé le récit, qui est la partie essentielle de l'histoire, pour les commentaires ultérieurs qui doivent
donner la clé du récit. Le commentaire arrive et
n'éclaircit rien, parce que le lecteur ne le rattache
point à la narration dont l'écrivain l'a séparé[8]. »

Fort préoccupés par cette question qui est d'abord
méthodologique, des historiens comme Thierry ou
Barante font alors appel à deux modèles : la peinture
mais aussi le roman. Toutefois, à travers l'analogie
avec la peinture, la question posée n'est plus comme
au XVIIIe siècle celle du point de vue, mais celle de
la couleur. Dans *L'histoire des ducs de Bourgogne*,
Prosper de Barante entend « présenter une peinture
fidèle d'un des siècles de notre histoire[9] ». Comment ?
En se fondant sur les « chroniques naïves » du temps ;
mais imiter leur langage eût été artificiel et affecté.
Ce qu'il faut, c'est « pénétrant leur esprit, reproduire
leur couleur ». À ce point, le modèle romanesque
vient prendre la relève de la peinture. Pour non pas
imiter, mais retrouver cette couleur, qui est aussi la
marque de la vérité et le signe de la vie, l'historien
peut en effet se tourner vers le roman historique,
dont les techniques narratives ont su satisfaire à
cette exigence de la juste couleur, ou de la couleur
locale. « J'ai tenté de restituer à l'histoire elle-même
l'attrait que le roman historique lui a emprunté[10]. »
L'histoire ne fait d'ailleurs que reprendre ce qui de
fait lui appartient : la vérité et la vie.

S'impose ici le nom de Walter Scott, référence obligée dans les années 1820, tant des romanciers que des historiens. Rendant compte d'*Ivanhoe*, Thierry écrit : «Un homme de génie [...] vient de présenter une vue réelle de ces événements si défigurés par la phraséologie moderne [...] C'est dans un roman qu'il a entrepris d'éclairer ce grand point d'histoire, et de présenter vivante et nue cette conquête normande [...] Il semble avoir pour le passé cette seconde vue que dans les temps d'ignorance, certains hommes s'attribuent pour l'avenir[11].» On retrouve la divination et l'histoire. «Vue réelle», «présentation vivante», «seconde vue» sont autant de formules qui indiquent le but à atteindre. Pour voir et pour faire voir, l'historien devrait se faire l'œil du romancier, c'est-à-dire posséder sa maîtrise d'une narration qui réussisse à mettre devant les yeux du lecteur (*ante oculos ponere*), qui produise de l'évidence, en recourant à la figure de l'hypotypose. «**Je** vais tenter de faire succéder au raisonnement sur les choses, la vue des choses elles-mêmes», ainsi s'achèvent les *Considérations sur l'histoire de France*, tandis qu'à la page suivante commencent les *Récits des temps mérovingiens*. Balzac, de son côté, revendique Walter Scott comme un de ses «instituteurs», l'autre étant Buffon.

Pour «reproduire la couleur», l'historien doit se soumettre à une dernière exigence : accepter de s'effacer comme auteur. «Ce qui pouvait le plus y contribuer [à cette reproduction], c'était de faire disparaître entièrement la trace de mon propre travail, de ne montrer en rien l'écrivain de notre temps», souligne Barante[12]. Thierry décide, quant à lui, de «quitter la dissertation pour le récit, en s'effaçant lui-même et en laissant parler les faits[13]».

Avec Barante, le récit, conçu comme un simple analogue des chroniques, est une fiction narrative nécessaire pour donner «une idée juste du temps passé».
Mais, bientôt, la chronique elle-même sera dévalori-
sée comme superficielle, et l'historien devra plonger au-delà et voir plus profond, pour voir plus
clairement.

Relevant en 1820 l'absence d'une «vraie histoire»
du pays, c'est-à-dire «nationale», «populaire»,
Thierry déclarait la «guerre aux écrivains sans érudition qui n'ont pas su voir, et aux écrivains sans
imagination qui n'ont pas su peindre[14]». Érudition
et vision, imagination et peinture sont respectivement réunies, mais il n'est pas de vision véritable
sans érudition. «Encore ensevelie dans la poussière des chroniques contemporaines», l'histoire du
peuple, et non des grands et des princes, attend son
Walter Scott. La poussière une fois ôtée, l'historien saura voir et pourra dès lors écrire le long
«progrès des masses populaires vers la liberté».
Mais quelques années plus tard, il conçoit le projet
d'une grande chronique de France, «réunissant
dans le cadre d'une narration continue tous les
documents originaux de notre histoire, du vᵉ siècle
au xviiᵉ [...] Il me semblait que de ce travail où
chaque siècle se raconterait, pour ainsi dire, lui-
même et parlerait par sa propre voix, devait résulter
la véritable histoire de France, celle qui ne serait
jamais refaite, celle qui n'appartiendrait à aucun
écrivain et que tous consulteraient comme le répertoire de nos archives nationales[15]».

L'histoire en effet s'institutionnalise, s'objective,
se naturalise aussi (on évoque «le cours des choses»)
et les documents parlent. Il devrait dès lors suffire
de les réunir et de faire servir, selon l'expression de

Thierry, la «centralité administrative» du pays à la composition de son histoire. Malheureusement, une nouvelle méthode, dite «symboliste», venue d'Allemagne et inspirée de la «métaphysique de Vico», commence à être représentée en France par Jules Michelet. Assez vite connu au Collège de France sous le surnom de «M. Symbole», il vient en effet remettre en question ces assurances. «Dans une science, qui a pour objet les faits réels et les témoignages positifs, on a vu, regrette Thierry, s'introduire et dominer des méthodes empruntées à la métaphysique.» Aussi se tourne-t-il vers l'autorité de Victor Cousin pour conjurer le péril et défendre les frontières de l'histoire: «Il faut que l'histoire, a en effet prononcé le maître de l'Université, soit ce qu'elle doit être et qu'elle s'arrête dans ses propres limites.» Belle formule, en vérité! Quelles sont-elles ces limites? Elles «sont les limites mêmes qui séparent les événements et les faits du monde extérieur et réel, des événements et des faits du monde invisible des idées [16]». Walter Scott, vanté en 1820 pour sa seconde vue, est désormais bien loin et cette histoire, revue par Cousin, s'est réduite. Aussi quand au «matin de Juillet» (1830) succède le crépuscule de juin 1848, Thierry, frappé «comme citoyen» et «comme historien» par cette catastrophe qui balaie le postulat d'une vie et d'une œuvre, ne peut que s'interrompre. Il ne comprend plus, il ne voit plus: tout s'est obscurci, historiquement aussi, il est devenu aveugle.

«L'INVISIBLE VISIBILITÉ»

Michelet est venu troubler la nette division entre le visible et l'invisible, à laquelle aurait bien voulu s'arrêter Thierry. Son œuvre et son épistémologie renvoient à un nouveau partage entre le visible et l'invisible, qui n'est pas sans analogie avec ce qui s'est passé dans le champ médical au début du siècle[17].

Pour Michelet, le regard est fondamental dans son rapport au monde, aux autres, au passé. Mais, tout plein du désir de voir, plus encore que voyant, il ne se veut certainement pas peintre d'histoire. D'abord, parce qu'il n'est pas à distance de son sujet, mais tout au contraire dans son sujet, voire son propre sujet, par suite de cet échange ininter-rompu qui s'opère entre l'histoire, *son* histoire et lui : « moi-histoire », ainsi qu'il le notait dans le *Journal*, au moment où, en 1869, il préparait la grande préface de son *Histoire de France*. L'historien ensuite est le visiteur des morts et des tombeaux, l'homme de la dette qui, pour en faire de bons morts, vit hors de soi, selon le principe de « l'identité par la com-passion ». Un historien-peintre ne peut être qu'un artiste, c'est-à-dire manquer la vérité de son sujet. Les historiens libéraux ont « donné de faux pro-fils[18] ». Même le fameux *Tableau de la France*, qui occupe le livre III de l'*Histoire*, n'est pas une pein-ture faite à distance, un paysage : l'œil du peintre, c'est-à-dire du voyageur, est dans le tableau. Il che-mine sur les routes et se crée, à la force du jarret, les conditions d'une vision quasi synoptique, en escaladant les montagnes. Mais son œil jamais n'est celui de Dieu ou du philosophe contemplant de loin la Terre, ou de Polybe se plaçant en alter ego de la Fortune.

Un peintre toutefois occupe une place singulière : Géricault. Appartenant à ce que Michelet, dans son *Journal*, appelle l'« école de la mort », il est encore

évoqué au tout début de la préface de 1869 pour
son audace à «refaire» en de rapides esquisses tout
l'art de l'Europe, réuni dans le Louvre d'alors. Déjà
en 1848, dans son cours du Collège de France, il
avait fait de Géricault une vivante leçon, tant dans
sa réussite que dans son échec final. Il était né pour
être «le peintre magistrat dont chaque tableau eût
été un héroïque enseignement», car «la France
était en lui», et il lui donna «sa première peinture
populaire». Mais, après 1815, il s'est laissé mourir
de croire que la France, elle aussi, se mourait. Il
n'a pas su voir sous la surface la vie qui continuait,
mais cet échec tragique est aussi exemplaire. «Ne
cédons pas comme lui, au découragement [...] Il
nous faut descendre, Messieurs, plus qu'il ne fit, au
monde souterrain, pénétrer, parcourir l'immensité
des profondeurs sociales, au lieu de nous tenir à la
surface et de nous asseoir pour mourir [...] La terre
est sèche et froide, dites-vous; mais si, en la rou-
vrant, en y plongeant, nous descendions de l'hiver
dans l'été [19].» Avec la profondeur va aussi la chaleur de la vie.

L'historien doit marcher toujours plus profond,
s'enfoncer, plonger, visiter les caves et les tombes
ou, ce qui revient au même, fréquenter «les galeries
solitaires des Archives». Thierry voulait enlever la
poussière des chroniques et publier les documents,
Michelet est un plongeur, et il se targue d'être le
premier à avoir fait usage de pièces inédites. Mais
l'histoire est bien toujours ce même mouvement de
descente: le plus profond est le plus vrai. «Toujours
plus profond», pourrait être une devise historienne,
pour mieux voir qui «nous» sommes et quelles sont
«nos» origines nationales. Voyage au centre de
l'histoire!

Chez Michelet, le récit, d'abord linéaire, devient tableau, puis il reprend son cours. Le récit, remarquait Roland Barthes, obéit à l'ordre de la marche : il est « hâte », « angoisse » aussi, le tableau au contraire est temps de repos ; s'il y a « une aporie du Récit, il y a une euphorie du Tableau[20] ». Mais, pour pouvoir être construit, le tableau présuppose la descente : il est le déploiement des éléments que la chronique (l'œil et la plume au ras de la surface des choses) ne voit même pas. Pour faire le tableau de la Flandre au xve siècle, on doit avoir « plongé » dans le peuple et avoir « sondé les caves » où elle « fermenta ». Ou encore, il faut « aller du dedans au dehors », comme il s'y est employé pour l'Église et le Moyen Âge qu'il était le « seul » à pouvoir refaire. Ce principe vaut, en fait, pour l'ensemble de sa démarche d'historien.

Le vrai visible n'est pas immédiatement visible et l'histoire s'organise selon un régime « d'invisible visibilité », pour reprendre une expression de Michel Foucault pour décrire le mouvement de la médecine. Il définit ainsi la « structure à la fois perceptive et épistémologique » qui commande toute la médecine dérivant de l'anatomie clinique[21]. Au moment où la relation avec le visible change, on quitte le monde de la clarté classique pour un autre où « l'œil devient le dépositaire de la clarté[22] ». Plus exactement, entre l'anatomie pathologique de Bichat et l'épistémologie de Michelet existent des analogies : même souci de la vie, même importance accordée à la mort, même vitalisme « sur fond de mortalisme ». « Avec Bichat en effet le regard médical pivote sur lui-même et demande à la mort compte de la vie et de la maladie[23] » ; désormais « ce qui cache et enveloppe, le rideau de nuit sur la vérité, c'est paradoxalement la vie ; et la mort, au contraire, ouvre à la lumière du jour, le noir coffre des corps »[24]. Elle donne accès à un savoir de l'individu dont elle est «l'invisible vérité», le «visible secret»[25]. Pour l'œil du médecin, comme pour celui de l'historien, elle devient la vérité de la vie[26].

On peut encore relever la façon dont Michelet présente et interprète les recherches de Claude Bernard, son collègue au Collège de France: «L'œil trouble du médecin errait sur l'homme malade, sur des fonctions déjà altérées, méconnaissables. On a senti qu'il fallait le saisir sain encore, l'observer dans la vie normale non quand il n'est plus lui-même, et que déjà tout est changé. C'est sur la mort violente qui laisse vivants tant d'organes qu'il fallait étudier. Enquête hardie et funèbre! Par elle Claude Bernard trouve ce mystère de nutrition où l'homme chaque jour se crée dans sa vie fluide, le sang. La porte de la Nature se trouvant ainsi renversée, qui empêchait la science d'y introduire l'art avec elle, l'art de faire et refaire la vie. (La médecine, l'hygiène?)[27]. » Adversaire du vitalisme, le fondateur de la physiologie expérimentale, science qui avait pour but de «conquérir la nature vivante», se voit, comme Géricault déjà enrôlé dans la cohorte des «enquêteurs funèbres», emmené par Michelet.

Témoigne aussi de ce nouveau partage entre le visible et l'invisible, la vie et la mort, la nouvelle réglementation sur les cimetières. Le décret du 12 juin 1804 est comme «l'acte de fondation d'un culte nouveau; le culte des morts[28]». Cette même année voit l'ouverture du Père-Lachaise. S'inscrivant dans le paysage de la ville, il est lieu de sépulture, mais aussi de promenade: on visite ses morts, les morts, ou on vient simplement prendre l'air le dimanche. De la même manière que la mort devient la marque de la singularité, le tombeau se privatise et se personnalise.

Comme il le rappelle, toujours dans la préface de 1869, Michelet fut, pendant neuf ans, un visiteur quasi quotidien du Père-Lachaise. Aussi, s'il venait jamais à réunir les souvenirs de son existence individuelle, il le prendrait «pour centre, pour texte, pour théâtre[29]». Vivant pour ainsi dire «enterré», sa seule société était alors celle des morts: «j'aimais la mort», ajoute-t-il. Par son mode de vie, par cette attitude à l'égard des morts, il participe tout à fait du morbide du siècle, tandis que son épistémologie vitaliste et organiciste traduit, à sa façon, cette restructuration du visible qu'a opérée un peu plus tôt le regard médical. Par «cette enquête hardie et funèbre», le regard historien poursuit, lui aussi, la vie dans toute sa complexité, toute sa vérité. L'imiter par des techniques empruntées au peintre ou au romancier serait la mutiler en fait, donc la manquer. Comme la manquerait l'historien qui manierait l'analyse comme un scalpel. «On croyait autrefois pouvoir par le scalpel isoler, suivre à part chacun de nos systèmes; cela ne se peut pas, car tout influe sur tout[30].» La vie doit être refaite intégralement, non pas «dans ses surfaces, mais dans ses organismes intérieurs et profonds[31]». Comme la vie, mieux, pour être la vie, l'histoire doit être complète: totale.

L'historien est d'abord œil, non pas regard détaché ou ironique mais, tout au contraire, œil vivant de celui par la présence et l'intervention de qui advient la visibilité. Voilà pourquoi l'historien «qui entreprend de s'effacer en écrivant, de ne pas être, de suivre la chronique contemporaine (comme Barante l'a fait avec Froissart) n'est point du tout historien»[32]. Au mieux un artiste, un bavard au pire, qui reste au-dessus. L'histoire ne consiste ni à accompagner les chroniques ni à survoler le monde ; elle est pénétration par le regard de l'historien de son objet : il y a un acte d'histoire. «En pénétrant l'objet de plus en plus, on l'aime, et dès lors on regarde avec un intérêt croissant. Le cœur ému à la seconde vue, voit mille choses invisibles au peuple indifférent. L'histoire, l'historien se mêlent en ce regard[33].»

L'*Histoire de France*, dans son entier, s'organise sous ce régime de l'invisible visibilité. Elle fut «conçue d'un moment, de l'éclair de Juillet. Dans ces jours mémorables, une grande lumière se fit, et j'aperçus la France [...] Le premier je la vis comme une âme et une personne[34]». Elle est l'écriture nécessaire et laborieuse, exaltante, exténuante de cette initiale vision quasiment octroyée, qu'il va falloir désormais, chaque matin en se mettant au travail, retrouver ou plutôt refaire, par cet acte d'histoire qui fait advenir le visible, un instant éclairé par la lumière aveuglante de la Révolution. D'une évidence octroyée à une évidence retrouvée, traduite et transmise : tel est le contrat.

Mais, pour Michelet, l'historien n'est pas seulement ce plongeur, visiteur des morts et des archives, ce voyageur à l'œil-participant, il doit encore avoir de l'oreille, car l'histoire parle. «Dans les galeries solitaires des Archives où j'errai vingt années, dans ce profond silence, des murmures cependant venaient à mon oreille...» : les archives ne sont pas complètement mortes, les documents sont des voix. Pour les hommes comme Thierry, l'histoire parlait également, mais l'intervention de l'historien devait se borner (surtout après 1830) *à laisser* parler les documents,

où se disaient (lisaient) la marche du Tiers ou de la
bourgeoisie. Alors que pour Michelet, de même qu'il
faut savoir voir le visible, il faut savoir entendre
l'histoire, c'est-à-dire comprendre ce que les chroniques, dans leur babil, disent en fait, ce que les
morts murmurent ou, mieux, n'ont même jamais
réussi à articuler, ce que le peuple n'a jamais su formuler. Tel Œdipe résolvant les énigmes, l'historien
sait la vérité des voix qui se sont tues et il peut, précisément pour cette raison, les entendre et les faire
parler dans leur singularité. «Administrateur du
bien des décédés» et homme de la dette à l'égard
des morts, il est même celui qui doit «faire parler les
silences de l'histoire, ces terribles points d'orgue où
elle ne dit plus rien et qui sont justement ses accents
les plus tragiques [35]». L'indicible d'alors est du non-
dit qui doit être dit un jour : par l'historien. Michelet
n'est pas loin de l'historien hérodotéen qui, empruntant à l'autorité du devin, fait signe et signifie.

Dans l'*Histoire de la Révolution*, Michelet pose
même la vérité foncière de la «croyance populaire». Car le peuple est «Tout-le-Monde», celui à
qui Luther, par exemple, tout docteur qu'il était,
parlait «le bonnet à la main», l'appelant «*Her
Omnes* (Mgr Tout-le-Monde) [36]». «Tradition orale»,
la croyance populaire est aussi «tradition nationale», dont l'autorité supérieure doit l'emporter
sur un livre ou sur un journal qui ne sont jamais
«qu'un homme». Mais seul celui qui, «né peuple»,
parle en quelque sorte de l'intérieur, sait connaître
ou reconnaître cette «voix de la France». «Pour
retrouver et raconter ce qui fut dans le cœur du
peuple, il n'y a qu'un seul moyen, c'est d'avoir
le même cœur.» Aussi à l'historien, la France ne
demande pas de «faire l'histoire», car elle est faite

« pour les points essentiels », mais de lui dire comment elle en vint à juger, et donc à agir : « J'ai agi et j'ai jugé ; tous les intermédiaires entre ces deux choses ont péri dans ma mémoire. À vous de deviner mes mages ! vous n'y étiez pas et j'y fus. Eh bien, je veux, je commande que vous me racontiez ce que vous n'avez pas vu, que vous m'appreniez ma pensée secrète, que vous me disiez au matin le songe oublié de la nuit. » « Vous n'y étiez pas et j'y fus » : tel est le problème auquel est confronté l'historien depuis que la Muse épique s'est tue, depuis qu'Hérodote a proposé de travailler la frontière entre le visible et l'invisible en mobilisant les ressources des deux verbes-carrefour, évoqué plus haut, *historein* et *semainein*, enquêter et désigner [37].

À la différence de la parole sauvage qui, pour le voyageur (tel Jean de Léry au Brésil [38]) est une « fable » dont lui, homme de l'écriture, parvient à entendre la vérité, la parole du peuple est, pour Michelet, « vraie au total ». Ne pouvant que se faire le scribe de l'identité nationale, il met alors l'écrit (les sources manuscrites et son propre récit) au service de l'oralité populaire. Mais, un quart de siècle plus tard, il donne ce constat d'échec : « Je suis né peuple, j'avais le peuple dans le cœur [...] Mais sa langue, sa langue m'était inaccessible. Je n'ai pu le faire parler [39]. » L'évidence du peuple se dérobe à la prise. L'histoire a beau être écrite de l'intérieur et se construire, non sans déchirements, comme une généalogie du même, cette langue inaccessible est une profonde faille zébrant tout l'édifice. Sujet de l'histoire, le peuple en est aussi « l'absent », celui qui fait écrire et que l'écriture de l'historien, chaque matin reprise et toujours pressée, manque finalement.

LE VISIBLE COMME ILLUSION

Pour Michelet, la Révolution est cette lumière brillant dans son œil, cette flamme brûlant dans son cœur, qui éclaire et réchauffe les ténèbres de l'histoire. Mais dans les années mêmes où il achève son monument, une nouvelle génération d'historiens, entretenant un tout autre rapport à la Révolution, témoigne d'une réorganisation du champ du visible. Ce n'est plus l'invisible visibilité, mais plutôt le visible comme illusion et un autre régime d'évidence. Ayant eu vingt ans en 1848, ils ont connu, non le matin de Juillet, mais le crépuscule de Juin ; ils ont la quarantaine quand s'abat la nuit de 1870-1871[40]. Né en 1830, Fustel de Coulanges est un bon exemple de ce changement. Il commence par défendre une conception de l'histoire comme psychologie, c'est-à-dire comme science historique de l'âme humaine. Le visible est alors appréhendé comme symptôme. « J'appelle faits historiques, avant tout, ceux qui se produisent dans l'âme humaine, là sont les vrais événements ; ceux qui sont extérieurs ne sont que la manifestation des premiers [...] Au dehors ce ne sont que symptômes. Tout ce qui s'accomplit, c'est-à-dire tout ce qui se passe dans la réalité extérieure et visible, n'est que la traduction, plus ou moins fidèle, de ce qui s'est d'abord passé dans l'âme humaine[41]. »

S'il n'est pas trompeur, le visible, comme signe d'une réalité invisible qui le produit, est insuffisant. Aussi la science historique, si elle veut comme la physique chercher les lois ou comme la physiologie le secret de la vie, doit aller « sous » les symptômes[42]. Par suite d'un défaut dans l'observation, le visible peut toutefois se muer en illusion. Ainsi, « pour avoir mal observé les institutions de la cité ancienne, on a imaginé de les faire revivre chez nous. On s'est fait *illusion* sur la liberté chez les Anciens et pour cela seule la liberté chez les Modernes a été mise en péril[43] ». Est avant tout visée la manière dont les révolutionnaires ont vu l'Antiquité classique, eux qui, nourris de Plutarque et de Rousseau, ont voulu rejouer Sparte. De même, chacun se façonne un Moyen Âge illusoire et, de la méconnaissance, sort un renforcement de « nos » divisions. L'historien-observateur a pour tâche, en premier lieu, de dissiper ces illusions, aux effets pernicieux pour le présent. On appelle liberté ce qui est en réalité despotisme et, par cela même, on met la liberté moderne en péril ; on caricature la société médiévale et la « haine des classes » se nourrit de la « haine des castes ».

Plus généralement, par suite de leur éducation classique, les hommes de la Révolution ont rêvé leur action. Incapables d'analyser le présent et d'observer le passé, ils ont propagé des illusions sur eux-mêmes et sur toute l'histoire de France, en amont comme en aval, ainsi que l'ont prouvé « nos » quatre-vingts dernières années. Pour avoir pensé qu'un ordre social résultait d'une convention, ils ont lancé le pays dans la politique-fiction, alors que, tout au contraire, « les organisations sociales procèdent du fond même de la nature humaine ». Illusion elle-même dans une large mesure, la Révolution a été productrice d'illusions qu'il faut, pour écrire une « véritable » histoire de France, commencer par dénoncer et dissiper. Aux « rêveries », aux « chimères », aux théories, il faut substituer la science[44].

Au même moment, en 1871, Flaubert note dans sa

correspondance : « [on a vécu dans la] blague [...] va-t-on enfin se défaire des principes ? » pour entrer dans la « science », dans la « critique », c'est-à-dire dans « l'examen des choses »[45]. C'est alors le mot d'ordre que reprennent, peu ou prou, les intellectuels : Taine, Renan, mais aussi tous ceux qui s'expriment dans la *Revue des Deux Mondes*. Aussi « dire la vérité » en histoire, c'est, après 1870, écrire une histoire sans illusions, à tous les sens du mot, ou encore une histoire qui défasse ce que Michelet venait de faire : non plus épique et franco-universaliste, mais réaliste et fondée sur un patriotisme de repli.

Dans les très nombreuses pages écrites par Fustel entre 1870 et 1875, se déploie toute une rhétorique de l'illusion, dont la forme la plus simple est la scansion « en apparence... », « en réalité... ». S'il permet de repenser à peu de frais de grandes portions de l'histoire de France, un tel procédé, opposant un visible illusoire à un réel, qu'il faut apprendre à voir, dépend d'un présupposé de méthode : l'historien — au nom de sa compétence — est celui qui, entre le visible et l'invisible, « trouve les faits », les « voit », ou voit les choses comme elles sont.

Comment observer ? Pour connaître la vérité sur les peuples anciens, la première règle est de les étudier « sans songer à nous, comme s'ils nous étaient tout à fait étrangers[46] ». Se faire Grec avec les Grecs et Romain avec les Romains implique donc une prise de distance par rapport au présent, afin de les saisir dans leur étrangeté. Comme observateur, l'historien ne définit la position qu'il occupe que négativement : il dit où il ne doit pas être, non où il est. Malgré tout, au moment où il écrit *La cité antique*, cette ascèse méthodologique est encore tournée vers le présent. Il s'agit de dénoncer les mauvaises imitations de l'Antiquité pour mieux défendre la liberté moderne. Mais, après 1875, quand Fustel se met à multiplier les déclarations de méthode, il commence par demander non seulement la distance par rapport au présent, mais même la nécessité de l'«oublier», d'y «renoncer»[47]. La relation au présent n'intervient plus désormais que sur le mode de la dénégation. Plus il dénie l'implication de l'historien dans son présent, plus il développe ses propos de méthode. Pour «voir» les faits, il faut commencer par fermer les yeux sur le présent. On est fort loin de Michelet. L'historien n'est plus seulement un *outsider*, mais réduit à un pur regard, il n'est proprement nulle part. Il n'écrit plus pour un public, mais travaille pour quelques élèves seulement: l'histoire se doit d'être une science «pure», et elle sera d'autant plus «scientifique» qu'elle sera plus «inutile». Nécessairement, faire usage du passé est en mésuser.

Science pure, l'histoire est également conçue désormais comme une science limitée. «Elle n'est pas une science de déduction comme la géométrie; elle n'est pas une science d'expérimentation comme la chimie. Elle ne procède comme la géologie, que par l'observation[48]»; et encore ne s'agit-il jamais que d'observation indirecte. Elle doit donc se garder de toute prédiction. Ici, nulle voix de l'histoire ou des morts, nul murmure dans les archives, nulle plongée dans les ténèbres des siècles. La vérité, qui ne «se trouve que dans les documents, [ne] s'établit» qu'au terme d'un patient travail d'analyse[49]. Les faits ne parlent pas d'emblée. Qu'est-ce désormais que voir les faits, étant entendu que celui qui «voit le plus profondément, le plus exactement» est «le meilleur historien»? C'est lire les textes.

Entre l'historien et son objet, entre l'observateur et l'observé, la relation ne se déploie que dans l'espace aseptisé de la lecture seule : un document, un œil, et la philologie. « J'ai lu » devient « je vois ». Pour se former ou se formuler, la vision requiert la lecture, non pas d'un, mais de *tous* les textes, de chaque mot et de chaque phrase de chaque texte. Il s'agit toujours de vision analytique, et non synthétique (qui serait prématurée dans l'état de la jeune science historique, loin encore des résultats obtenus par les sciences de la nature). Le point important est que la véracité de la vision repose sur l'exhaustivité de la lecture, c'est-à-dire finalement sur l'autorité de celui qui peut dire « j'ai lu tous les textes » (et vous non). Bientôt, Péguy se gaussera de cette prétention dégradée en rhétorique universitaire : l'exhaustivité. Corollairement, pour montrer qu'une vision est fausse, il suffit de démontrer qu'on a affaire à une lecture fautive ou incomplète, que ce soit par négligence, défaut d'information, ou simplement par le jeu (parfois sans même le vouloir) de la « méthode subjective » : « Vous croyez regarder l'objet, et vous ne regardez que votre pensée[50]. » Vos préjugés vous aveuglent.

Un tel portrait de l'historien en lecteur, et non plus en écrivain, ne conduit vers aucune interrogation sur la dimension littéraire de l'histoire, puisqu'il n'y a pas plus de distance entre *lire* et *voir* qu'entre *voir* et *dire* : la méthode présupposant même qu'il n'y en ait pas. Si l'histoire a bien toujours affaire à la profondeur, le plongeur de Michelet n'est plus qu'un piocheur de textes et un arpenteur d'apparats critiques.

Généalogistes de l'identité française et soucieux, chacun pour sa part, de « renouer le fil de la tradition [51] », Thierry, Michelet, Fustel, veulent voir les choses ou les faits comme ils sont. Mais en histoire aussi le « réalisme » est pluriel et la vision n'est pas qu'une affaire d'optique, à moins d'ajouter que, dans la constitution, l'organisation et les modifications du visible, la Révolution joue, tout au long du XIXᵉ siècle, comme un prisme.

Chapitre 2

MICHELET,
LA VIE, L'HISTOIRE

« L'*Histoire de France* est terminée. J'y mis la vie.
— Je ne regrette rien. » Ainsi commence le dernier
volume de l'*Histoire de France*, mis en vente en
octobre 1867. Moins de deux ans plus tard, Michelet
se met à rédiger la préface générale qu'il veut placer à l'ouverture de la réédition de l'ensemble par
Lacroix, son éditeur. Pour lui, infatigable marcheur
« d'âge en âge » et perpétuel voyageur en lui-même,
c'est l'occasion d'embrasser le chemin parcouru
dans l'espace de ces quarante années, de revenir sur
sa méthode, sa charge, sa vocation d'historien. Plusieurs pages du *Journal* témoignent de ce travail de
la réflexion, et, tout particulièrement, celle datée du
3 avril 1869 : « Effort insensé ? Non. Trouvé méthode :
la vie d'abord, refaire la vie[1]. » La refaire suppose le
souffle, la chaleur, la flamme, l'amour, les larmes
aussi, les douleurs, la solitude et la fréquentation
des cimetières. Prométhée ou Frankenstein, tel serait
l'historien.

Depuis Thucydide en tout cas, il est un maître de
vérité et l'histoire, elle, est recherche (*zetêsis*) de la
vérité : à la fois quête et enquête judiciaire qui doit,
à la suite de procédures réglées où l'autopsie joue

le premier rôle, faire «voir clairement», c'est-à-dire transcrire le réel. Un terme résumait l'ambition : *acribie*, qu'il faut entendre non pas comme la simple exactitude : pas seulement dire les choses comme elles se sont passées, mais dire les choses mêmes.

Discours de vérité, l'histoire occidentale l'est restée depuis, mais selon des modalités diverses et, notamment, en ambitionnant de retrouver la vie. Faire vivant devenant une, sinon la marque même de la vérité. L'acribie, oui, mais aussi l'évidence rhétorique, l'*evidentia* comme *enargeia*. Il faut au récit le mouvement et la vérité de la vie, ainsi que les cherchaient Thierry dans les romans de Scott ou Polybe déjà concevant son histoire universelle. En lieu et place d'une histoire parcellaire (*kata meros*) qui, travaillant un corps morcelé et inerte, manquait l'essentiel, il fallait désormais saisir le corps *œcuménique* de l'histoire dans sa «vie» et sa «beauté»[2].

Que cette exigence ou cette ambition de retrouver la vie traverse comme une des figures possibles de sa vérité l'écriture historienne, en témoignent les historiens des *Annales*. Ainsi Lucien Febvre défend le projet d'écrire une histoire de la Résistance au nom de la vie, sans attendre «quarante ans». «C'est le vivant qui nous intéresse. C'est la vie dans sa complexité. La vie organique aussi bien que psychologique[3].» Et Fernand Braudel, poursuivant Febvre et rencontrant Michelet : «Il s'agit, si possible de retrouver la vie : montrer comment ses forces se lient, se coudoient ou se heurtent, comme aussi, bien souvent, elles mêlent leurs eaux furieuses. Tout ressaisir, pour tout resituer dans le cadre général de l'histoire, pour que soit respectée, malgré les difficultés, les antinomies et les contradictions foncières, l'unité de l'histoire qui est l'unité de la vie[4]. »

Entre Polybe et Braudel, ici simplement posés comme deux repères parmi d'autres, règne en effet Michelet, le « ressusciteur », lui qui a poussé jusqu'à ses limites cet « effort insensé », comme il le nomme. Les quelques remarques qui suivent ne sont qu'une invite à lire ou à relire la « Préface » de 1869, ce « bréviaire » de l'historien pour Lucien Febvre. Elle est un prodigieux exposé de la méthode, à la condition de la prendre telle qu'elle est, sans commencer par faire la part du métaphorique et du discursif, du *pathos* (à écarter) et du conceptuel (à reformuler).

LA « VIE MÊME »

Faire vivant, telle est l'exigence pour qui entend être véritablement historien. Elle se traduit chez Michelet par un immense labeur d'écriture : « Il faut vivre et mourir comme un livre non comme un homme[5]. » Si refaire la vie est refaire l'histoire, c'est aussi écrire la première véritable histoire, car, jusqu'alors « la France avait des Annales », mais pas une histoire, c'est-à-dire des récits toujours partiels, superficiels et artificiels. Telles les narrations bavardes de Froissart, « systématiques » de Thierry ou « analytiques » de Guizot, qui donnent de « faux profils » et « manquent l'unité organique » de l'ensemble. Comme à chaque fois, l'histoire s'inaugure d'une rupture avec les prédécesseurs, qui vaut aussi comme geste d'accréditation (je les récuse, donc j'en suis).

Ces hommes, certes éminents, ne sont que des manieurs de scalpel, découpant en surface le corps de l'histoire : ils croyaient « pouvoir par le scalpel isoler, suivre à part chacun de nos systèmes ; cela ne se peut, car tout influe sur tout ». Ils manquent ce qui se passe à l'intérieur, ignorant la solidarité des organes et le système des fonctions. Apparaît, à ce moment du texte, Géricault, déjà rencontré. Plus qu'un exemple, il est en effet un modèle pour l'historien. Comme le peintre, pénétrant pour la première fois dans le Louvre et refaisant, en rapides ébauches l'art de l'Europe, l'historien doit, parcourant à la hâte les galeries de l'histoire (ses archives, ses nécropoles), « saisir » et « s'approprier tout »[6].

Plus graves encore que ces défauts imputables à la méthode, toute entreprise historienne a été grevée par une ignorance propre à ce début du XIXe siècle. « Le fil de la tradition, en toutes choses, avait été brisé. Tous attestaient, louaient, blâmaient un passé (romain, chrétien, révolutionnaire, n'importe), qu'ils ignoraient également[7]. » Il faut rétablir, au préalable, « la longue génération des causes », et procéder pour l'homme, qui est un être naturel, comme le font les sciences de la nature dans leurs observations. Si le signe de la vie est sa « continuité », la véritable histoire se reconnaîtra, elle aussi, à sa continuité. Comme la vie, elle « croît placidement, lentement, *uno tenore*. » Et comme elle, elle doit inclure ce *travail de soi sur soi* de la nature sur elle-même. Cette action prométhéenne de « personnel enfantement » est, on le sait, ce qu'il retient de Vico. Chaque peuple se fait : « la France a fait la France » et « ce livre, plus encore que je ne l'ai fait, m'a fait ».

Gardant toujours avec lui, ou en lui, cette exigence de vie, le voyageur de l'histoire voit, à travers ce révélateur, qu'il y a des périodes, des milieux, des attitudes, des livres, beaucoup de livres qui, pour ainsi dire, ne sont mus que d'une non-vie, ou d'une fausse vie. Ainsi, il est clair que «de Médicis à Louis XIV», on a affaire à un «gouvernement de cadavres» et une «autopsie sévère» a fait paraître «sans voile [...] les dieux crevés, les rois pourris». La chronique, conteuse bavarde, passe fatalement à côté de la vie, et le roman, s'il peut parfois en donner l'illusion, s'est rué, après le désenchantement de Juillet, dans «la matérialité stérile». Quant à l'ironie, ton supérieur des «faibles», elle fait «froid» à la vie, qui se «contracte», et d'elle ne sort que le «néant».

Restent encore ces deux personnages très considérables, sortes de morts vivants, autour desquels va se fixer tout le travail de deuil de Michelet: le Moyen Âge, «ce mourant qu'on pillait pendant l'agonie» (pour qui j'écrivis «un mot vif»), et l'Église, «morte chose», à laquelle pourtant il fallait «énoncer sans détour la sentence de sa mort prochaine», elle qui croyait et qui faisait croire qu'elle était immortelle. C'est bien sûr en ce point, au moment de la nécessaire descente au tombeau, que naît la possibilité ou l'exigence de la résurrection. Mais, pour pouvoir revivre, il faut au préalable mourir, véritablement. Là où «l'incantation d'un rituel fini, n'aurait rien fait», seul l'historien que l'Église «n'éleva pas», peut formuler les paroles d'amour qui valent aussi comme arrêt de mort; car il sait bien que «la mort peut apparaître au moment de l'amour, dans l'élan créateur». Passeur des morts (qui jusqu'alors ne le sont pas complètement ou qui n'en veulent rien savoir), voire accoucheur de la mort, telle est la charge de l'historien.

Mais la vie, elle, la vraie vie, comment la refaire? L'érudition, nécessaire, n'y suffit pas. Où se tourner, quelle science pourra servir de guide ou de modèle théorique ? Les sciences de la nature : la chimie, souvent évoquée ou interrogée par Michelet — refaire les choses, écrit-il, par « une chimie intérieure », ou « retrouver les éléments » (au sens des éléments chimiques) de la vie —; également la médecine (Serres et l'embryogénie) — « retrouver le procédé vital, comment doucement du germe s'épanouit la vie[8] ». Surtout, l'historien doit être prêt à payer de sa personne, en projetant dans le passé « la personnalité moderne » (ce « grand engin qui perce les mystères ») grâce à quoi « on pénètre l'objet de plus en plus ». Loin de « s'effacer » en écrivant, il ne peut faire autrement que de « biographier » l'histoire[9].

C'est encore trop peu. Pour songer même à cet « effort insensé », il faut, ou plutôt il fallait, au départ, d'autres « qualités ». La jeunesse et l'ignorance : n'être ni « un habile » ni « un savant » ; il y fallait la solitude, la liberté aussi. Est intervenue enfin l'illumination, l'« éclair de juillet » 1830, qui mit tout en branle, par quoi s'ouvre la préface. « Dans ces jours mémorables, une grande lumière se fit, et j'aperçus la France. » C'est « sa puissante électricité » qui met en route les siècles et permet l'« agencement », difficultueux d'abord, du « grand corps » de l'histoire, à l'instar des morts sortant des tombeaux au jour de la Résurrection. De cette expérience mystique, tout découle : naissance véritable, naître enfin à l'écriture : « Je commençai à être, c'est-à-dire à écrire à la fin de 1830 » ; écrire à la hâte, transcrire en mots cette vision de la France, dire cette évidence. Elle s'accompagne de ce « don » que « Saint Louis n'eut pas », celui des larmes, de la faculté aussi d'entendre les voix des disparus.

« L'OFFICE DES MORTS »

Le Moyen Âge est mort, le Moyen Âge doit mourir, de même l'Église, et l'historien est le seul, le sachant de science intime et sûre, à pouvoir prononcer « l'office des morts ». Souvent Michelet compose et recompose cette marche funèbre qui rythme son existence, mais tout particulièrement en 1842, au cours des mois où se meurt, chez lui, son amie, Mme Dumesnil : « Fécondité, vitalité de la mort, pour les hommes et pour les systèmes [...] Elle trie, elle crible, c'est-à-dire qu'elle écarte le mal, dégage le bien pour qu'il subsiste ; elle assure la vraie perpétuité, la vraie vie[10]. » Elle est à la fois ce qui fait manquer, irrémédiablement, l'individualité et ce qui permet de la dire. « *Quid* naissance ? Accouchement. Et la vie ? Accouchement. Et la mort ? Accouchement[11]. » *Quid* de l'historien alors ? Accoucheur de la mort.

Même les morts anciens, ou ceux dont tout le monde sait qu'ils sont morts ont besoin, pour devenir pleinement, véritablement morts de cet office. Visitant inlassablement leurs tombeaux et vivant au milieu d'eux, tout à la fois « nourrice » et « pleureuse », il sait les apaiser. Mais ils veulent plus : un devin, un *vates* (non pas un prophète) : « Tant qu'ils n'auront pas ce devin, ils erreront encore autour de leur tombe mal fermée et ne reposeront pas[12]. » L'historien est comme l'aède homérique qui, en contrepartie de la mort, non pas recherchée mais acceptée au premier rang au combat, confère au héros, en chantant ses exploits, une gloire « qui ne périt pas ». La référence de Michelet n'est toutefois pas Homère, mais Virgile, si proche de lui et si souvent cité de mémoire.

La « Préface » se développe en effet comme une reprise de la descente d'Énée aux Enfers. Avec le rameau d'or, indispensable pour accéder au monde d'En-bas, Énée se mettait en route pour revoir « le cher visage » de son père. De même Michelet, avec un rameau d'or (qui est, tour à tour, la *Scienza nuova* de Vico, les *Antiquités* de Grimm, ou simplement « arraché » de son propre cœur), va, passant et repassant le fleuve des morts, à la recherche du « cher visage » de la France. Mais, à la différence d'Énée qui s'avance l'épée à la main, il n'a nul besoin de se garder des ombres. Il ne risque pas d'y trouver « la blanche Fiancée […] qui boit le sang de votre cœur » et contre laquelle l'ont mis en garde les « sages », parce qu'il a par-devers lui un « talisman qui fait la force de l'histoire » : ces morts qu'il ressuscite de son souffle, il sait parfaitement que « ce sont des morts ». Les ressusciter n'est pas les faire revivre, mais faire paraître la vérité de leurs vies passées.

Devin veut dire qu'il en sait plus long, sur leur propre compte, que les morts eux-mêmes. Tel « Œdipe », il leur explique leurs « propres énigmes » et son livre est la vérité de leurs propos bégayants et de leurs vies inachevées. Il peut tout à la fois les aimer et les juger : voir comment ils ont vécu et pourquoi il leur fallait mourir. Allant plus profond, il lui faut aussi, nous l'avons déjà indiqué, « entendre les mots qui ne furent dits jamais », car « il faut faire parler les silences de l'histoire, ces terribles points d'orgue, où elle ne dit plus rien et qui sont justement ses accents les plus tragiques[13] ».

Relais de la voix des morts et leur interprète vérace auprès de la postérité, l'historien ne peut se dérober : il est requis par eux, qui ont passé un contrat avec l'histoire : « Histoire ! compte avec nous. Tes créanciers te somment ! Nous avons accepté la mort pour une ligne de toi. » Michelet est revenu souvent sur cette conception épique du rôle de l'historien, notamment à travers le personnage de Camoens, exilé à Macao, dont il avait lu qu'il occupait « la petite place d'administrateur du bien des décédés » ; titre et charge qu'il revendique pour l'historien. « Je n'en resterai pas indigne, j'acquitterai ces dettes et ne mourrai pas insolvable[14]. » Homme de la dette, tel est donc l'historien, qui se fait un devoir, sa vie durant, d'honorer les créances avec leurs arriérés.

Avant même d'imiter Énée, ou Camoens, il a été un simple visiteur des morts et de leurs tombeaux : « J'avais une belle maladie qui assombrit ma jeunesse, mais bien propre à l'historien. J'aimais la mort. J'avais vécu neuf ans à la porte du Père-Lachaise, alors ma seule promenade [...] vaste cimetière familier des morts d'hier et d'aujourd'hui », où l'un après l'autre viennent reposer ceux qui lui sont chers (Poinsot, Pauline, Mme Dumesnil, son père, Lazare — son fils —, Adèle...) et dont il a écrit qu'il le prendrait « pour centre, pour texte, pour théâtre », s'il venait jamais « à résumer les souvenirs de son existence individuelle[15] ». Le musée des Monuments français, où il reçut une « si vive impression de l'histoire de France », est lui aussi évoqué comme une suite de tombeaux où « dormaient Dagobert, Chilpéric et Frédégonde[16] » ; il en va de même pour les galeries solitaires des Archives, où tant d'années il « erra », quêtant dans leur profond silence les murmures des disparus.

Il participe, enfin, pleinement du morbide du XIXe siècle et, notamment, de cette hantise, rappelée par Philippe Ariès, d'être enterré vivant[17]. Quand Pauline — son épouse — meurt, il fait procéder, avant la mise en bière, à une profonde incision au bras. Pour lui-même, il avait demandé qu'on attendît, quand il serait mort, le début de la décomposition pour l'enterrer. Peu de temps après qu'elle a été enterrée, il fait exhumer Pauline et il agira de même avec son père en 1850. Mais par-delà ces pratiques funéraires, sûrement significatives, même si elles sont largement partagées à l'époque, il y a cette conviction nodale — exprimée dans la note du *Journal* du 3 avril 1869, mais datée (rétrospectivement) de 1839 (année de la mort de Pauline) : « La mort marie ma vie intérieure et extérieure. Je dis à la vie ; demain. » La vie extérieure ? C'est le congé donné à la vie — « j'ai passé à côté du monde » —, c'est le mort saisissant le vif, l'œuvre donc, ou l'histoire véritable. Et la vie intérieure ? C'est aussi et encore l'histoire ; elle est mue par la « compassion » (les douleurs, la Passion toujours recommencée) et elle procède par identification : *Jacques* se dressant sur son sillon au Moyen Âge, c'est moi, ou plutôt « c'était lui, c'était moi ».

Or, vivre selon le principe de « l'identité par la compassion[18] », conduit en fait à s'absenter de soi. « Poussant toujours plus loin ma poursuite ardente, je me perdis de vue, je m'absentai de moi. J'ai passé à côté du monde, et j'ai pris l'histoire pour la vie. » Je n'ai de « vie intérieure » qu'historique, c'est là ma seule identité : je suis l'histoire et l'histoire c'est moi. Ou encore, mon œuvre a été « mon seul événement ». Voilà pourquoi Michelet peut écrire rétrospectivement de son livre que « ce fils a fait son père », en lui rendant en « force » et en « chaleur » plus qu'il n'a reçu. L'histoire fait l'historien : elle est cette nourriture «bonne», substantielle qui soutient le corps du voyageur dans sa marche harassante, mais elle est aussi ce régime qui l'épuise à la longue et le tue : «J'ai bu trop d'amertume. J'ai avalé trop de fléaux, trop de vipères et trop de rois. »

Vie intérieure et extérieure se rejoignent et se confondent dans l'œuvre — pour finir, le seul événement —, et la mort, chaque mort, est le pacte qui scelle et renouvelle cette union. La mort fait écrire à la hâte et l'œuvre est bien ce «monument de ma vie». Son tombeau. «Urne précieuse des temps écoulés, les pontifes de l'histoire la portent et se la transmettent, avec quelle piété, avec quels tendres soins! (personne ne le sait qu'eux-mêmes), comme ils porteraient les cendres de leur père et de leur fils. Mais n'est-ce pas eux-mêmes [19] ? »

Chapitre 3

QUERELLES DU RÉCIT

L'histoire raconte? Non, c'est Alain Decaux qui raconte, racontait plutôt. N'a-t-il pas représenté pour beaucoup, sur nos écrans de télévision des années 1970, le visage et la voix de l'histoire[1]? Ne vantait-on pas justement ses talents de conteur? D'ailleurs ne trouve-t-on pas sous la plume d'historiens professionnels, désireux de faire connaître un livre d'histoire, qu'il se lit *comme* un roman? On le lit d'un bout à l'autre, livre universitaire, sérieux, il échappe à l'ennui supposé du genre. Dans cette formule louangeuse, aussi usée que fréquemment employée, tout tient dans le *comme*. Moi, qui vous le recommande, à vous lecteurs non spécialistes, je vous garantis qu'il s'agit bien d'histoire — d'événements réellement advenus, d'un phénomène historique véritablement expliqué, d'archives inédites dépouillées, de connaissances nouvelles effectivement apportées —, mais, nonobstant ou en plus, le livre se lit. Le montage, l'intrigue, l'écriture font que vous, lecteurs, vous pouvez y entrer *comme* dans une œuvre de fiction, vous laisser aller au plaisir de la lecture, vous instruire en vous amusant. *Comme* un roman veut bien dire les apparences d'un roman,

mais *pas* un roman, moins encore un roman historique, qui, lui, met au service de la fiction le détail
qui fait vrai. Par le *comme*, on indique que le lecteur un tantinet curieux est censé gagner sur les
deux tableaux.

Alors l'histoire raconte? Mais non, répondront
ces mêmes historiens professionnels, il y a des lieux
pour ça et il y a belle lurette que l'histoire-récit n'est
plus notre affaire. Reportez-vous donc aux sar-
casmes jetés par Lucien Febvre, dans les années
1930, sur l'histoire-récit, « historisante », événementielle ou encore « histoire-batailles » ! Et plus largement, vous savez bien que l'histoire s'est constituée
en discipline, dans la seconde moitié du xixe siècle,
en choisissant, sur le modèle des sciences de la
nature, la science contre l'art. Science d'observation, science d'analyse, lectrice de documents qui,
un jour peut-être, débouchera sur la synthèse et le
dégagement de lois. Rappelez-vous les objurgations
réitérées de Fustel de Coulanges ou, un peu plus
tard, les instructions minutieuses de Langlois et de
Seignobos sur l'historien qui, en rédigeant, ne doit
jamais « s'endimancher » ! Pour elle, le récit est
synonyme d'afféteries ou de naïveté (la chronique
médiévale est « naïve »)[2].

Pourtant, dans la série des retours annoncés auxquels nous avons été habitués, n'ont manqué ni
celui de l'événement ni celui du récit. Sous le titre
« Retour au récit », l'historien Laurence Stone avait
levé ce lièvre, dès 1979, en présentant un premier
« relevé des changements opérés dans la mode historienne ». Mais ce qu'il désignait par « récit » ou « narration » n'était nullement problématisé ou même
précisé. C'était seulement une « abréviation commode » permettant de décrire un phénomène de

prise de distance par rapport aux différentes formes de l'histoire scientifique jusqu'alors prévalente[3]. Se voulant simplement descriptif, le terme n'était pourtant pas neutre.

Plus sérieusement, c'est d'un philosophe qu'est venue la réflexion majeure sur la question du récit dans son rapport avec l'histoire et donc une interrogation sur l'évidence de l'histoire. Dans *Temps et récit*, Paul Ricœur, soucieux de scruter le mystère du temps, considérait en effet, tour à tour, l'histoire et la fiction pour arriver à la conclusion qu'il ne saurait y avoir d'histoire sans un lien, si ténu fût-il, avec le récit[4]. Philosophe, se rattachant à la tradition herméneutique et bon connaisseur de la philosophie de l'histoire anglo-saxonne, Ricœur s'était aussi fait, pour cette occasion, le lecteur attentif et inventif des historiens français contemporains qui, à l'enseigne des *Annales*, avaient voulu tourner le dos précisément à l'histoire-récit. À commencer par Fernand Braudel avec sa *Méditerranée* : livre phare de cette nouvelle histoire. À l'évidence il y a là un enjeu important pour qui soutient qu'histoire et récit ne sont pas totalement séparables. Qu'en est-il alors de cette histoire ? Ferait-elle exception ou bien conserve-t-elle, malgré tout, un lien avec le récit ou une forme de récit ?

HISTOIRE-RÉCIT

À ce point, un balisage historiographique peut nous être utile. Quand on parle de rejet du récit par les historiens des *Annales*, que désigne-t-on ? D'abord une polémique menée contre l'histoire méthodique, alors dominante. Avec quoi s'agissait-il de rompre ?

Avec l'histoire-récit ou historisante ou événementielle, ces mots étant pratiquement synonymes. Mais
l'emploi de cette expression dévalorisante ne procé-
dait aucunement d'un questionnement du récit en
tant que tel. Que faut-il entendre par histoire-récit ?
simplement celle qui met au premier plan les individus et les événements. Sa remise en cause s'effectue
sous la pression des jeunes sciences sociales, pour
qui l'objet de la science n'est plus l'individu, mais
les groupes sociaux, non plus la suite des événements dans leur superficialité, mais le répétitif et la
série[5]. Devenant économique et sociale, l'histoire
entend, pour la part qui est la sienne, contribuer à la
construction de cette nouvelle science de la société
sur elle-même. Passant du national (sa préoccupation majeure tout au long du XIXᵉ siècle) au social,
l'histoire délaisse bientôt le récit des origines, la
narration continue des fastes de la nation pour le
«récitatif de la conjoncture» (elle quantifie, construit des séries, dresse des tableaux et des courbes).
Ne se contentant plus de l'ordre de la succession et
du fil de la chronologie (sous-tendu par la seule idée
de progrès), de mille façons, elle compare, soucieuse
de faire apparaître répétitions et rémanences.

Sous son microscope, l'événement n'est plus
«visible», n'est plus lisible. Il n'est rien ou presque
par lui-même, et la lumière qu'il projette est toute
d'emprunt. Le temps sur lequel elle travaille n'est
plus celui de l'événement, trop bref et non significatif, mais un temps, social lui aussi, que scandent
cycles, conjonctures, structures et crises. Avec ses
oscillations et ses mouvements de grande ampli-
tude, ses couches profondes et ses lenteurs, ce nouveau temps historique (qui conduit vers la longue
durée braudélienne) n'a que faire de l'événement et

de l'histoire politique. Aussi proclame-t-elle que le répudier c'est du même coup abandonner le récit. Suffit-il de récuser événement et individu pour échapper au récit ? Inversement, suffit-il d'évoquer le retour de l'événement (et de l'individu) pour conclure à un retour du récit ?

Quand, réfléchissant sur l'objet de l'histoire, Lucien Febvre concluait « les faits sont faits », il rapprochait l'historien de l'histologiste, qui ne voit à travers l'oculaire de son microscope que ce qu'il a au préalable « préparé ». S'en prenant à une conception obsolète de la science (celle dont se réclamait l'histoire positiviste qui, selon lui, en était restée à Claude Bernard), il entendait amener ou ramener l'histoire du côté de la science vivante, mais nullement la rapprocher du récit de fiction, moins encore l'y dissoudre. L'historien construit son objet, comme le scientifique, pas comme le romancier. En déclarant « les faits sont faits », Febvre ne songeait pas du tout à le présenter comme un maître d'intrigue, il plaidait en faveur d'une histoire plus scientifique ou véritablement scientifique, invitant à réfléchir sur ses conditions d'élaboration (et à faire mentir Péguy reprochant aux historiens de faire ordinairement de l'histoire sans méditer sur les limites et les conditions de l'histoire). Mais il ne lançait en aucune façon une interrogation sur *l'écriture* de l'histoire : sur le récit.

Par la suite, l'histoire a maintenu et reformulé cette ambition vers plus de science (donc plus de réel ou de vérité), par son recours aux grands paradigmes du xxe siècle avant d'investir dans les premiers ordinateurs. Sans jamais verser dans la critique épistémologique, elle s'est montrée davantage soucieuse des conditions de sa production et plus consciente que ses objets n'étaient pas des données immédiates des sources, mais produits. Il lui fallait d'abord poser des questions, formuler des hypothèses, construire des modèles, bien plus que raconter ce qui s'était passé. Dans un article provocateur et rapidement fameux, publié en 1967, Roland Barthes cherchait à déterminer si quelque trait spécifique distinguait récit historique et récit fictif, du point de vue des modalités de la narration elle-même. Il notait que «l'effacement (sinon la disparition) de la narration dans la science historique actuelle, qui cherche à parler des structures plus que des chronologies» était l'indice d'une mutation. «Le signe de l'histoire est désormais moins le réel que l'intelligible[6].» L'expression est acceptable si l'on ajoute immédiatement que le réel, ainsi désigné, était daté. C'était celui du réalisme — du roman réaliste — conçu comme fidèle imitation du réel. L'intelligible n'est donc pas opposable au réel sans plus, mais uniquement à un certain réel.

Sans vouloir jouer sur les mots, on aura donc vu l'histoire moderne pratiquement renoncer au récit, sans pourtant s'être jamais posé la question du récit en tant que tel. Aussi, plutôt que d'abandon, vaudrait-il mieux, avec Ricœur, parler d'«éclipse» du récit (on ne le voit pas, mais il est toujours là et il peut redevenir visible : faire retour, comme le notait Stone). Si l'on prolonge, un instant encore, la perspective historiographique, mieux vaudrait parler d'une occultation (nullement délibérée) de la question du récit, qui remonte bien plus haut que le combat des *Annales* contre l'histoire méthodique et en faveur d'une histoire sociale (le réel est social), plus haut même que le combat, mené dans la seconde moitié du XIXe siècle, en faveur d'une histoire non plus art, mais science, plus préoccupée de *connaître* que de ressusciter le passé, histoire qui était au demeurant fort peu événementielle. Devenu homme d'archives, l'historien de cette histoire-là observait, c'est-à-dire établissait les faits, comme un philologue établissant un texte, et les exposait sans recherche ni apprêt : tels qu'ils étaient[7].

HISTOIRE-*GESCHICHTE*

Aussi longtemps en effet qu'est opératoire l'ancienne distinction entre *res gestae* et *historia rerum gestarum*, les actions accomplies d'une part et leur narration de l'autre, la question du récit ne se pose pas. Plutôt, il va de soi que le travail de l'historien, son talent, son originalité par rapport à ses prédécesseurs, bref tout ce pour quoi un prince fait appel à lui, tiennent dans sa maîtrise de l'art de l'exposition. Dans un tel régime de production historique, l'histoire relève clairement de la rhétorique, et elle peut toujours être justement définie, selon la formule de Cicéron, comme *opus oratorium maxime*, affaire par excellence de l'orateur et œuvre oratoire avant tout[8]. Prince de la cité, l'orateur (*orator*) est, devrait être l'homme le plus à même de l'écrire. Ce qui ne signifie nullement qu'elle se dispense de l'exigence de vérité, elle s'affirme, tout au contraire, comme *lux veritatis* (lumière de vérité, évidence). Il existe tout un stock de formules fameuses du même Cicéron qui reprennent et vont transmettre cette vulgate hellénistique jusqu'à l'époque moderne.

Corollaire de cette définition est la conception ancienne de l'histoire comme « exemplaire ». Recueil d'*exempla*, elle est « maîtresse de vie » (*magistra vitae*). Visant à former le citoyen, à éclairer l'homme politique, elle doit aussi pouvoir servir à l'instruction de l'homme privé. Récit des inconstances de la Fortune, elle doit aider à endurer les retournements de situation, elle propose des exemples à imiter ou à éviter. Se faisant dès lors volontiers histoire de vies, elle se montre attentive à tout ce qui ne se voit pas immédiatement, à tous ces indices que Plutarque nomme précisément les « signes de l'âme ». Elle joue sur l'enchaînement admiration, émulation, imitation. Histoire philosophique, c'est-à-dire morale, elle est ce miroir tendu où chacun, à travers les portraits brossés et les anecdotes racontées, peut s'observer, en vue de mieux agir et de devenir meilleur. Avec cette histoire, aux finalités plus éthiques que politiques, ou même simplement civiques, on est passé de la cité à l'Empire romain, ou de Cicéron à Plutarque, dont les *Vies* ont durablement marqué, bien au-delà de l'Antiquité, les manières d'écrire et les usages de l'histoire[9]. Ainsi, au XVIIIe siècle encore, Cicéron et Plutarque sont-ils paraphrasés et démarqués dans le très répandu *Traité des études* (1726) de l'abbé Rollin, où l'histoire est présentée comme « l'école commune du genre humain ». Selon cette perspective, même l'histoire païenne peut être « sauvée », dès l'instant qu'on lui reconnaît une valeur de formation pour les princes d'abord, mais aussi pour les sujets. La raconter devient licite et l'apprendre utile.

Or, à la fin du XVIIIe siècle, ces *topoi* perdent de leur emprise, tandis qu'une forme nouvelle d'histoire se formule. S'il est encore rituellement repris, le thème de l'histoire maîtresse de vie se vide de sens véritable et le partage entre *res gestae* et *historia rerum gestarum* ne paraît plus pertinent. Ce à quoi on a assisté entre XVIᵉ et XVIIIᵉ siècle, c'est à une progressive autonomisation de l'histoire, que les philosophes et les historiens allemands vont entériner et radicaliser, en formant et en imposant peu à peu le concept de *Geschichte* : l'histoire au singulier, l'histoire en soi, l'Histoire[10]. Caduc est désormais le dispositif qui voulait qu'il y eût d'un côté les événements, les faits et gestes du prince, par exemple, et de l'autre leur exposition, leur présentation, le récit qui en était fait par son historiographe. Non, il y a *une* histoire qui va son train : histoire procès ou processus, histoire progrès surtout. Dans ce nouveau cadre conceptuel, l'histoire se définira finalement, selon la formule de Gustav Droysen, comme connaissance d'elle-même : auto-compréhension dans et par le temps.

On est assurément sorti de l'espace de la rhétorique, qui présupposait le partage entre les *res gestae* d'un côté et l'*historia rerum gestarum* de l'autre, et où la question du récit comme tel ne se posait pas, ou plus exactement ne posait pas de problème épistémologique sérieux. Empruntant d'abord au tribunal et aux techniques de l'enquête judiciaire, l'historien, reconnu comme maître ès arts oratoires, devait alors frapper, mais surtout convaincre son auditoire ou ses lecteurs, en étant guidé par une logique de la persuasion, en mettant le plus possible sous leurs yeux ce qu'il évoquait. De la même façon s'est défait le vieux topos des leçons de l'histoire. Comment cette dernière pourrait-elle être encore exemplaire quand, comme le note Tocqueville confronté aux bouleversements de la Révolution française, le passé n'éclaire plus l'avenir, quand la distance va se creusant entre champ d'expérience et horizon d'attente, entre ce que l'on a connu et ce qu'on escompte (ou redoute)? La logique du progrès entraîne que l'exemplaire cède la place à l'unique. Le passé devient dépassé[11].

Mais avec l'histoire-*Geschichte*, la question du récit, de la mise en récit, ne se pose pas non plus. Il y a occultation de cette dimension. L'histoire en soi est, par hypothèse, *res gestae* et *historia rerum gestarum*, dans le même mouvement les événements et leur narration. Car l'histoire parle et, à la limite, se dit elle-même. On retrouve, mais à un autre niveau, l'épistémologie thucydidéenne. Le bon historien sera justement l'homme qui s'efface devant elle: non pas celui qui, à l'instar de Michelet la fait parler, surtout dans ses silences, mais celui qui la laisse parler, sans interférer, car il sait la voir dans tout son déploiement progressif. Le philosophe se présente alors volontiers comme celui qui a le meilleur œil.

Entre la conception rhétorique de l'histoire et la position de l'historicisme, il y a eu place pour des états intermédiaires. Ainsi Fénelon, avec son *Projet d'un traité sur l'histoire* (1716). Proposant à l'Académie qu'elle fasse écrire un tel livre, il en donne les grands traits et esquisse, à cette occasion, sa propre conception de l'histoire. S'il commence par rappeler le thème cicéronien ou obligé des leçons de l'histoire, il passe rapidement de la rhétorique à la poétique, en comparant l'histoire au poème épique (et en citant cette fois Horace). L'historien, poursuit-il, doit «la voir tout entière d'une seule vue [...] en montrer l'unité et tirer, pour ainsi dire, d'une seule source tous les principaux événements qui en dépendent». Fénelon n'est toutefois pas un historiciste avant la lettre ou un inventeur de l'histoire en soi, ayant en elle-même son commence-

ment et sa fin (sa propre visée, son *telos* en langage
aristotélicien). Il rappellerait plutôt Polybe.

Car ce qui justifie le détour par la poétique, c'est
avant tout la prise en considération du lecteur. C'est
pour ce dernier que l'historien doit faire ressembler
son histoire «un peu» au poème épique, avec le
souci de lui «découvrir les liaisons» et de le «faire
arriver au dénouement». En cela, il se démarque totalement de l'érudit qui «suit son goût sans consulter
celui du public» et accumule page après page les
trouvailles de son «insatiable curiosité»[12]. La poétique est donc aussi de la polémique. Il n'en demeure
pas moins que Fénelon passe de la rhétorique à la
poétique, rapprochant historien et poète, jusqu'à
conclure, avec un sourire sans doute, qu'un excellent historien est peut-être encore plus rare qu'un
grand poète : «Si un homme éclairé s'appliquait à
écrire sur les règles de l'histoire [...] il pourrait
remarquer qu'un excellent historien est peut-être
encore plus rare qu'un grand poète»!

Cette approche poétique, l'histoire-*Geschichte* ne
l'a ni ignorée ni interdite. Mais pour elle, c'est l'histoire elle-même, par elle-même, qui est épique.
L'historien n'a pas à faire *comme si* elle l'était, en se
plaçant du point de vue du lecteur. Elle a en elle son
début et sa fin, son *telos* propre : sa visée et son sens.

Mais, en devenant discipline, l'histoire s'est méfiée
de cette vision romantique. Se voulant désormais
science positive, objective, appuyée sur des faits
solides, elle a borné ses ambitions, avec Ranke, à dire
comment les choses se sont passées (*wie es eigent-
lich gewesen*), laissant le reste à Dieu. Pour le savoir
et le dire, il était nécessaire et suffisant de fréquenter
longuement les archives. Le *wie* (comment) — où se
loge pourtant la question de la mise en récit — n'avait

pas alors à être davantage problématisé, puisque l'histoire devait finalement devenir connaissance d'elle-même. Globalement les xixᵉ et xxᵉ siècles ont vu l'affirmation et le renforcement, voire le durcissement, des ambitions scientifiques de l'histoire-*Geschichte* (mais parallèlement aussi sa critique et sa remise en cause radicale). Accumulant des faits, l'historien cherchait ou vérifiait les lois de l'histoire.

« UNE VARIABLE DE L'INTRIGUE »

Ce n'est bien entendu là qu'un schéma, qui a laissé place à de multiples variantes et adaptations, à travers les apports de la sociologie et de l'économie, mais aussi compte tenu de rapports à tout le moins ambivalents entre l'histoire et la philosophie. L'histoire sociale des *Annales*, par laquelle nous avons commencé, en a représenté une forme très souple et féconde. Mais, dans tous les cas, le récit n'était pas à l'ordre du jour. Sauf pour le récuser sous la forme de l'histoire-récit. Ce qui laissait pourtant intacte la question du récit, dans la mesure où l'objet premier du débat portait sur l'événement et non sur le récit. Renoncer à l'histoire-récit, c'est-à-dire à l'histoire événementielle, c'était donc abandonner non pas *le* récit, mais simplement une forme particulière de récit.

De fait Paul Ricœur, lecteur de *La Méditerranée* de Braudel, n'a pas eu de peine à faire apparaître dans le livre, avec ses trois étages volontairement distincts, la trame d'un récit. Le déclin de la Méditerranée et sa sortie de la grande histoire, telle est l'intrigue globale, mais virtuelle, à laquelle concourent les trois niveaux et les trois temporalités. Alors qu'un romancier les aurait «brassés dans un unique récit, Braudel procède analytiquement, par distinction de plans, laissant aux *interférences* le soin d'engendrer une image implicite du tout. C'est ainsi que l'on obtient une quasi-intrigue virtuelle, brisée en plusieurs sous-intrigues[13]». L'intérêt majeur de l'analyse de Ricœur n'est pas de dire: «Vous pensiez avoir rompu avec le récit, il n'en est rien, ou du moins ça n'est pas si simple», mais de souligner que Braudel a inventé un nouveau type d'intrigue (et donc d'intelligibilité) comme conjugaison de structures, de cycles et d'événements: un *nouveau récit* donc dans lequel les interférences, les écarts tout aussi bien sont des ressources d'intelligibilité. Avec pour corollaire que l'événement n'est pas toujours ou seulement cet éclat bref limité au troisième niveau, où le cantonne pourtant Braudel. Avec des fonctions diverses, il appartient à tous les niveaux et peut être plus justement défini comme «une variable de l'intrigue». On trouve là une nouvelle confirmation que rejeter l'événement n'était pas faire disparaître le récit (ni l'événement), mais les transformer. La polémique, comme il est normal, l'emportait sur l'épistémologie. La longue durée n'était pas l'ennemie du récit, sans plus.

Ainsi l'histoire n'a cessé de dire les faits et gestes des hommes, de raconter, non pas le même récit, mais des récits aux formes diverses. De l'histoire-rhétorique à l'histoire-structurale, en passant par celle que j'ai appelée l'histoire-*Geschichte*, les exigences, les présupposés et les façons d'en user ont à coup sûr largement varié, mais l'interrogation sur le récit (le récit comme tel), elle, est récente. L'ont rendue possible la sortie ou l'abandon de l'histoire-*Geschichte*, processus et progrès, et la réintroduction de l'historien dans l'histoire ; mais aussi, à partir de la place prépondérante occupée par la linguistique dans les années 1960, les interrogations menées sur le signe et la représentation. L'histoire, elle aussi, pouvait être traitée comme (non pas réduite à) un texte.

On retrouve alors Roland Barthes, avec une autre formule provocante : « Le fait n'a jamais qu'une existence linguistique. » Où l'on peut lire le comble du scepticisme. Ou simplement le rappel qu'entre « un récit et un cours d'événements, il n'y a pas une relation de reproduction, de reduplication, d'équivalence, mais, comme le précise encore Ricœur, une relation métaphorique ». Aussi, pour désigner le rapport du récit historique au passé réel, préfère-t-il faire appel à la notion de « représentance » ou de « lieutenance », plutôt que de représentation. De cette manière, s'indiquent à la fois la part de construction — le récit porte au langage un analogue (« *l'être comme* de l'événement passé ») — et celle de dépendance par rapport à l'effectivité du passé (« *l'avoir-été* de l'événement passé »). Finalement, pour que surgisse la question du récit, sans que l'histoire coure le risque de s'abîmer, il suffit que l'historien en vienne à se poser cette simple question que lui avait soufflée Michel de Certeau : qu'est-ce que je fais quand je fais de l'histoire ? Petit écart initial qui suffit à ouvrir une interrogation sur l'évidence de l'histoire, dans toutes les acceptions du terme.

Chapitre 4

LE REGARD ÉLOIGNÉ :
LÉVI-STRAUSS
ET L'HISTOIRE

«L'histoire mène à tout, mais à condition d'en sortir»! N'est-ce pas là une formule (une parmi d'autres) bien sacrilège pour des oreilles historiennes? Pourtant, à tous ceux qui, plus d'une fois, lui ont reproché de méconnaître, d'oublier ou de récuser l'histoire, Claude Lévi-Strauss a constamment répondu qu'il en faisait grand cas. «Rien ne m'intéresse plus que l'histoire. Et depuis fort longtemps!», rappelle-t-il, une fois encore, dans *De près et de loin* [1]. Quelle raison aurait-on de ne pas lui en donner acte? Mais il n'a jamais caché, non plus, que sa tâche était autre : l'élaboration d'une anthropologie structurale, cette «grande tentative intellectuelle», qu'en 1959 déjà, Merleau-Ponty avait reconnue et saluée. Avec ces réflexions sur l'histoire d'un ethnologue qui a occupé une place cardinale dans la seconde moitié du XXᵉ siècle, nous est, en tout cas, donnée une bonne opportunité de questionner l'évidence de l'histoire, pour ainsi dire, de l'extérieur.

Qu'entend-il alors par histoire? Elle est, d'abord, la «contingence irréductible» : l'expression de «la puissance et de l'inanité de l'événement», devant

quoi commence par « s'incliner » l'analyse structurale, en lui concédant « une place de premier
plan »[2]. Ce qui advient, l'imprévisible, qui n'est pas
l'arbitraire. Mais « il a fallu attendre les anthropologues pour découvrir que les phénomènes sociaux
obéissaient à des arrangements structuraux [...]
Les structures n'apparaissent qu'à une observation
pratiquée du dehors. Inversement, celle-ci ne peut
jamais saisir les procès, qui ne sont pas des objets
analytiques, mais la façon particulière dont une
temporalité est vécue par un sujet [...] L'historien
travaille à partir de documents qui sont l'œuvre de
témoins, eux-mêmes membres du groupe étudié.
Tandis que l'ethnologue est son seul témoin, et un
témoin, par hypothèse, étranger au groupe. À l'un,
donc, le changement, à l'autre les structures[3]. »
Voilà qui est clair et net. L'histoire est aussi celle
qu'il nomme, en plusieurs occasions, « l'histoire des
historiens » : la discipline et sa pratique. La formule, précise sans aucun doute, sent malgré tout
un peu le tâcheron appliqué ! Que serait l'ethnologie des ethnologues ? Peut-il, dans ces conditions,
y avoir place pour une « histoire structurale »,
entendue au sens strict ou, plus encore, pour une
« anthropologie historique » ? Et pourtant, combien
de pages n'ont-elles pas été écrites sous ces deux
enseignes ? Et pourtant, sous la plume de l'ethnologue lui-même, on peut lire que « l'idée d'une histoire structurale n'a rien qui puisse choquer les
historiens[4] ».

À qui prend un peu de distance en jetant un
regard rétrospectif, il apparaît aussitôt que l'œuvre
de Lévi-Strauss jalonne un demi-siècle du débat
entre l'anthropologie et l'histoire. Plus exactement,
la discussion se noue à partir et autour de ses

réflexions. Débat ne signifie pas que furent organisées des grandes joutes ou des grandes messes, à l'instar de celles qui eurent lieu, à deux ou trois reprises, entre la sociologie et l'histoire au début du xxe siècle[5]. Bien plutôt, allant son chemin, il a formulé des questions que les historiens ne se posaient pas ou posaient autrement. Si son œuvre a heurté parfois, si elle a suscité des malentendus et des raidissements, sa pratique du regard éloigné, en se portant sur l'histoire des historiens, les a aussi invités à un déplacement de leur point de vue sur leur propre objet. À voir plus loin : à sortir du seul horizon de Hegel et de Marx, d'un temps rythmé par le progrès et l'événement, à s'interroger sur ce que je nomme le régime moderne d'historicité[6]. Mais les débats et combats se sont alors focalisés principalement sur la notion de structure, portée par l'autorité de la linguistique. Elle se répand avec le succès que l'on sait, c'est-à-dire avec son lot d'approximations et de quiproquos. Comment l'entendre et qui en fixe le bon usage ? Georges Dumézil ne s'est-il pas, en dépit qu'il en eût, retrouvé invité au banquet structuraliste et présenté comme un structuraliste conséquent ?[7]

Posons que, pour s'interroger sur l'histoire, pas seulement celle des historiens et pas uniquement celle des cinquante dernières années, il pourrait être de bonne méthode, non seulement de faire une place aux questions, objections, critiques énoncées par des auteurs extérieurs à la discipline ou au domaine, mais de partir d'elles. En un mot, les *outsiders* comptent parfois plus que les *insiders*, et il est, en tout cas, des *outsiders* qui ont pesé plus lourd que des générations d'*insiders*, même si ces derniers n'ont en rien démérité. Dans cette cohorte, qu'on pourrait faire commencer, pour la tradition occidentale, avec le nom d'Aristote (et le chapitre ix de la *Poétique*), celui de Lévi-Strauss aurait sa place. S'il n'y a nulle raison de penser que cette suggestion ne vaille que pour l'histoire, elle s'applique, je crois, particulièrement bien à elle.

PREMIER ACTE

Plusieurs dates (ce «code de l'historien», pour reprendre les mots mêmes de Lévi-Strauss[8]) non seulement ponctuent le débat, mais lui donnent forme et, pour nous aujourd'hui, sens. Des coïncidences apparaissent et des corrélations se nouent, qu'on peut relever, sans les surinterpréter pour autant. Une première période irait de 1949 à 1960. La même année, 1949, paraissent en effet *Les structures élémentaires de la parenté* et *La Méditerranée et le monde méditerranéen à l'époque de Philippe II*, de Fernand Braudel. La coïncidence est fortuite, car chacun des livres a sa propre histoire. Mais la guerre a pesé sur leur destin. L'un fut écrit à New York, l'autre dans un *Oflag*. L'expression «histoire structurale» vient même sous la plume de Braudel pour désigner, dans la conclusion, son approche de la Méditerranée, mais on ne la retrouvera pas, sauf erreur, dans la deuxième édition, où la formulation devient seulement «structure, histoire lente d'abord[9]»!

Cette même année est aussi celle d'une coïncidence plus précise ou plus effective. La *Revue de Métaphysique et de Morale* consacre une livraison (juillet-octobre 1949) aux «Problèmes de l'histoire». Parmi les contributeurs: Lévi-Strauss, avec un article intitulé «Histoire et ethnologie», et Lucien Febvre, qui intitule le sien «Vers une autre histoire»[10] et qu'il date de Rio de Janeiro. Coquetterie! Peut-être pas seulement? Réunis probablement en toute ignorance l'un de l'autre, les deux articles ne semblent guère se recouper, même si Lévi-Strauss donne vers la fin comme exemple d'un grand livre d'histoire, «imprégné d'ethnologie», le *Rabelais* de Febvre. On est, en tout cas, infiniment loin d'un livre, publié également en 1949, *Le mythe de l'éternel retour* de Mircea Eliade, où s'exprime et se répète une pensée, pour le coup, du refus de l'histoire.

L'ethnologue part en effet des débats du début du siècle entre Simiand et Hauser, pour mettre en valeur le contraste entre une histoire qui s'est tenue au «programme modeste et lucide» qui lui était proposé et la sociologie qui, certes s'est beaucoup développée, mais n'a pas trouvé son assise[11]. L'autre, l'historien, commence par une présentation de l'*Apologie pour l'histoire*, le dernier livre inachevé de Marc Bloch, avant d'aller, justement, vers Braudel. Le décalage au départ est donc patent: ils ne parlent pas de la même histoire. Sachant qu'il écrit pour des philosophes, Lucien Febvre prend bien soin de se présenter comme «praticien» de l'histoire, seulement. Cet adieu à Marc Bloch est aussi un salut adressé à Braudel, et l'article vaut comme passage de relais. Mais il fait plus, en esquissant à grands pas une réflexion sur la situation présente de l'histoire.

Pour Febvre, il y a en effet lieu «d'ajouter quelque chose à ce qu'a dit Bloch», dans la mesure où «depuis 1945 nous vivons des années dont chacune vaut dix». Comme à son habitude, il pense et brasse large, à l'échelle du monde (vu depuis Rio de Janeiro). Premier rappel: à la différence d'autres civilisations, l'indienne par exemple, «notre civilisation» est une «civilisation d'historiens» (le *credo* chrétien en est un témoignage fort). Cet élargissement du point de vue l'amène à relever, mais sans s'y arrêter, que, sur «l'historicité des diverses civilisations, nous savons bien peu de choses[12]». Lévi-Strauss a-t-il alors prêté attention à cette note? Poursuivant, toujours avec son habituelle vivacité d'écriture, Febvre exhorte alors les historiens à sortir de la religion du seul document écrit. «L'histoire peut se faire, doit se faire sans documents écrits s'il n'en existe point.» Et l'historien doit s'employer à «faire parler les choses muettes, leur faire dire ce qu'elles ne disent pas d'elles-mêmes». Aussi, ce livre tout récent, qui a fait de la Méditerranée son personnage central, vaut-il comme «manifeste»: il est un «signe» et une «date». Son auteur s'attache en effet à repérer «les forces permanentes qui agissent sur les volontés humaines, qui pèsent sur elles sans qu'elles s'en rendent compte[13]».

S'interrogeant pour finir sur la portée de l'histoire, il met en avant l'oubli: «Oublier est une nécessité pour les groupes, les sociétés qui veulent vivre.» Ne pas se laisser écraser par la pression des morts et questionner la mort en fonction de la vie vaut en effet aussi bien pour les sociétés traditionnelles que pour les autres. Dans un cas, c'est la tradition qui est en charge, dans l'autre, l'histoire, mais le «besoin» est le même. Et il lance, à nouveau en passant, une idée d'enquête collective, dans la suite de la note sur l'historicité des sociétés, sur le «problème énorme» de la tradition[14]. Cette définition du rôle social de l'histoire, qui devrait «organiser le passé pour l'empêcher de trop peser sur les épaules des hommes», est dans le droit fil de son éditorial de 1946 pour les nouvelles *Annales*. Il l'avait intitulé «Face au vent». Faire face à ce qui venait de se passer n'était alors pas, ou ne lui était, en tout cas, pas possible et faire face au monde bouleversé sorti de la guerre était nécessaire et urgent.

L'ethnologue maintenant. Après avoir formulé ce qu'il nomme le «dilemme» des sciences ethnologiques (prétendre reconstituer un passé dont on est impuissant à atteindre l'histoire, drame de l'ethnologie; vouloir faire l'histoire d'un présent sans passé, drame de l'ethnographie) et après avoir montré les impasses de la méthode fonctionnaliste (qui, «après tout», a été formulée par les historiens[15]), il examine la démarche de l'histoire et de l'ethnologie. Il arrive, pour finir, à la conclusion, vite fameuse, bientôt disputée et, plus vite encore simplifiée: ce qui les distingue, ce n'est ni l'objet ni le but, mais «le choix de perspectives complémentaires». L'histoire organise ses données par rapport aux «expressions conscientes», l'ethnologie par rapport aux «conditions inconscientes», de la vie sociale[16]. C'est en effet la «structure inconsciente [...] sous-jacente à chaque institution ou coutume» que vise l'ethnologue. Dressant un inventaire de possibilités inconscientes, il fournit «une architecture logique à des développements historiques qui peuvent être imprévisibles, sans être jamais arbitraires». Vient alors, pour ramasser le propos, la reprise de la formule de Marx: «Les hommes font leur propre histoire, mais ils ne savent pas qu'ils la font[17]. » L'historien va «de l'explicite à l'implicite», tandis que l'ethnologue va «du particulier à l'universel».

Mais il ajoute qu'aujourd'hui l'historien appelle à la rescousse tout l'appareil des élaborations inconscientes (c'est là que vient l'exemple du *Rabelais*). L'ethnologue n'en est donc pas resté à l'histoire, au programme «modeste et lucide» par laquelle il avait commencé, et a rejoint l'histoire qui se fait. L'écart, si marqué au départ, s'est réduit. Allant plus loin encore, il conclut sur une note de prospective : on saisira mieux la complémentarité des deux approches le jour où l'ethnologue et l'historien aborderont «de concert» les sociétés contemporaines. Ce «véritable Janus à deux fronts», que forment les deux disciplines, semble, au total, se partager l'exploration d'un même terrain : l'inconscient.

Une autre référence partagée, non sans rapport avec la précédente, joue également un rôle : la géologie. Dans *Tristes tropiques*, le chapitre «Comment on devient ethnographe» contient en effet une véritable profession de foi géologique : «l'intense curiosité qui, dès l'enfance, m'avait poussé vers la géologie». Sous le désordre apparent il y a un ordre. Pour le géologue, comme pour le psychanalyste, «l'ordre qui s'introduit dans un ensemble au premier abord incohérent n'est ni contingent ni arbitraire[18]». Les couches des temporalités braudéliennes, avec leurs structures feuilletées, empruntent également à la géologie. L'un y cherche un «maître-sens», d'abord invisible, à recouvrer, l'autre une force modelante, qui ne cesse de façonner insensiblement l'histoire des hommes.

SUITE ET INTERMÈDE

Fin du premier acte, mais avec, quelques années plus tard, une reprise, lorsque chacun des deux articles connaît une seconde vie. Febvre reprend en effet le sien en 1953, et le place en conclusion des *Combats pour l'histoire* : « Vers une autre histoire ». En 1958, Lévi-Strauss fait du sien l'introduction de *Anthropologie structurale*. Relevons, en outre, parce que cette coïncidence est notée par l'auteur lui-même, que son livre paraît l'année du centenaire de la naissance de Durkheim, dont il se déclare le disciple « inconstant » et qu'il honore, en citant Hésiode, comme un homme de la race d'or. Pour Febvre, ces pages sont bien une conclusion (mais en forme d'ouverture), tandis qu'elles sont proprement une ouverture pour Lévi-Strauss. En 1949, ce dernier était encore inconnu, mais il est devenu entre-temps l'auteur de *Tristes tropiques*, et il vient d'être élu au Collège de France. Placé à l'entrée d'un livre, qui va être, lui aussi, un manifeste et une date, le propos prend évidemment un autre relief.

De fait, une réponse vient, dès la même année, sous la plume de Braudel (qui a pleinement pris le relais). Dans cet autre texte-manifeste qu'est vite devenu son article sur « La longue durée », il se livre à un rapide inventaire des propositions de Lévi-Strauss, qui apparaît comme un des principaux interlocuteurs. L'histoire « inconsciente », oui, mais « c'est, bien entendu, celle des formes inconscientes du social »[19]. « Les hommes font l'histoire, mais ils ignorent qu'ils la font », oui, si l'on entend par là qu'elle fait aussi les hommes et façonne leur destin (le point de vue du géologue). À distance de l'événementiel, l'histoire inconsciente est, «par excellence, celle du temps structurel». Les modèles, oui, mais ce ne sont que des hypothèses, des systèmes d'explications. De plus, le modèle est comme un «navire», auquel on fait monter ou descendre les eaux du temps. Le moment le plus significatif est toujours celui du «naufrage»[20]. Autrement dit, point de modèle qui vaille hors de la durée. Or, Lévi-Strauss se place toujours, note-t-il, sur les seules routes de la très longue durée. Avec la parenté, il met en cause un phénomène «d'une extrême lenteur, comme intemporel». Ce sont autant de notations qui soulignent un écart.

Dans la conclusion de la deuxième édition de *La Méditerranée*, en 1966, Braudel mettra les points sur les *i* (après la parution de *La pensée sauvage*, en 1962). «Je suis structuraliste de tempérament», lance-t-il, pour ajouter aussitôt «peu sollicité par l'événement, et à demi seulement par la conjoncture». Si bien que «le *structuralisme* d'un historien n'a rien à voir avec la problématique qui tourmente, sous le même nom, les autres sciences de l'homme. Il ne se dirige pas vers l'abstraction mathématique des rapports qui s'expriment en fonctions». L'historien travaille «au ras du sol». Fin du flirt de la structure et de la longue durée ou du flou, commode sinon utile, entre l'une et l'autre.

Si Febvre appelait à une ouverture sur le monde, et datait symboliquement son article de Rio, l'auteur de *Tristes tropiques*, qui paraît en 1955, revenait de plus loin encore: des hauts plateaux brésiliens et du monde des sauvages. Renouant avec Montaigne, Léry, Rousseau, Rousseau surtout, il voit dans l'anthropologie, cette entreprise, «renouvelant et expiant la Renaissance, pour étendre l'humanisme à la

mesure de l'humanité[21] ». Alors même que la France
patauge dans les années de la décolonisation, il
plaide pour un décentrement et une conversion du
regard en direction du Sauvage, qui ne se trouve
pas, pour autant, promu au rang de nouveau prolé-
taire ou détenteur d'une vérité, jusqu'alors cachée,
sur l'humaine condition. D'où le reproche qui lui
est alors adressé par des marxistes de «désespérer
Billancourt»!

Quelques lignes du livre, par une claire allusion
au Renan de la *Prière sur l'Acropole*, expriment à
merveille le décentrement et l'élargissement du
point de vue. «Mieux qu'Athènes, le pont d'un
bateau en route vers les Amériques offre à l'homme
moderne une acropole pour sa prière. Nous te la
refuserons désormais, anémique déesse, institutrice
d'une civilisation claquemurée! [...] Hurons, Iro-
quois, Caraïbes, Tupi, me voici[22]!» Cette anti-
prière, formulée au beau milieu de l'Atlantique, est
un adieu à l'Ancien Monde et à son humanisme
confiné. Si cette posture traduit une remise en cause
de l'histoire, pour le coup, celle de la philosophie de
l'histoire du XIXe siècle, celle de ses études de philosophie, elle le conduit aussi à esquisser les linéa-
ments de ce que pourrait être une autre histoire
universelle (bien entendu, il n'emploie pas une telle
expression) qui, sans oublier Marx, ferait toute sa
place à Rousseau, attentive à l'homme naturel et
soucieuse des commencements.

Plusieurs textes, écrits dans les mêmes années,
vont dans cette direction. Il s'agit de «récuser»,
non pas l'histoire (qui, en réalité, «consiste entièrement dans sa méthode»), mais «l'équivalence entre
la notion d'histoire et celle d'humanité, qu'on prétend nous imposer dans le but inavoué de faire de

l'historicité, l'ultime refuge d'un humanisme transcendantal[23] ». Pas plus dans *Race et histoire* que
dans *Tristes tropiques*, le but n'est de « détruire »
l'idée de progrès, mais de la « faire passer, du rang
de catégorie universelle du développement humain,
à celui de mode particulier d'existence, propre à
notre société (et peut-être à quelques autres)[24] ».

Dans *Race et histoire*, commandité et publié par
l'Unesco en 1952, il prend acte que l'humanité est
désormais dans une civilisation mondiale[25]. Pour
faire droit à la diversité des cultures, il faut commencer par reconnaître que toutes les sociétés sont dans
l'histoire, mais aussi que le temps n'est pas le même
pour tous. D'où, d'abord, la critique du « faux évolu-
tionnisme », dénoncé comme l'attitude qui consiste
pour le voyageur occidental à croire « retrouver », par
exemple, l'âge de la pierre chez les indigènes d'Aus-
tralie ou de Papouasie. Puis, la mise en perspective
du progrès. Les formes de civilisation que nous
étions portés à imaginer « comme *échelonnées dans le
temps* » doivent bien plutôt être vues comme « *étalées
dans l'espace* ». L'humanité « en progrès » n'est pas
comme « un personnage gravissant un escalier, ajou-
tant par chacun de ses mouvements une marche
nouvelle à toutes celles dont la conquête lui est
acquise ; elle évoque plutôt le joueur dont la chance
est répartie sur plusieurs dés [...] C'est seulement de
temps à autre que l'histoire est cumulative, c'est-à-
dire que les comptes s'additionnent pour former
une combinaison favorable[26] ». De plus, il n'existe
pas de société cumulative « en soi et par soi » : une
culture isolée ne saurait être cumulative. Les formes
d'histoire les plus cumulatives ont en effet été
atteintes par des sociétés « combinant leurs jeux respectifs », volontairement ou involontairement.

Avec, pour finir, la thèse centrale du livre, qui généralise l'hypothèse structurale : le plus important est l'*écart différentiel* entre les cultures. Car, c'est là que réside leur «véritable contribution» culturelle à une histoire millénaire, et non dans «la liste de leurs inventions particulières»[27]. Aussi, maintenant que l'on est entré dans une civilisation mondiale, la diversité devrait être préservée, mais à la condition de l'entendre moins comme contenu, que comme forme : compte surtout «le fait» même de la diversité, et moins «le contenu historique que chaque époque lui a donné»[28].

1960 : autre date, autre coïncidence, mais provoquée celle-là. Le 5 janvier, Lévi-Strauss prononce sa leçon inaugurale au Collège de France. Intitulée «Le champ de l'anthropologie», on y rencontre ce qu'il a, lui-même, nommé «une profession de foi historienne». Republiée en 1973, elle fournira l'introduction de *Anthropologie structurale deux*. Ainsi, entre 1949 et 1973, en deux séquences 1949-1960 d'abord, 1958-1973 (pour les reprises), soit sur près d'un quart de siècle, deux textes définissent et délimitent le projet lévi-straussien. Or, dans l'un comme dans l'autre, l'histoire est plus que simplement présente et mieux qu'un faire-valoir.

Comment ont réagi les historiens aux propos d'un *outsider* qui semblait savoir mieux qu'eux-mêmes ce qu'ils faisaient ou pourraient faire ? En 1958, Braudel, nous venons de le voir, avait pris acte, interprété les propositions et marqué finalement les limites de son acquiescement : votre structure n'est pas la mienne, qui est cette «réalité que le temps use mal et véhicule très longtemps». Cette fois, le scénario va être autre. Les *Annales* publient un extrait de la leçon inaugurale, sous le titre «L'anthropologie

sociale devant l'histoire[29]». La manière dont le
choix est fait ne manque pas d'intérêt. On commence en effet avec Mauss, qui a su protéger la
sociologie durkheimienne du péril de la «désincar-
nation» et on termine sur le «rêve secret» de l'anthropologie sociale: «Si elle se résigne à faire son
purgatoire auprès des sciences sociales, c'est qu'elle
ne désespère pas de se réveiller parmi les sciences
naturelles à l'heure du jugement dernier.[30]» Que
peut en conclure un lecteur des *Annales*, sinon
qu'après Mauss a paru un nouveau Durkheim, qui
aspire à voir l'anthropologie structurale rejoindre
un jour les sciences naturelles? Ce rêve n'emporte-
t-il pas avec lui un nouveau péril de «désincarna-
tion»? Il ne trouvera pas, en particulier, le passage,
capital pourtant, sur les sociétés froides et les sociétés chaudes et les écarts différentiels d'historicité.

Cette impression se confirme si l'on s'avise que
le terrain avait été en quelque sorte préparé par
la republication dans un numéro précédent de la
revue (1, 1960) de l'article de François Simiand
«Méthode historique et science sociale». Paru en
1903 et repris tel quel, il est placé dans la rubrique
«Débats et combats» (comme celui de Braudel
de 1958). Pourquoi le republier? pourquoi à ce
moment-là? «L'article classique de F. Simiand,
explique une courte note de la rédaction, est bien
connu de tous ceux qui firent leur apprentissage
avant 1939. Nous le publions surtout à l'intention
des jeunes historiens, pour leur permettre de mesurer le chemin parcouru en un demi-siècle et de
mieux comprendre ce dialogue de l'Histoire et des
Sciences sociales, qui reste le but et la raison d'être
de notre Revue[31].» Mais encore?

Ceci peut-être: les critiques que Simiand adressait aux historiens, en 1903, sont devenues, dans une large mesure, le programme des *Annales* (c'est « le chemin parcouru ») ; le dialogue ensuite : le projet de science sociale (au singulier) autour d'une sociologie rectrice a échoué, et, ajoute l'historien, convaincu de la spécificité de son objet (l'homme en société), ne pouvait qu'échouer. Car la méthode n'est pas tout et l'histoire, contrairement aux affirmations de l'ethnologue, n'est pas qu'une méthode. Aux historiens qui seraient tentés de croire que les débats en cours sur structuralisme et histoire sont entièrement nouveaux, il convient de rappeler qu'il y avait eu, un demi-siècle plus tôt, les assauts de la sociologie contre l'histoire méthodique. Si le structuralisme peut être compris, pour ce qui est de l'ambition intellectuelle, comme un nouveau durkheimisme, on se repère mieux, et on sait ce qui reste à faire.

Une sorte d'intermède maintenant. Avec *La pensée sauvage*, publiée en 1962, Lévi-Strauss persiste et signe. Les *Annales* organisent un débat. Marque d'intérêt donc. Plus exactement, c'est Roland Barthes qui réunit un abondant dossier, sous le titre « Les sciences humaines et l'œuvre de Lévi-Strauss », faisant appel à plusieurs contributeurs, parmi lesquels on ne compte, en dépit de ce qui est annoncé, aucun historien et qu'un seul anthropologue (Edmund Leach)[32] ! De quelle réception s'agit-il alors ? d'un accueil en trompe-l'œil ?

C'est probablement dans cet ouvrage (dans le chapitre « Histoire et dialectique »), il est vrai, que se trouvent les formulations les plus rudes pour des oreilles historiennes, du type de celle qui ouvre ce chapitre, même si la cible nommément désignée était Jean-Paul Sartre. « L'ethnologue respecte l'histoire, mais il ne lui accorde pas une valeur privilégiée. » Il y a lieu de « récuser l'équivalence entre la notion d'histoire et d'humanité, qu'on prétend nous imposer dans le but de faire de l'historicité l'ultime refuge d'un humanisme transcendantal ». Ou, cette variante, « Il faut beaucoup d'égocentrisme ou de naïveté pour croire que l'homme est tout entier réfugié dans un seul des modes historiques ou géographiques de son être[33]. » Lévi-Strauss n'avait pas de peine à montrer qu'au total, dans le système de Sartre, l'histoire en venait finalement à jouer « le rôle d'un mythe ».

DEUXIÈME ACTE ET FIN

Le deuxième acte : 1971. L'initiative revient, cette fois, aux historiens, même si l'on est toujours dans la réponse à la « provocation » de l'ethnologie. L'opération prend la forme d'un numéro spécial des *Annales*, intitulé « Histoire et structure », qui commence ainsi : « La guerre entre l'histoire et le structuralisme n'aura pas lieu[34] ». D'autant moins, pourrait-on ajouter, qu'elle a déjà eu lieu ! Vient alors une défense et illustration de l'histoire des *Annales*, en fait structuraliste avant la lettre. Le partage conscient/inconscient, lui, ne tient plus : l'histoire n'a cessé, depuis un demi-siècle, de franchir la frontière des données conscientes. S'il est vrai que l'expérience particulière de l'Europe ne peut prétendre mesurer l'histoire du monde, il est non moins vrai que, dans l'histoire de l'Europe elle-même, il y a des cycles, des crises, des moments d'équilibre, bref des alternances de chaud et de froid. Ici aussi, l'histoire n'est pas continûment ou seulement cumulative.

Ce «bilan», promptement expédié, arrive ce qui fait l'objet même du numéro : l'histoire culturelle. Car, c'est là, estime André Burguière, que la démarche structurale peut avoir «le plus d'efficacité». Comment ? Pour se prémunir, en fait, contre l'anachronisme, elle est le mieux à même de «rendre aux formes culturelles leur dimension historique, c'est-à-dire leur distance par rapport à notre propre univers mental[35]». Le structuralisme comme pratique de l'*estrangement*. Par sa propre contribution qui ouvre le numéro, «Le temps du mythe», Lévi-Strauss semble enrôlé dans cette nouvelle histoire culturelle structurale ! Peut alors venir la conclusion, d'inspiration toute jaurèssienne, «un peu de structuralisme éloigne de l'histoire, beaucoup y ramène[36]» !

Le dernier acte se joue en une scène. Lévi-Strauss est invité par François Furet à prononcer, en 1983, la 5e Conférence Marc Bloch. Sous le titre «Histoire et ethnologie», elle sera le dernier texte publié par Lévi-Strauss dans les *Annales*. Il y a plus de vingt ans. De «Ethnologie et histoire», en 1949 à «Histoire et ethnologie», en 1983 ! S'il est inutile de s'arrêter sur la permutation des deux termes, on ne peut que relever, en revanche, la constante de la préoccupation. Mais, surprise, il n'est pas, ou plus là où on l'attend ! Certes, l'anthropologie historique est nommée, et reconnu l'intérêt de faire cette ethnologie du passé de nos propres sociétés. Intérêt double : pour les historiens, bien sûr, mais aussi pour les ethnologues qui disposent ainsi d'un plus grand nombre d'expériences sociales. Mais l'essentiel du propos est ailleurs.

Repartant de sa division entre sociétés froides et chaudes (que le lecteur des *Annales* de 1960 n'a pas

pu lire !), dont il rappelle une fois encore la portée heuristique, il concentre son attention sur les
« seuils » : comment une société en vient à s'ouvrir à
l'histoire ? C'est en ce point que le recours simultané à l'ethnologie et à l'histoire devrait pouvoir
être le plus fructueux. Nous menant du Japon
médiéval à la France de Louis XIV, la démonstration s'attache à saisir les moments où les « vieux
liens du sang » viennent à s'altérer, et identifie un
type de structure qui est celui des sociétés « à mai-
sons ». Avec les stratégies matrimoniales, on est sur
un terrain où choix individuels et exigences collec-
tives s'interpénètrent, où le dualisme de l'événement et de la structure devrait donc être dépassé.
Mais mener ces enquêtes requiert de faire appel
moins à l'histoire « nouvelle » qu'à l'histoire « la plus
traditionaliste et qu'on dit parfois périmée : ensevelie-
lie dans les chroniques dynastiques, les traités
généalogiques, les mémoires et autres écrits consacrés aux affaires des grandes familles[37] ». C'est donc
de la plus « petite histoire » dont a besoin l'ethnologue ! Avec la micro-histoire, les historiens ont
cherché à répondre, à leurs façons, aux questions
soulevées là sur l'articulation entre choix individuels et formes sociales[38].

Dresser le relevé sur un demi-siècle des divergences a son utilité, mais elle est modeste. Pointer
les conflits de frontières, décrypter des stratégies,
c'est l'ordinaire d'une histoire des disciplines[39]. De
la sociologie à l'anthropologie, de Durkheim, *outsider* lui aussi, à Lévi-Strauss, nouveau Durkheim,
nous embrassons un siècle de l'histoire de la discipline historique et, plus largement, des sciences
sociales. Pointer les quiproquos, repérer la part des

malentendus et des incompréhensions et, surtout, leurs effets, les *working misunderstandings*, est une manière, rapide, mais intellectuellement stimulante, de procéder! Quand les mêmes mots sont mobilisés, mais qu'ils sont entendus différemment, quand sont reprises les mêmes métaphores, mais qu'elles renvoient à des significations et à des pratiques différentes.

Les *écrits* sur l'histoire de Lévi-Strauss ont été et sont une provocation à la réflexion pour les historiens (et, bien évidemment, pour les anthropologues, dont je ne parle pas ici)[40]. Il s'est trouvé (irréductible contingence?) qu'il a proposé les termes du débat et délimité, pour un temps, l'espace de la réflexion. Même l'ignorer (ostensiblement) devenait une façon de le reconnaître! Sa structure, c'est entendu depuis longtemps, n'est pas celle des historiens. De cette notion, ces derniers ont fait un usage souple, mou, approximatif, maladroit, parfois polémique, métaphorique presque toujours, mais aussi malin, curieux, inventif souvent. Elle a été une ressource pour regarder autrement, ailleurs, avec d'autres questions à poser à des sources inédites ou renouvelées. Nul besoin, on en conviendra, de s'absorber dans un long inventaire pour le montrer. Si l'anthropologie historique (l'histoire devenant *anthropologie*, tandis que l'adjectif *historique* venait contester le structural de l'anthropologie du même nom) n'avait été qu'une tentative de défense face à la menace de l'anthropologie *structurale*, voire une machine pour s'y opposer, il n'y aurait pas lieu d'en parler longuement, mais chacun sait qu'elle a été bien autre chose. Sous cette bannière se sont en effet écrits toute une série de livres novateurs, où cette référence commune était tout sauf univoque.

Les débats sur la structure, sur lesquels s'est long-temps focalisée toute l'attention, sont retombés. Rien n'est résolu mais, comme le notait Péguy, «Et tout d'un coup on tourne le dos», et ce sont d'autres questions. En revanche, dans cette démarche, pour-tant étiquetée comme anti-historiste, se dégage, aujourd'hui plus clairement, la place faite au temps, alors même que, depuis une quinzaine d'années, le temps fait problème pour nos sociétés, que nos rap-ports au temps ont perdu de leur évidence. Dans cette grande «tentative intellectuelle», j'ai perçu, entendu de plus en plus nettement au fil des années, comme le retour d'une même phrase musicale, cette attention au temps, c'est-à-dire aux divers modes de temporalités: à ce que j'ai fini par nommer régimes d'historicité.

Chapitre 5

LE TÉMOIN ET L'HISTORIEN

Le témoin et l'historien ? Le problème semble réglé depuis longtemps : pratiquement et épistémologiquement. Le témoin n'est pas un historien et l'historien, s'il peut être, le cas échéant, un témoin, n'a pas à l'être, et surtout ce n'est qu'en prenant ses distances par rapport au témoin (tout témoin, y compris lui-même) qu'il peut commencer à devenir historien. Être témoin n'a ainsi jamais été ni une condition suffisante ni même une condition nécessaire pour être historien. Mais cela, Thucydide déjà, nous l'avait appris. L'autopsie elle-même devait passer par le filtre préalable de la critique. Si l'on se déplace maintenant de l'historien vers son récit, la question devient : comment raconter comme si je l'avais vu (pour le faire voir au lecteur) ce que je n'ai pas vu et ne pouvais pas voir ? Vieilles questions qui n'ont cessé d'accompagner l'histoire et son évidence.

Puis, quand l'histoire en est finalement venue, au XIXe siècle, à se définir comme science, la science du passé, elle ne connaissait déjà plus que des « documents ». Les « voix » s'étaient muées en « sources » ; et, au terme de cette mutation, les « témoins » ont même cru qu'ils devaient ressembler à des historiens. Péguy, qui le déplore, notait «Vous abordiez un homme. Vous n'avez plus qu'un témoin [...] Vous allez trouver ce vieillard. Instantanément il n'est plus qu'historien[1].» Il parle comme un livre.

Pourquoi donc rouvrir ce dossier? Parce que cerner une fois encore, un peu mieux peut-être, cet écart principiel et son histoire pourrait jeter quelque lumière sur l'historiographie: occasion de la retraverser, à grandes enjambées, des Grecs jusqu'à nous, et de retrouver quelques-unes des configurations épistémologiques qui en ont été comme les foyers organisateurs; façon enfin de questionner le rôle de ce personnage banal, familier et, pourtant, étrange, qu'est l'historien dans nos sociétés.

Rappeler ces premiers partages, c'est rouvrir la question des relations entre voir et savoir, telles que le grec, comme nous l'avons vu, les a nouées, puis affronter celle du faire voir, du montrer et du persuader, c'est-à-dire entrer dans le dossier, jamais refermé depuis Aristote, du récit historique et de la *mimêsis*, du récit comme imitation de ce qui s'est passé, comme exposé ou comme *poièsis*. Retomber donc en plein sur l'évidence de l'histoire. Mais c'est d'abord la conjoncture récente, justement marquée, depuis les années 1980 par la *progressive* montée du témoin, «l'ère» du témoin, comme l'a nommée un livre consacré à l'analyse de ce phénomène[2], qui va guider la réflexion que je voudrais esquisser. Aller du présent au plus lointain d'abord et retour, en essayant d'éclairer, en quelques points, l'un par l'autre: bref, faire de l'histoire.

LE TÉMOIN,
COMMENT ET POURQUOI?

Porté par la houle de fond de la mémoire, le témoin, entendu lui-même comme porteur de mémoire, s'est peu à peu imposé dans notre espace public. Il est reconnu, recherché, présent, voire à première vue omniprésent. Le témoin, tout témoin, mais d'abord le témoin comme survivant. Celui que le latin désignait justement par *superstes*, c'est-à-dire soit celui qui se tient sur la chose même, soit celui qui subsiste au-delà[3]. Les témoins de la Shoah sont ceux qui ont traversé. Même si la première reconnaissance du témoin sur la scène publique internationale date du procès Eichmann à Jérusalem, en 1961, c'est aux États-Unis, et à première vue paradoxalement, que le témoin s'est imposé. «Si les Grecs ont inventé la tragédie, les Romains la correspondance et la Renaissance le sonnet, notre génération a inventé un nouveau genre littéraire, le témoignage.» Cette formule d'Élie Wiesel vaut ce qu'elle vaut, mais chacun comprend ce qu'elle veut dire. Il s'est lui-même défini comme le témoin et est devenu le barde de l'Holocauste. Il y a aussi, dans ce même rôle du témoin, mais sur un mode plus sobre, plus laïc et plus tragique, Primo Levi qui, comme *Le Vieux Marin* de Coleridge, doit dire son histoire chaque fois que «à une heure incertaine revient cette agonie[4]».

Il y a les témoignages : transcrits et récrits, enregistrés et filmés, jusqu'à l'entreprise récente qui a employé des centaines de personnes, menée par la Fondation Spielberg. Mais il y a aussi les réflexions sur l'acte même de témoigner, ses fonctions, ses effets sur le témoin, sur les auditeurs ou les spectateurs, avec lancinant ou récurrent, inévitablement, le problème de la transmission, c'est-à-dire tout ce qui tourne autour, pour le dire en anglais, du *vicarious witness* (témoin de substitution).

Qui veut réfléchir sur le phénomène du témoignage ne peut en effet que partir de la centralité présente d'Auschwitz et donc, aussi ou d'abord, de la centralité de l'Holocauste (pour lui donner son nom anglais) dans l'espace américain, où le phénomène peut être saisi, si j'ose dire, dans sa force et sa netteté.

Qu'en est-il en France ? La question n'est évidemment pas séparable de Vichy, du procès de l'État français. Si bien que témoigner s'est posé, ici plus qu'ailleurs, en termes strictement ou plus directement judiciaires. C'est vrai pour les témoins ordinaires, c'est vrai aussi pour ces témoins particuliers qu'ont été appelés à être quelques historiens, à l'occasion des récents procès pour crimes contre l'humanité. Mais c'était déjà vrai pour ces témoins qu'ont été très tôt les Résistants soucieux d'écrire ce qu'ils avaient vécu[5].

Trois livres, parus à la fin des années 1990, ont traduit, en France, la prise de conscience de l'ampleur du phénomène et ont proposé une réflexion sur le témoignage. Celui d'un sociologue, Renaud Dulong, *Le témoin oculaire*, celui d'une historienne, Annette Wieviorka, *L'ère du témoin*, et, en dernier lieu, celui d'un philosophe, Giorgio Agamben, *Ce qui reste d'Auschwitz*. Trois livres savants, au second degré. Le premier est une « enquête sur les conditions sociales de l'attestation » (avec cette définition : « être témoin ce n'est pas tellement avoir été

spectateur d'un événement que déclarer qu'on l'a vu»
et prendre l'engagement de le redire dans les mêmes
termes[6]). Le deuxième propose une «réflexion sur
la production du témoignage». Le troisième réflé-
chit sur le «décalage inscrit dans la structure même
du témoignage[7]».

De quelle façon le témoin et le devoir de témoignage se sont-ils imposés aux États-Unis? Je me
limiterai à quelques-unes des manifestations les plus
récentes et les plus massives de ce phénomène.
Emblématique en est le United States Holocaust
Memorial Museum, construit sur le Mall à Washing-
ton et inauguré en 1993. Chaque mot compte:
commémoré sur ce périmètre sacré, l'Holocauste
devient un événement de l'histoire américaine inscrit dans la mémoire collective. Dans son architecture, le bâtiment est déjà témoignage et machine à
faire du visiteur un témoin. Les formes, l'usage de la
brique, les poutrelles métalliques rappellent *the
bard industrial forms* de l'Holocauste[8]. Après l'entrée, le visiteur commence par traverser un espace
justement nommé Hall of Witness, espace froid qui,
selon l'architecte, est «comme une gare»; de là, il
est obligé d'emprunter des ascenseurs pour gagner
les étages réservés à l'exposition permanente, avant
de rejoindre l'espace hexagonal vide (à l'origine) du
Hall of Remembrance.
L'exposition combine photos, films et objets,
comme autant de stratégies d'appréhension du réel.
Les organisateurs du musée ont en effet pensé qu'il
était important d'avoir des objets authentiques, présents dans leur matérialité, permettant presque un
contact physique. Si bien qu'ils se sont faits collec-
tionneurs et même archéologues de l'Holocauste.

Quant aux photos, elles attestent que ces enfants, ces femmes, ces hommes ont été et ne sont plus, façon de rendre présente l'absence de tous ces visages qui ne demandaient qu'à vivre. Toute la pédagogie du musée vise à amener les visiteurs, pendant leur visite, à s'identifier avec les victimes. Dans les premiers temps, on distribuait même à chaque visiteur le fac-similé d'une pièce d'identité d'un déporté, dont il pouvait suivre le parcours[9]. Par-delà cette mise en histoire et en musée de l'Holocauste, la visite voudrait transformer chaque visiteur, et ils se comptent par millions, en un témoin délégué, un témoin de substitution, un *vicarious witness*. En plus, selon les mots de son directeur, une visite au musée vise à concourir «à un approfondissement de la vie civique et politique américaine et à un enrichissement de la fibre morale de ce pays». Au-delà de lui-même, le Memorial a servi de référence et d'inspiration à d'autres musées construits depuis dans le monde.

En 1994, se met en place la Survivors of the Shoah Visual History Foundation, voulue et conçue par Steven Spielberg. Histoire visuelle? «Je veux l'histoire de chacun», disait Spielberg, (*I want to get everybody's stories*). Comme Schindler, il voudrait les sauver tous: recueillir tous les témoignages des survivants, même de ceux ayant déjà témoigné. Mémoire et pédagogie, mais pour des jeunes d'aujourd'hui: avec CD-Rom et accès en ligne. L'Holocauste interactif et à domicile? Les critiques suscitées par ce programme, ainsi que les problèmes de sécurité à régler (sans oublier le souci de ne pas donner la moindre prise aux négationnistes) ont au moins retardé ces projets. Il s'agit en somme de rendre présent un réel passé par la médiation du virtuel, à des fins pédagogiques. Spielberg pensait alors que cette forme d'histoire vidéo allait faire école. Elle va changer, disait-il, «la façon dont les gens vont conserver leur histoire, qu'il s'agisse du mouvement féministe, des droits civiques, des gays ou des lesbiennes». Pour lui, «l'étape suivante sera la guerre du Vietnam : *next in line for the on line* [10]». Le point notable est que l'on va ainsi du témoin au spectateur sans intermédiaire.

Spielberg n'arrivait pas sur un champ vierge, mais, vu les moyens dont il disposait, il a tendu à l'occuper tout entier. Bien antérieur était le Fortunoff Video Archive for Holocaust Testimonies, aux objectifs bien différents : non pas raconter une histoire, mais donner la possibilité à ceux qui le voulaient de raconter leur histoire. Dori Laub, cofondateur de ces archives, auteur avec Soshana Felman d'un livre souvent cité, *Testimony*, est à la fois un témoin lui-même (l'enfant survivant qu'il a été), quelqu'un qui s'est consacré à recueillir les témoignages des autres, et un observateur de l'acte même de témoigner [11]. De cette longue expérience de travail avec les témoins et sur les témoignages, il a tiré la notion d'«événement-sans-témoin», non pas évidemment qu'il n'y en a point, mais parce que l'éclatement de l'acte même du témoignage dissout la possibilité de toute communauté de témoignage.

Quel est le contexte de ces manifestations ? Le livre de Peter Novick, *L'Holocauste dans la vie américaine*, retrace les étapes qui ont fait passer l'Holocauste des marges au centre (aujourd'hui, cela veut dire plusieurs milliers de professionnels travaillant à plein temps), et éclaire le contexte de ce déplacement dans un pays réputé pour cultiver à la fois le goût des nouveautés et l'amnésie [12]. On a mis en avant la nécessité de lutter contre un antisémitisme renaissant, de contrer la poignée des négationnistes, mais surtout, dans un temps où l'identité se revendique comme différence, l'Holocauste devenait le seul dénominateur commun de l'identité des Juifs américains. À quoi s'ajoute, dans la course à la reconnaissance publique, cette espèce de compétition victimaire, que l'historien Charles Maier a appelée «*competition for enshrining grievances*»: avoir une place, sinon la première, dans cette compétition des souffrances endurées[13]. D'où le thème des leçons et du témoin dans le rôle, non de donneur, mais d'abord de porteur de leçon.

À ce point, et sans vouloir m'arrêter davantage sur l'Holocauste aux États-Unis, trois remarques de portée et d'ordre différents peuvent être faites.

Ne vivons-nous pas dans une économie médiatique qui marche au témoin? Il faut présenter un témoin (pensons aux nombreuses émissions de télévision, avec témoins grands ou ordinaires); il y a l'impératif du direct, l'exigence de proximité, eux-mêmes pris dans l'aura de la compassion. À la différence du témoin de Péguy, le témoin aujourd'hui ne parle plus comme un livre. Il ne se transforme plus en «historien», mais il est et doit être, au contraire, une voix et un visage, une présence; et il est une victime. Depuis les photos des camps au moment de leur libération, la part du visuel dans le témoignage n'a fait que croître, au point de devenir constitutive de son authenticité et de sa vérité. «Les photos ne mentent pas», proclamait l'éditorial du 26 avril 1945, du journal *Stars and Stripes*. Depuis lors, ces photos republiées dans la presse à l'occasion des commémorations, reprises dans les expositions et les musées sont devenues la référence pour mesurer l'horreur, l'aune à laquelle on évalue les crimes contre l'humanité perpétrés depuis lors[14]. Comme si nous devions passer par ces témoignages de référence pour nous persuader de la réalité et de la gravité d'autres crimes.

Recueillir, enregistrer, conserver, fixer les témoignages, chacun, et aujourd'hui si possible tous, le vieil impératif deutéronomique d'avoir deux témoins au moins n'a en l'occurrence pas cours, le problème n'est nullement là. Il s'agit, bien plutôt, de les écouter chacun dans sa singularité : permettre à chaque témoin de dire son histoire, enfin ou à nouveau.

La mise au premier plan du témoin amène aussi un élargissement de la notion de témoin. *Testimony* comporte des pages sur Paul Celan. Sa poésie est lue comme un témoignage sur l'extermination, ce qu'elle est assurément, mais on perçoit aussi ce qu'installer Celan dans le rôle du (simple) témoin peut avoir de réducteur pour son œuvre. Il en va de même de relectures récentes d'Albert Camus. Certes, *La peste* se donne comme un témoignage, une «chronique». «Étant appelé à témoigner, à l'occasion d'une sorte de crime», commence par déclarer le narrateur, le docteur Rieux ; puis il ajoute qu'il «a gardé une certaine réserve, comme il convient à un témoin de bonne volonté», même s'il se place du côté des victimes ; ou encore ceci : «le narrateur fait œuvre d'historien»[15]. Mais identifier sans plus le témoin Rieux au «témoin» Camus serait évidemment simpliste (et faux). Comme si après avoir un temps tout donné au texte, en proclamant l'élision du sujet, on voulait donner tout au sujet et plus rien au texte. Camus, après tout, connaissait aussi son Thucydide et la description de la peste d'Athènes.

De la relative indifférence de l'après-guerre à la

reprise dans les années 1970, la courbe du témoignage (dans sa réception au moins) enregistre, à
coup sûr, une urgence générationnelle, mais aussi,
dans une proportion difficile à mesurer, la volonté
plus que légitime de contrecarrer ces quelques
« assassins de la mémoire », venus installer leurs
tristes tréteaux exactement en ce point central et
douloureux du témoignage. Puisque le plan d'extermination prévoyait aussi la suppression des témoins,
tous, et des traces du crime, le témoignage a tenu
d'emblée une place cruciale. Pourtant, au fil
des années, le nombre des témoins et la masse des
témoignages retrouvés et découverts ont été gran-
dissants. Le plan a échoué ou, comme le dit Henri
Alleg dans *La question*, « Tout se sait toujours ». Or,
les révisionnistes ou négationnistes ont repris exactement là où les nazis s'étaient arrêtés, désireux
qu'ils étaient en somme d'achever le travail. « Mon-
trez-nous, ne serait-ce qu'un seul témoin. » Et
l'ironie veut que le père du révisionnisme, Paul Rassinier, sur la biographie de qui Nadine Fresco s'est
livrée à une froide autopsie, ait d'abord fait jouer
sa qualité de témoin, lui qui avait été déporté à
Buchenwald en 1944. Mais son témoignage visait
d'emblée, moins à dire ce qu'il avait vu et enduré,
non pas à établir, mais à réviser déjà : « à rétablir,
comme il l'écrit, la vérité à l'intention des historiens
et des sociologues de l'avenir[16] ».

Troisièmement, l'impossibilité du témoignage. Il
y a d'abord l'écart entre ce qui avait été subi et ce
que l'on pouvait en dire. Écart, relevé d'emblée par
Robert Antelme : « La disproportion entre l'expérience que nous avions vécue et le récit qu'il était
possible d'en faire[17]. » Mais aussi parce que, selon

l'expression, délicate à manier, de Dori Laub, il s'agit d'un «événement sans témoin» ou, dans la reformulation de Renaud Dulong, sans possibilité d'attestation partagée, comme si la règle des deux témoins ne pouvait justement pas s'appliquer. Primo Levi allait, lui, plus loin encore : «Nous les survivants, ne sommes pas les vrais témoins [...] ce sont eux, les musulmans, les engloutis, les témoins intégraux, ceux dont la déposition aurait une signification générale. La destruction menée à son terme, personne ne l'a racontée, comme personne n'est jamais revenu pour raconter sa propre mort[18].» Toute la réflexion d'Agamben part précisément de cette phrase de Levi. Et j'entends comme un écho direct de cette phrase dans ces cinq mots de Paul Celan :

> *Niemand*
> *zeugt für den*
> *Zeugen*[19].

Le témoin est seul : personne ne peut témoigner pour lui. Il n'a personne vers qui se retourner. Entre ce dont il a été témoin et les autres, il n'y a que lui. Ou, il est d'autant plus seul que le «vrai» témoin ne peut être là pour témoigner. Il est déjà ou d'emblée un témoin délégué ou de substitution, sur qui pèse, alors d'autant plus lourde, la charge d'avoir à témoigner. Non pas un jour, une fois, mais jusqu'au bout.

DU TÉMOIN QUI ENTEND
AU TÉMOIN QUI VOIT

En allant du présent vers un passé très lointain, entamons un détour historiographique, qui vaut aussi comme exercice de regard éloigné. Et d'abord quelque chose comme la préhistoire des rapports entre l'historien et le témoin.

Le grec ancien a lié voir et savoir, posant comme une évidence que pour savoir il faut voir, plutôt qu'entendre. Les oreilles, dit un personnage d'Hérodote, sont moins crédibles que les yeux[20]. *Idein*, voir, et *oida*, je sais, renvoient en effet à une commune racine *wid*. Nous l'avons déjà rappelé. Or, l'épopée homérique connaît un personnage qu'elle nomme *histôr*, où se retrouve donc cette même racine. Aussi, selon Émile Benveniste, ce dernier serait «un témoin en tant qu'il sait, mais tout d'abord en tant qu'il a vu[21]». Pourtant l'*histôr*, qui intervient dans deux situations de querelle, n'a en fait rien vu ni rien entendu. Lors des funérailles de Patrocle, Ajax et Idoménée sont en désaccord sur le point de savoir qui, après avoir tourné la borne, est en tête dans la course de chars. Ajax parie avec Idoménée et propose de prendre Agamemnon comme *histôr*[22]. Quel que soit le rôle exact d'Agamemnon, il est sûr qu'il n'a rien vu de la scène en question. Sur l'extraordinaire bouclier forgé par Héphaïstos pour Achille est représentée une scène où deux hommes qu'un grave désaccord oppose (le rachat d'un meurtre) décident de faire appel à un *histôr*[23]. Ce dernier n'est évidemment pas un témoin du meurtre.

Intervenant dans les deux cas dans une situation de différend, l'*histôr* est donc non pas celui qui, par sa seule intervention, va y mettre fin, donnant son arbitrage entre des versions conflictuelles, mais plutôt, je crois, le garant (pour le présent et plus encore pour l'avenir) de ce qui se trouvera avoir été convenu par les deux parties. Avant d'avoir des yeux, l'*histôr* doit donc avoir des oreilles[24].

Et le témoin alors? nommé en grec *martus*. L'étymologie nous conduit vers le radical d'un verbe signifiant se souvenir, sanscrit *smarati*, grec *merimna*, qui a donné en latin *memor(ia)*[25]. Quand, au moment de prononcer un serment, dans l'épopée toujours, on prend les dieux à témoin, *theoi marturoi*, les dieux sont invités, non à voir, mais à entendre les termes d'un pacte. Il s'agit aussi d'entendre et de garder en mémoire. Le *martus* a lui aussi d'abord des oreilles. Notons qu'on peut également dire, dans le cas d'un serment, «*Istô Zeus*» («Que Zeus l'atteste, soit témoin...»), où l'on retrouve cette même racine *wid* présente dans *histôr*. Le latin convoquera d'ailleurs Jupiter, en disant «*Audi Juppiter*» (Entends, écoute Jupiter).

Mais alors quelle différence entre *histôr* et *martus*, si tous deux ont d'abord (il ne s'agit pas de dire seulement) des oreilles? Ce qui change de l'un à l'autre, c'est le contexte d'intervention et leurs rapports respectifs au temps. L'*histôr*, qui intervient dans une situation de différend, est requis par les deux parties, il écoute l'une et l'autre, alors que le *martus* n'a à se préoccuper que d'un seul côté, plus exactement il n'y en a qu'un seul. Le martus intervient dans le présent et pour l'avenir, tandis que l'*histôr* doit ajouter la dimension du passé, puisque son intervention aujourd'hui engage pour l'avenir par rapport à une querelle surgie dans le passé (même récent).

De ce *martus*, comme témoin (non oculaire), c'est-à-dire garant, on est passé aisément au témoin comme autorité. C'est ainsi qu'Hérodote, pour évoquer, à l'appui de ce qu'il vient de déclarer, l'autorité de l'oracle d'Ammon en Égypte, dit qu'il «témoigne», «*marturei*»; de même Homère, convoqué sous la forme d'une citation, «témoigne», vient prouver une observation, un raisonnement du narrateur des *Histoires*[26]. Ce sont ceux qu'Aristote nommera dans sa *Rhétorique*, «les vieux ou les anciens témoins» (*palaioi martures*)[27]. De ce témoin non oculaire, Thucydide nous fournira un dernier exemple, quand il oppose ces témoins que sont des récits sur des événements anciens à ce qu'ont vu les auditeurs du discours qui est en train de leur être tenu: «Des événements très anciens à quoi bon vous parler, quand ils sont attestés plutôt par des récits (*martures logôn*) que l'on a entendus et non par ce qu'ont vu nos auditeurs (*opsis tôn akousomenôn*)[28].» Les «témoins» sont ainsi du côté des paroles et du passé: du côté de ce que l'on n'a pas vu ou pas pu voir.

Cet ancien *histôr*, tel que l'épopée nous le présentait sans s'y attarder, je le placerais donc à proximité du *mnêmôn*, cet homme-mémoire ou «record vivant», ainsi que l'avait nommé Louis Gernet, et en qui il reconnaissait «l'avènement dans le droit d'une fonction sociale de la mémoire[29]». Ne pouvant reprendre maintenant le chemin qui mène de lui au premier historien (à *historein* et *historiê*), je marquerai seulement ce qui du premier subsiste ou est passé dans le second. Hérodote emploie le verbe *historein* pour désigner le type de travail qu'il a mené, le plus souvent dans un contexte d'enquête orale. Quand il s'emploie à résoudre la controversée question des sources du Nil, il précise : « Je suis allé et j'ai vu de mes yeux (*autoptês*) jusqu'à la ville d'Éléphantine ; pour ce qui est au-delà j'ai mené une enquête orale (*akoei historeôn*)[30]. » Cette enquête, qui confronte ce qu'il sait, ou ce qui se dit, notamment du côté des Grecs à ce que disent ses interlocuteurs (certes parlant grec), garde quelque chose de la prise en compte des deux côtés, qui était la raison d'être de l'ancien *histôr*. De façon plus immédiatement frappante, a été depuis longtemps relevé le souci posé dès la phrase d'ouverture des *Histoires* de faire état de ce qui a été accompli tant du côté des Grecs que des Barbares, posant une symétrie que, par ailleurs, la formation même de ce couple Grecs-Barbares, par définition asymétrique, dément.

Revenons un instant encore à l'épopée. Dans la scène qui met face à face Ulysse et le barde des Phéaciens, est dessinée une remarquable configuration de savoir : celle de l'historien et du témoin, à la lettre, mais avant la lettre. En effet Ulysse, qui n'a pas encore recouvré son identité, lui a demandé de chanter la prise de Troie. Ce qu'il fait si bien, « de manière trop parfaite » dit le texte, qu'Ulysse ne peut s'empêcher de lui déclarer :

Tu chantes trop selon son ordonnance le malheur des Achéens
tout ce qu'ils accomplirent et souffrirent et tout ce qu'endurèrent les Achéens
comme si quelque part tu y étais toi-même ou que tu l'avais entendu d'un autre[31].

Comme si l'aède était un historien avant la lettre, alors qu'Ulysse sait pertinemment qu'il n'a rien vu ni rien entendu : il est le barde aveugle qui tire tout son savoir de l'inspiration de la Muse, qui, elle, se définit comme celle qui est toujours là, toujours présente et omnisciente. Ulysse le sait d'autant mieux qu'il est, lui, dans la position du témoin (*superstes*), ou même du seul témoin. Emblématique à plusieurs égards, cette scène met donc en présence un barde, sorte de super-historien, pour qui voir, entendre et dire ne sont qu'une seule et même chose — un « historien » qui occupe la position de seul sujet d'énonciation — et un témoin muet (qui pleure)[32].

Thucydide reprendra pour lui cette place d'énonciateur omniscient. Mais pour lui, qui se veut résolument moderne, bien éloigné non seulement du dispositif de la parole épique, mais aussi en rupture par rapport à l'*historia* de son prédécesseur immédiat, il lui faut légitimer une place d'énonciation gagée sur l'autopsie, ce qui va de pair avec une critique des témoins et de la mémoire et a pour corollaire que la seule histoire faisable est une histoire du temps présent. L'autopsie, pourrait-on soutenir, est une façon de récuser, ou de faire taire les témoins : l'œil de l'historien donc contre l'oreille des témoins.

Le latin dispose de plusieurs mots, qui ont été étudiés par Benveniste, pour désigner le témoin. Ils précisent sa fonction et enrichissent la notion. Outre *superstes*, déjà mentionné, il y a *arbiter* (au sens le plus ancien, celui qui assiste à quelque chose), *testis* (pour *terstis*, soit celui qui assiste en tiers), *auctor* (le garant, comme le *palaios martus* d'Aristote)[33]. En revanche, Rome n'a pas grand-chose à nous apprendre sur le témoin oculaire dans l'historiographie ou sur le couple témoin/historien. L'histoire romaine est, en effet, pour le dire trop vite, une histoire sans *historia* (au sens grec d'enquête), sans témoin, sans autopsie, et même sans deux côtés (Rome est tout entière dans Rome). Elle est conçue soit comme *opus oratorium*, si l'on suit Cicéron, soit comme *narratio*, récit littéraire composé par des auteurs (*scriptores*) qui ne sont pas n'importe qui et qui font appel, quand ils l'estiment nécessaire, à des garants ou des autorités (*auctores*).

L'AUTORITÉ DU TÉMOIN OCULAIRE

L'historien grec voulait soit retarder l'oubli des grands moments (Hérodote), soit donner un instrument permettant non de prévoir, mais de comprendre dans l'avenir ce qui vous arrivera (Thucydide), mais sa tâche ou sa mission n'était aucunement de transmettre, au plus près, une expérience à préserver comme telle, dans sa singularité. C'est seulement avec les premiers chrétiens, au tournant du Ier siècle de notre ère, que le témoin va devenir cette figure indispensable, cruciale pour l'établissement et la validation d'une chaîne de la tradition. Bien entendu, ce témoin, il a été Juif avant d'être Grec. Dès l'instant qu'on entre dans l'espace des religions révélées et du livre, la conception même du témoin ne peut rester indemne, et la figure moderne du témoin ne peut qu'en avoir été profondément marquée.

Le témoin est en effet une figure importante dans la Bible : témoin qui voit ou qui entend, témoin qui atteste et se porte garant, témoin qui témoigne devant le tribunal. Le Deutéronome fixe ainsi la règle fameuse (à laquelle j'ai déjà fait allusion) des deux témoins, au moins, qui sont nécessaires pour accuser et condamner un homme. Mais la scène du tribunal où le témoin est convoqué peut être trans-posée, comme dans Isaïe par exemple, où l'affaire se joue entre Iahvé, les nations et Israël[34]. Les nations sont invitées à produire leurs témoins (ce dont elles sont évidemment incapables, puisqu'elles n'ont aucun témoignage à faire valoir en faveur de leurs faux dieux), tandis que Iahvé fait de son peuple ses « témoins » (*martures*) et son serviteur. De plus, Iahvé se présente lui-même comme témoin, témoignant des autres ou pour les autres, avocat et juge, mais aussi, et il est le seul à pouvoir occuper cette position, témoin de lui-même.

Sur une scène moins grandiose et plus immédiate-ment proche de nos interrogations, Flavius Josèphe est, si j'ose dire, un bon « témoin ». Qu'il s'agisse en effet de l'épisode du suicide collectif dans la grotte de Yotapata ou du suicide de Masada, son récit, a-t-on observé, ne contrevient pas à la règle des deux témoins : lui-même et un de ses compagnons dans le premier cas, les deux femmes survivantes dans le second cas peuvent témoigner de ce qui s'est passé[35].

Là où Thucydide jouait, rappelons-nous, sur une disjonction entre le témoin et la vue, Flavius Josèphe opère une conjonction. Assistant au siège de Jérusa-lem, Titus est en effet déclaré par Josèphe « *autoptês kai martus* ». Le général en chef a vu de ses propres yeux (il pourrait être l'historien) et il est témoin (il a un pouvoir d'authentification). Car *martus* n'est pas simplement redondant, il ajoute une dimension d'autorité. Josèphe précise aussitôt que Titus est « le dispensateur souverain des châtiments et des récom-penses[36] ». Bel exemple d'expression aux résonances à la fois grecques et juives.

Josèphe a su aller encore plus loin dans cette voie. Pour défendre sa *Guerre des Juifs* contre les calomniateurs, il se présente comme un historien pratiquant l'autopsie, à la Thucydide donc. Son histoire est vraie. Mais il fait plus : il a, dit-il, « pris à témoin » ceux qui avaient commandé en chef dans la guerre, Vespasien et Titus. « L'empereur Titus, ajoute-t-il dans son *Autobiographie*, était si désireux que la connaissance des événements ne soit transmise aux hommes qu'à partir de mes seuls livres, qu'il leur apposa sa propre signature et en ordonna la publication[37]. » Là, on est aux antipodes de Thucydide et de la pratique historienne grecque, puisqu'on assiste à la première mise en place de la procédure, qui deviendra de règle au Moyen Âge, de l'authentification. Le témoin est le garant (l'*auctor* latin, retrouvant quelque chose de l'*histôr* homérique) et le meilleur témoin sera évidemment celui qui se trouvera détenir la plus grande autorité.

Reprenant ce cadre général, les chrétiens vont non seulement faire du témoin oculaire une pierre d'angle de l'Église naissante, mais aussi du témoin, du témoignage et de leur dramaturgie judiciaire une expression de la Révélation, une manière de la dire, en reprenant et en déplaçant l'Ancien Testament. Le texte le plus frappant à cet égard est l'Évangile de Jean, l'évangile du témoignage par excellence et sur le témoignage. Il s'ouvre sur le témoignage de Jean le Baptiste, interrogé par les Pharisiens, et dont toute la fonction est celle du témoin (il est d'abord une voix : « celui-là vint pour témoignage ») et il se referme sur ce verset, qui n'est pas de l'Évangéliste lui-même : « C'est celui-là le disciple qui témoigne toujours de ces choses, qui écrivit ces choses et nous savons que son témoignage est vrai[38]. » Il était là, lui le disciple que Jésus aimait, il l'a suivi, et quand il est entré dans le tombeau vide, « il a vu et il a cru ». Il est un témoin véridique (je laisse de côté la question de savoir si Jean, le fils de Zébédé est ou non l'auteur de l'Évangile). Entre le début et la fin, plusieurs épisodes sont rapportés, et notamment ce débat — au fond ce procès récurrent entre les Juifs, les Pharisiens en particulier et Jésus —, qui tourne autour de la question du témoignage. Qui est-il ? S'il dit témoigner de lui-même, son témoignage ne peut être vrai (en vertu même de la loi des deux témoins). Seul Iahvé peut témoigner de lui-même.

Le problème de Luc est différent et son intervention se place sur un autre plan. Il s'agit moins d'une mystique ou d'une théologie du témoignage que de la succession des témoins. N'ayant pas eu de contact direct avec les événements, puisqu'il appartient à la deuxième ou troisième génération, le moment est venu, estime-t-il, de procéder à une première mise en ordre et fixation de la tradition, en établissant une lignée témoignante. « Puisque beaucoup, écrit-il dans son prologue, ont entrepris de reproduire un récit des événements accomplis parmi nous, d'après ce que nous ont transmis ceux qui sont devenus dès le début témoins oculaires et serviteurs de la parole (*autoptai kai huperetai genomenoi*), il m'a paru bon, à moi aussi, après m'être informé méticuleusement de tout à partir des origines, de rédiger avec soin pour toi un écrit suivi, excellent Théophile, afin que tu puisses reconnaître la solidité des paroles que tu as entendues[39]. »

Tous les mots grecs comptent ; ils ont naturellement été commentés et le prologue, dans son ensemble, a été rapproché des préfaces des historiens ou des ouvrages scientifiques (médicaux) grecs. Luc indique au destinataire de son Évangile que son récit part des origines, en se fondant sur ceux qui ont vu de leurs propres yeux. Il n'emploie pas le grec «témoins», mais le mot aux résonances thucydidéennes *autoptai*. Les apôtres ont vu de leurs yeux. Mais à *autoptai* il accole immédiatement le mot *huperetai*, serviteurs, ainsi que la forme participiale *genomenoi* : il convient alors de traduire, je crois, par «ceux qui dès le début sont devenus *autoptai* et serviteurs». Ceux qui ont vu sont devenus serviteurs, ou, pour le dire autrement, ils ont vu et ils ont cru, et ceux qui dès le début sont devenus serviteurs sont ceux qui ont vu. Voir et servir vont de pair. Si bien que ceux qui ont vu sans devenir serviteurs, au fond n'ont pas réellement vu. Et ceux qui sont devenus serviteurs ont vu, pourrait-on ajouter, avec les yeux de la foi. C'est exactement en ce point que Kierkegaard fondera son paradoxe de la contemporanéité[40].

Enfin, on comprend comment, dans un tel contexte de valorisation du témoin, on puisse passer du témoin, *martus*, au martyr, celui qui témoigne par son sang, non de lui-même, mais du Christ et qui devient, à son tour, un maillon de la chaîne des témoins.

Quant à l'histoire, elle devient un peu plus tard avec Eusèbe de Césarée, *Histoire ecclésiastique*, précisément l'histoire de la succession des témoins, depuis le Sauveur jusqu'au temps présent. Elle a pour objet d'établir, de préserver et de transmettre la suite des apôtres et des évêques leurs successeurs, de faire la part de ce qui entre dans le canon des textes ou non. Pour cela, Eusèbe cite des «témoins», puis des témoins de témoins, les premiers étant justement ceux qui ont le plus d'autorité, et il réunit des «témoignages» (textes, lettres, documents divers). Au total, cette histoire est une histoire avec témoins, mais sans autopsie : l'écriture de l'historien est toujours en position seconde, même quand il en arrive au présent[41]. Alors que Thucydide faisait taire les témoins, lui leur donne toute la parole et s'efface derrière eux. L'historien en compilateur que nous trouverons expressément au XIIIᵉ siècle est déjà là.

DU TÉMOIN CONGÉDIÉ
AU RETOUR DU TÉMOIN

Arrivés à ce point de notre détour historiographique, toutes les composantes du témoin, telles que nous les avons reçues et oubliées, sont en place ; le reste du chemin peut donc être parcouru plus vite. Le témoin (humain et divin) est au centre des écrits chrétiens et au cœur de l'Église comme institution. Pourtant, ce triomphe du témoin semble, paradoxalement, ouvrir une ère où le témoin (comme présence vive) va se trouver congédié. Puisque celui qui va faire autorité dans les siècles suivants est avant tout le témoin comme *auctor*, comme autorité.

Au VIIIᵉ siècle, quand Bède entame son *Histoire ecclésiastique du peuple anglais*, il commence par nommer ses principaux témoins, *auctores*, ses garants, ses autorités, qu'il désigne également, une page plus bas, comme *testis*, le terme usuel pour témoin[42]. Il s'agit de personnes qui, elles-mêmes, ont acquis leurs connaissances de différentes façons (aussi bien oralement que par l'écrit). Comme Eusèbe, Bède ne fait que cueillir, réunir ces témoi-

gnages *ad instructionem posteritatis*. En traduisant
par «sources», comme le font les commentateurs
modernes, on brûle une étape. Une telle économie
du témoignage a en effet assez logiquement produit
un système d'évaluation organisé selon la polarité
de l'authentique et de l'apocryphe, qui est en fait
une pesée de l'autorité respective des témoins,
depuis celui qui en a le plus jusqu'à celui qui en est
le plus démuni. Un tel système de production et de
contrôle des énoncés ne recoupe pas, on le comprend aisément, le partage du vrai et du faux. Voilà
pourquoi le triomphe du témoin peut être dit aussi,
dans un autre sens, son chant du cygne.

Logiquement, l'historien, dans les prologues des
œuvres historiques de la fin du xiie jusqu'au
xive siècle, se présentera en compilateur (*colligere,
compilare*), revendiquant même cette qualité de
compilator. Il n'est pas *auctor*, mais *compilator*[43].
Compilateur veut dire d'abord qu'il n'est pas un
«témoin»: il n'a pas d'autorité propre. Que fait-il?
Il rassemble les textes des autres, son propre texte
est composé d'extraits justement d'*auctores*. Aussi,
logiquement, reste-t-il souvent anonyme. Mais bientôt, il se revendiquera, à la première personne et
avec son nom propre, en compilateur: «*Ego... com-
pilavi*»; je ne suis pas *auctor*, mais je suis l'auteur de
ma compilation. Au point que les prologues eux-
mêmes en viendront à être des compilations de prologues antérieurs. «Voyez, semble-t-il dire alors, je
suis un *compilator* qui connaît son métier!» Enfin,
par une nouvelle audace, cette autorité naissante du
compilator pourra l'amener à utiliser de temps à
autre, à côté des textes authentiques, un texte apocryphe, c'est-à-dire sans autorité propre, mais qui,
selon lui, peut être lu et cru. Ce qui se produit effec-

tivement à partir du xiiie siècle. Plus le *compilator* va devenir un auteur, moins l'*auctor* sera une autorité, ou, pour le dire autrement, la transformation de l'*auctor* de témoin en source passe par l'affirmation de l'historien en *compilator*.

Quand, au xixe siècle, l'histoire devient science, science du passé, il ne lui reste plus qu'à déclarer qu'elle se fait avec des «documents», à préciser, avec Langlois et Seignobos, qu'«authentique», «emprunté à la langue judiciaire ne se rapporte qu'à la provenance, non au contenu du document», et à poser qu'une science constituée ne peut accepter que «la transmission écrite[44]». L'histoire est la science des traces écrites. Depuis la rive du présent, l'historien absent n'est plus que cet œil lecteur d'archives. *Exit* le témoin. L'*auctor* s'en est allé. Mais le *compilator* aussi est récusé : les faits parlent, et l'historien, à l'instar de Bouvard et Pécuchet, devrait (idéalement) n'être plus qu'un *scriptor*, c'est-à-dire un copiste.

Bien entendu, cette science pure, positive et critique, à laquelle un Fustel de Coulanges aurait tant voulu croire, a toujours été contestée. Elle a été récusée, mais aussi relayée par une science qui cherchait en profondeur dans des structures invisibles à l'œil nu la saisie au plus vrai du mouvement réel des sociétés, dans la lignée de cette invisible visibilité poursuivie par Michelet[45]. Histoire qui compte et qui mesure, histoire anonyme des forces productives, histoire archéologique, voire architectonique des très longues durées. Les véritables témoins sont des indices à calculer et les témoignages des courbes à construire. Les sources deviennent des données qui, dûment traitées et mises en machines, disent ce qu'elles ne pouvaient dire à l'état brut. Mis en série, les témoignages répondent à des questions qu'ils ne posaient pas directement. Les témoins de premier niveau ne savent pas ce qu'ils disent, plus exactement ils ne pouvaient pas le savoir : seul l'historien (mais cela vaut pour tout spécialiste des sciences sociales) est à même de déchiffrer, c'est-à-dire de reconstruire les messages dont ils étaient porteurs. S'il pratique et revendique une autre forme d'autopsie que Thucydide, cet historien des traces de moins en moins visibles (invisibles à l'œil nu) a la même ambition ou prétention de voir le réel, et comme lui, en tout cas, il est bien le seul sujet d'énonciation. Un passage s'opérera de cette histoire anonyme à une histoire *des* anonymes : ce sera, pour une part, le cahier des charges d'une histoire des mentalités. Jusqu'à la gageure, relevée par Alain Corbin, d'écrire l'histoire d'un anonyme dans son anonymat individuel[46].

Mais au long du XIXe et du XXe siècle, des voix dissonantes n'ont cessé de se faire entendre qui toutes, d'une manière ou d'une autre, ont cherché à réintroduire le témoin et le témoignage. Non pas comme système d'autorités, bien sûr, réglant ce qui est recevable, ni comme élément constitutif d'un indice, mais comme présence : comme voix et comme mémoire vive. Au premier rang, on rencontrerait Michelet, invoqué justement comme ancêtre de l'histoire des mentalités. « Dans les galeries solitaires des Archives où j'errais vingt années, dans ce profond silence, des murmures cependant venaient à mon oreille. Les souffrances lointaines de tant d'âmes étouffées de ces vieux âges se plaignaient à voix basse[47]. » Les documents sont des voix qui obligent et qui sont porteuses d'une dette à acquitter. Mais, pour entendre ces témoignages, l'historien doit aller aux archives, c'est-à-dire plonger dans les profondeurs d'une époque. Il doit « passer et repasser le fleuve des morts », délibérément transgresser la frontière entre le passé et le présent. Il lui reste ensuite à faire entendre ces voix, ce qui ne signifie nullement s'effacer devant elles. C'est, au contraire, cette opération qui, selon Michelet, révèle le véritable historien.

On pourrait évoquer ensuite Péguy qui, marqué de façon indélébile par l'affaire Dreyfus, ne cessa d'opposer mémoire et histoire, Michelet à Langlois, Seignobos ou Lavisse. Il aurait tant voulu que Dreyfus lui-même ne prêtât pas la main à la transformation de l'Affaire en histoire. L'histoire est « longitudinale », disait-il, alors que la mémoire est « verticale » et « remémoration »[48].

L'Affaire a eu aussi une conséquence importante non prévue, qui est comme un cas particulier dans la longue histoire des rapports entre l'historien et le témoin. Des historiens sont intervenus comme témoins lors du procès Zola et lors du procès de Rennes. Du point de vue du code, ils sont des témoins (et doivent se comporter comme tels, prêter serment, respecter le caractère oral des débats), mais techniquement, c'est leur expertise de savant (et l'on fait sonner leurs titres dans le prétoire) qui leur permet de réfuter avec autorité les Bertillon et les autres, qui sont les experts officiels[49]. On retrouve là le témoin en *auctor*, en autorité livresque, à ceci près qu'il vient du passé jusque dans le présent, récusant, pour une fois ou pour un instant, la coupure que, le reste du temps, sa pratique affirme devoir requérir. De cette expérience, il demeurera jusqu'à aujourd'hui une matrice dreyfusarde du rôle de l'historien. Sinon justicier ou « chargé de la vengeance des peuples», en tout cas sur une scène judiciaire effective ou supposée, l'historien (quelques historiens serait plus exact) s'engagera dans les affaires de son présent: tantôt témoin (mêlant *auctor* et autopsie), tantôt juge d'instruction (refaisant une instruction mal faite, démasquant les faux témoins, suppléant aux témoignages manquant). Après *L'affaire Audin* de Pierre Vidal-Naquet (1958), il y a eu, au cours des années 1980 et 1990, la lutte contre le révisionnisme et les procès pour crime contre l'humanité, où l'on a retrouvé l'historien en témoin[50].

Dans ce même cortège des voix dissonantes, et marquée par la guerre de 1914, on pourrait placer la réflexion de Walter Benjamin, organisée autour de la notion de «remémoration», ainsi qu'une bonne part des critiques adressées à l'historisme.

Plus près de nous, à partir du milieu des années 1970, le brusque intérêt pour l'histoire orale, à laquelle Philippe Joutard a consacré un livre — sous le titre *Ces voix qui nous viennent du passé*, faisant lui-même écho au livre de P. Thompson, *The Voice of the Past* —, serait une claire indication. Histoire orale? Non, ont alors répondu certains historiens, comme Pierre Goubert. «Chacun veut son cheval d'orgueil, son ancêtre vaticinant ou sa mère Denis et nos pédagogues en raffolent: c'est ce qu'on appelle l'histoire orale (des racontars éventuels)[51].» D'autres, la majorité des historiens du contemporain, ont répondu après réflexion: l'histoire orale? Oui, mais à condition de parler de «sources orales[52]». Nous avons vu comment l'*auctor* s'était mué en source, aujourd'hui le témoin a resurgi comme voix, l'histoire professionnelle lui tend volontiers ses micros, mais à condition de pouvoir l'inscrire dans ses registres comme «source». D'où peut-être l'ambiguïté de cette définition de l'histoire contemporaine ou du temps présent comme «histoire avec témoins» : dans ce couple proposé par l'historien, le témoin ne risque-t-il pas d'oublier qu'aux yeux de l'historien il n'est finalement qu'une source. N'est-t-il pas tenté d'échapper à ses mentors et de parler en son nom propre? Ne trouve-t-il pas des oreilles, des micros, des médias pour l'écouter, voire pour le solliciter et le faire parler? Sans intermédiaire. Et l'historien parle alors moins de mémoire et d'histoire de la mémoire, mais plus d'histoire, c'est-à-dire d'archives écrites, de critiques des sources et du métier d'historien. Son cauchemar serait peut-être celui d'une mémoire, à la fois marchandise et sacralisée, fragmentée et formatée, éclatée et exhaustive, échappant aux historiens et circulant *on line*, comme l'histoire vraie de l'époque.

Dernière voix dissonante, en apparence au moins, celle de Claude Lanzmann. Elle n'est pas si éloignée, dans son principe au moins, de celles de Péguy ou de Benjamin. Lanzmann s'est en effet opposé avec constance aux historiens et à ce qu'il nomme leur «point de vue surplombant». Avec *Shoah*, il a justement voulu «réhabiliter le témoignage oral». C'est un film de témoins et sur le témoignage, mais pas sur les survivants et leur destin, sur la «radicalité de la mort» plutôt. *Shoah*, a-t-il dit et répété, n'est pas de l'ordre du souvenir, mais de l'«immémorial», car sa vérité est dans «l'abolition de la distance entre passé et présent[53]». Sa force est en effet de faire voir au spectateur des «hommes qui entrent dans leur être de témoin[54]».

Avec le film de Lanzmann, je rejoins mon point de départ. Car cette dernière voix dissonante est en fait en pleine résonance avec la centralité récemment acquise d'Auschwitz (plus nettement perceptible encore aux États-Unis qu'en France où elle doit passer par le prisme gris de Vichy). La lame de fond mémorielle qui a saisi le monde occidental (et occidentalisé) n'est en effet pas séparable de et serait incompréhensible sans l'onde propagée par Auschwitz. Le témoin est porté par elle, mais il la porte également, lui qui en est, si je puis dire, le visage et la voix, la rumeur aussi. En attendant d'autres vagues et d'autres lames.

À ce point, concluons avec trois remarques.

L'historiographie du XXe siècle peut s'inscrire, en gros, dans un paradigme de la trace. Avec la montée du témoin, c'est la voix, le phénomène de la voix qu'il faudrait prendre en compte. Je suis loin d'être sûr que l'appellation «sources orales», proposée par les historiens, suffise à régler le problème. Paul Ricœur, observateur toujours aigu et rapide de ce qui est en train de se passer, a repris ou complété sa réflexion sur le récit historique par un examen des échanges entre mémoire et histoire. Tenant le témoignage pour une «structure de transition» entre la mémoire et l'histoire, il propose de «substituer à l'énigme de la relation de ressemblance (si et comment un récit ressemble à un événement) celle, peut-être moins intraitable, de la relation fiduciaire, constitutive de la crédibilité du témoignage[55]». Épistémologiquement, ce déplacement ou ce complément aide à comprendre et à réfléchir. Des questions, naturellement, demeurent.

Le témoin d'aujourd'hui est une victime ou le descendant d'une victime. Ce statut de victime fonde

son autorité et nourrit l'espèce de crainte révéren-
cieuse qui parfois l'accompagne. D'où le risque
d'une confusion entre authenticité et vérité, ou pire,
d'une identification de la seconde à la première,
alors que l'écart entre la véracité et la fiabilité d'une
part, la vérité et la preuve de l'autre devrait être
maintenu.

À plusieurs reprises, George Steiner a mis en
rapport la nuit du Golgotha et les fumées d'Auschwitz, indiquant que les «connexions» de l'une aux
autres restaient à penser[56]. Je n'ai aucun titre à me
prononcer sur ce point et ne voudrais pas risquer
de bricoler de la théologie à bon marché. Mais le
parcours que nous venons de faire conduit, au
moins, à mettre en regard ces deux moments forts
de crise du témoignage, respectivement autour du
Ier siècle, et les années 1980. Si les contenus, les
messages, les temporalités induites, etc., sont tout
autres, on trouve, à tout le moins, des deux côtés, la
même question de l'urgence à témoigner et celle de
la transmission (le *vicarious witness*)[57]. Ce que j'ai
appelé le triomphe du témoin (le premier moment)
a débouché sur une forme d'histoire, de témoignages justement, l'histoire ecclésiastique, qui a
durablement marqué l'historiographie occidentale.
Le second moment, actuel, avec la considérable littérature de témoignage (au sens large) qui désormais
l'accompagne et ne cesse de croître, ne risque-t-il
pas de réactiver, en toute ignorance, quelque chose
de ce modèle ?

L'histoire est écrite par les vainqueurs, mais pour
un temps seulement, a rappelé Reinhart Koselleck,
car «à long terme les gains historiques de connaissance proviennent des vaincus[58]». Ce que je refor-
mulerai, en convoquant une dernière fois mon

histôr du début. Alors que l'histoire des vainqueurs
ne voit qu'un seul côté, le sien, celle des vaincus
doit, pour comprendre ce qui s'est passé, prendre
en compte les deux côtés. Une histoire des témoins
ou des victimes peut-elle faire droit à cette exigence
qu'emporte avec elle le très vieux mot d'*historia* ?

Chapitre 6

CONJONCTURE
FIN DE SIÈCLE :
L'ÉVIDENCE EN QUESTION ?

Ce ne sont que des notes, extraites du carnet d'un historien. Rien de plus que des croquis rapides de plusieurs traits de la conjoncture récente. Faire de l'histoire aujourd'hui ? D'abord comment poser la question, trente ans après les volumes dirigés par Jacques Le Goff et Pierre Nora, parus sous ce titre, devenus vite fameux, avec leur tripartition : nouveaux objets, nouvelles approches, nouveaux problèmes ?[1].

Les pages qui suivent prolongent les précédents chapitres centrés sur les querelles du récit et sur le témoin et l'historien : façons modernes de reprendre la question de l'évidence. Le premier suggérait de regarder la question du récit et de son « retour » et, plus largement, le phénomène du tournant linguistique dans une perspective de plus longue durée. Il en allait de même pour le second retraçant les rapports noués entre le témoin et l'historien. La montée récente du témoin dans l'espace public est en effet un clair indice des changements de la conjoncture et, en particulier, de la place qu'y a prise désormais la catégorie du présent[2]. Quant au regard éloigné de Lévi-Strauss, il nous a aidés à mettre l'histoire en perspective.

À cette première esquisse ajoutons encore trois traits supplémentaires : les problèmes soulevés par les archives, la question du juge et de l'historien, celle de l'épistémologie de l'histoire. Il n'y a rien là de radicalement nouveau, pas de nouveaux objets, mais des questions renouvelées ou délaissées auxquelles les historiens se trouvent confrontés. Sur les archives s'est concentré tout un faisceau de questions, à commencer par celle de la nécessité de créer un nouveau lieu de stockage et de consultation pour faire face à la saturation des sites existants. Après bien des atermoiements, il a été finalement décidé en 2004 par le président de la République française, d'édifier un nouveau centre localisé à Pierrefitte (Seine-Saint-Denis). D'une capacité de trois cent vingt kilomètres linéaires, il est destiné aux fonds postérieurs à 1789. Comme toujours, rien ne peut se faire sans une décision du prince et le prince pense en termes de grands travaux. Quant au projet, souvent annoncé et régulièrement remis, d'une nouvelle loi sur les archives, il n'est plus à l'ordre du jour, on annonce maintenant une simple refonte de la loi de 1979[3]. La question du juge et de l'historien a pris de l'importance à l'occasion de différents procès, en particulier ceux intentés pour crimes contre l'humanité et en fonction de la judiciarisation manifeste de notre espace public. Nous l'aborderons en proposant au lecteur un détour par Charles Péguy, lui qui n'a cessé de méditer sur l'affaire Dreyfus. Aussi est-ce moins la question du juge que celle du « jugement historique » que nous soulèverons. Quant à l'épistémologie, la tentation de l'épistémologie plus exactement, pour reprendre une mise en garde de Pierre Chaunu, elle est un des traits du mouvement réflexif qui a

saisi toutes les disciplines dans les vingt ou vingt-
cinq dernières années. Comme si l'évidence de l'histoire, au premier sens du mot, se brouillait quelque
peu, amenant l'historien (avec d'autres et après
d'autres) à s'interroger sur sa démarche, sa place et
sa fonction.

ARCHIVES ET HISTOIRE (1979-2001)

«Pour le monde antique l'histoire se fait *parce
qu'on n'a pas* de documents. Pour le monde moderne
elle ne se fait pas, *parce qu'on en a*[4].» Parce qu'on
en a, parce qu'on en a trop, voulait bien sûr dire
Charles Péguy. Qu'écrirait-il aujourd'hui, alors même
que, depuis 1945, la masse documentaire a été mul-
tipliée par cinq et qu'elle se déroulerait sur plus de
trois mille kilomètres linéaires[5]? Que faire face
à cette production de masse? tout conserver? que
retenir (c'est la question des «nouvelles archives»)?
comment conserver? Les archives? combien de
kilomètres de rayons à construire, pourraient
demander (plutôt ont demandé) les ministres successifs de la Culture? Questions subsidiaires: sur
quels sites les répartir? en opérant quels décou-
pages ou regroupements? Ce sont là des problèmes
posés depuis un nombre déjà respectable d'années,
toujours d'actualité pour un demain qui est déjà
bien là. À ces questions techniques et politiques,
s'ajoutent, venus d'hier, d'autres problèmes: ceux
liés à l'histoire, longue de deux siècles maintenant,
de l'institution des Archives, et, en particulier, ceux
(fréquemment soulevés ces dix dernières années)
qui découlent des conditions légales et pratiques
d'accès aux archives contemporaines.

Du point de vue de l'encadrement légal, on est passé, depuis vingt ans, de la loi de 1979 (la première depuis la Révolution) à l'attente d'une nouvelle loi : 1999 aurait dû être « l'année des Archives ». En 2005, on sait qu'il n'y aura finalement pas de loi... Alors qu'il avait fallu près de deux siècles pour légiférer, pourquoi fallait-il, si rapidement, en appeler de nouveau au législateur ? La loi de 1979 semblait pouvoir durer. Pour la première fois était en effet donnée une définition (très large) de la notion même d'archives. « Les archives sont l'ensemble des documents, quels que soient leur date, leur forme et leur support matériel, produits ou reçus par toute personne physique ou morale, et par tout service ou organisme public ou privé, dans l'exercice de leur activité. »

La conservation de ces documents est organisée « dans l'intérêt public, tant pour les besoins de la gestion et de la justification des droits des personnes physiques ou morales, publiques ou privées, que pour la documentation historique de la recherche » (art. 1). Toujours en 1979, un arrêté avait fixé les missions de la Direction des Archives de France : « gérer ou contrôler les archives publiques qui constituent la mémoire de la nation et une part essentielle de son patrimoine historique ». Ainsi que l'avait relevé Krzysztof Pomian, toute la problématique de la loi est traversée par « la distinction de la mémoire et de l'histoire[6] ». Plus exactement, par leur juxtaposition. On parle de mémoire, de nation et de patrimoine historique. Comment s'articulent ces différentes notions qui circonscrivent aussi des missions ? D'où des conflits possibles. Où s'arrête la mémoire et où commence l'histoire ? Qui en décide ? C'est justement là que vont surgir les contestations :

sur les délais de consultation et sur le régime des dérogations (avec son inévitable cortège de soupçons).

«Mémoire de la nation», «patrimoine historique»: 1980 fut l'année du patrimoine. Le grand manège du patrimoine se mettait en mouvement, les archives y avaient leur place, mais les archivistes auront eu probablement le sentiment d'avoir été les laissés-pour-compte des années patrimoine, les musées et les bibliothèques faisant davantage recette. Le prince décida d'une «très grande» bibliothèque, mais pas d'un très grand centre d'archives! Toutefois, les archives départementales, dépendant des conseils généraux, ont pu disposer de plus de ressources et bon nombre de villes moyennes ont créé, depuis une vingtaine d'années, des services d'archives modernes, justement pour répondre aux demandes nouvelles.

Depuis longtemps les historiens, qui ont appris que «l'histoire se faisait avec des documents», ont pris le chemin des archives. Michelet se targuait d'avoir été un des premiers. Quand s'impose peu à peu, avec les *Annales*, une histoire économique et sociale, reposant sur les dénombrements et la constitution de séries, faisant appel au traitement statistique des données et à l'ordinateur, plus que jamais on va fréquenter les archives. Mais ce qu'on y cherche est différent: registres paroissiaux, actes notariaux, séries démographiques. Les historiens modernistes sont les pionniers de cette «nouvelle archivistique». La distance entre archive et événement, archive et mémoire se creuse. D'elle-même l'archive ne dit rien ou presque. Non plus donnée, mais produite, elle devient en effet un objet d'ordre second: abstrait. Comme l'écrit alors Michel de

Certeau : « Elle efface l'interrogation généalogique d'où elle est née, pour devenir l'outil d'une production. »

Dans ces mêmes années (1970 et 1980), on parlait d'ailleurs volontiers, dans le sillage de Foucault, de « l'archive » au singulier (même si entre « l'archive » de *L'archéologie du savoir*, conçue comme système général de la formation et de la transformation des énoncés, et « les archives » le passage n'était pas vraiment immédiat). Ainsi la revue *Traverses* intitule-t-elle un de ses dossiers, publié en 1986, *L'archive*. Si l'interrogation centrale porte sur cette volonté qui se fait jour de tout archiver, plusieurs des articles traitent des archives et de mémoire collective. Avec *Le goût de l'archive*, de l'historienne Arlette Farge, qui paraît trois ans plus tard (1989), on passe d'une archive à l'autre, même si l'on reste encore sur la période moderne (le XVIIIe siècle et les archives judiciaires). L'archive visée n'est plus l'abstraction, l'objet d'ordre second, mais, au contraire, le document dans sa matérialité, non plus la série, mais le témoin, le singulier, tout en sachant garder une vigilance critique. Tel prisonnier de la Bastille, dit-elle très bien, « fugitif passant de l'archive, est un être de raison, mis en discours, que l'histoire doit prendre pour interlocuteur[7] ». On renoue avec la voie de Michelet.

Les archivistes pas plus que les historiens ne travaillant en état d'apesanteur, ces différents indices sont à rapporter à une conjoncture qui a changé[8]. Quelques termes sont autant de maîtres mots qui la travaillent et l'expriment. Entre autres : mémoire et patrimoine (déjà rencontrés dans la loi de 1979), présent (celui de l'histoire du temps présent ou du « passé qui ne veut pas passer »), identité, génocide

et crimes contre l'humanité, témoin, juge et historien, transparence et responsabilité. Mais au grand
mot d'ordre de transparence, repris par tous et chacun, s'oppose, dans le cas des archives, un autre
principe, non moins brandi par chacun et tous,
celui de la protection de la vie privée. Si l'on ajoute
encore la chute du mur de Berlin et l'ouverture des
archives à l'Est (avec, pendant un temps, leurs lots
de scoops), on a les éléments qui permettent de
rendre compte de l'investissement très fort qui
s'opère sur le contemporain, ce qui n'empêche pas,
tout au contraire, une forte demande mémorielle.
Tout a concouru en effet (sur fond des procès pour
crimes contre l'humanité) à faire, en France, des
archives de la période de Vichy un enjeu central,
tandis que celles de la guerre d'Algérie et de la colonisation n'allaient pas tarder à remonter des caves.

Si les archives sont « la mémoire de la nation », le
devoir de mémoire et l'exigence (démocratique) de
transparence impliquent qu'elles soient aisément
consultables, pas seulement par des chercheurs
patentés. Pour interroger les archives, vient dès lors
au premier plan un vocabulaire qui emprunte, à la
fois, à la critique traditionnelle des sources et au
judiciaire. L'archive est en effet un témoin, une
preuve ; on parle de secret, de dissimulation, d'aveu.
Il ne s'agit plus de nouvelle archivistique, ni même
du *Goût de l'archive*, mais, avec Sonia Combe, des
Archives interdites (1994) — mais pas pour tout le
monde — ou, carrément, des *Aveux des archives*
(1996), dont la quatrième de couverture informe le
lecteur que « chaque page est une révélation[9] ». Car,
selon l'auteur, Karel Bartosek, il y eut au fond deux
histoires, « celle qui n'était qu'apparence » et « celle
qui est réellement advenue ». Justement, à découvrir

dans les archives, puisque, paradoxalement — à première vue du moins —, ces régimes bureaucratiques ont été aussi les archivistes zélés de ce qui s'est vraiment passé. On retrouve le partage entre ce qui se voit et ce qui ne se voit pas, entre l'apparence et la réalité, entre l'illusion et ce qu'il en est véritablement.

Du «fichier juif», retrouvé en 1991 au ministère des Anciens Combattants (et finalement déposé au Mémorial juif), aux archives de la manifestation du 17 octobre 1961, organisée par le FLN et sauvagement réprimée par la police parisienne, les dix dernières années ont été marquées par une suite de mises en cause publiques dont les médias se sont fait largement l'écho : de la loi de 1979, du fonctionnement des archives et, plus généralement, d'une culture du secret de l'Administration. Crispations sur les archives et douleurs de la mémoire vont de pair.

Qu'en est-il résulté ? Les historiens interpellés ont aussi vertement répliqué qu'ils avaient été lourdement suspectés d'être des chercheurs domestiqués. Pris, pour ainsi dire, à contre-pied par toute cette agitation, les archivistes, d'abord et surtout préoccupés de faire face à l'accroissement si rapide de la masse documentaire et de s'adapter aux nouveaux publics, n'ont su ou pu que rétorquer : «Nous ne sommes que des intermédiaires entre les administrations versantes et les lecteurs et nous ne faisons qu'appliquer la loi ; d'ailleurs nous accordons des dérogations chaque fois que nous le pouvons.» On ne demande qu'à les croire. Et puis les archives ne commencent pas en 1940. Tout se passant comme si, présentisme aidant, elles se limitaient aux seules archives contemporaines.

Quant au pouvoir politique, il a commencé, selon une habitude dont la consultation des archives pourrait justement témoigner, par commander un rapport. Ce fut le rapport Braibant, remis au Premier ministre en juin 1996, suivi, deux ans plus tard, d'un second, le rapport Bélaval, du nom du directeur des Archives du moment (en novembre 1998). Il ne restait plus, disait-on alors, qu'à attendre 2001 et la nouvelle loi sur les Archives (qui depuis n'a plus été de saison).

Entre les deux rapports, il y eut toutefois une circulaire du Premier ministre, en date du 3 octobre 1997 (soit à quelques jours de l'ouverture du procès Papon et peu après la déclaration de repentance de l'Église de France), qui assouplit les règles de consultation des documents relatifs à la période 1940-1945. Rappelant que «C'est un devoir de la République que de perpétuer la mémoire des événements qui se déroulèrent dans notre pays entre 1940 et 1945», elle invite à aller plus loin en matière de dérogations, sans s'attacher «à la personnalité ou à la motivation des personnes qui sollicitent une dérogation». C'est, en somme, de la part du politique, la traduction pour l'Administration du devoir de mémoire et un quidam doit avoir droit à sa dérogation, ou, plus exactement, on ne peut lui opposer sans plus sa qualité de quidam pour la lui refuser. Une seconde circulaire, du 5 mai 1999, du même Premier ministre, Lionel Jospin, annonce: «Dans un souci de transparence, et par respect pour les victimes et leurs familles, le gouvernement a décidé de faciliter les recherches historiques sur la manifestation organisée par le FLN le 17 octobre 1961.» Papon fait une fois encore le lien. Le 26 mars, il a perdu le procès en diffamation qu'il avait intenté, cette fois en tant qu'ancien préfet de police, à Jean-Luc Einaudi sur la question des victimes de la manifestation et de leur nombre.

Si le rapport Braibant préconisait, notamment, un raccourcissement des délais de consultation (vingt-cinq ans au lieu de trente, cinquante ans au lieu de soixante pour certains cas limites), le rapport Bélaval, sous le titre «Pour une stratégie d'avenir des Archives nationales», se concentre sur l'institution même. Notant qu'il conviendrait de «mettre un terme à des années de négligence», il mettait l'accent sur «le rôle civique» que peuvent et doivent jouer les Archives. Se prononçant pour «un grand centre de la mémoire moderne et contemporaine», implanté dans la région parisienne, il préconisait «une Cité des Archives pour remettre les Archives au centre de la Cité[10]». On était là dans les démarches citoyennes autour du thème de la société civile.

De ces mises en question, prises dans et marquées par la conjoncture actuelle, peut émerger, plus nettement, le constat que les Archives sont une institution centrale et marginale tout à la fois. On l'a traitée comme marginale, tout en en rappelant sa place centrale. Schizophrénie assez courante de la sphère publique. Si son passé est évidemment lié à l'histoire de l'État, son présent et son avenir ne sont pas moins dépendants du rôle que peut ou pourra, veut ou voudra jouer l'État, ou non, dans le futur. On constate qu'à l'intérieur de l'État lui-même, les Archives nationales se voient dépossédées de la responsabilité des fonds de grands ministères ou d'assemblées souveraines. Ainsi, en a décidé en 2001 le Conseil constitutionnel pour ses propres archives[11].

Quant aux archives, qu'elles soient volontaires ou involontaires, écrites ou figurées, transcrites ou enregistrées, elles sont un objet d'histoire à part entière, sur les multiples dimensions (matérielles, institutionnelles, intellectuelles) duquel archivistes et historiens devraient avoir profit à réfléchir en commun. Bref, les archives, avec et sans majuscule, peuvent connaître, elles aussi, leur moment historiographique et leur mouvement réflexif, et tous les intéressés gagneraient à le reconnaître. La qualité des recherches ne pourrait qu'y gagner.

JUGER

Faire un détour par Charles Péguy est une manière d'introduire une réflexion sur le jugement. Il ne fournit certes pas un vade-mecum pour historiens pressés de faire leur siège, mais montre une pensée au travail dans la suite des ébranlements de l'affaire Dreyfus. Avant de savoir si l'historien est ou n'est pas un juge (et quel juge?), il vaut en effet la peine de réfléchir sur ce que peut signifier juger du point de vue historique.

« Il est évident que le jugement historique n'est pas un jugement judiciaire ; nous savons par une expérience malheureusement abondante — et de cette expérience l'affaire Dreyfus ne fut qu'une illustration parmi d'autres et après tant d'autres —, nous savons pour l'avoir éprouvé combien peu les jugements judiciaires, militaires et civils à peu près également, sont juridiques, et combien surtout ils sont peu justes, or ce que nous demanderons d'abord aux jugements historiques, en admettant provisoirement qu'il y en ait, ce sera d'être justes [12]. »

Pourquoi Péguy? Péguy a toujours eu ses fidèles, un bulletin, *L'amitié Charles Péguy*, mais il n'a jamais été une référence centrale : la boutique des *Cahiers de la Quinzaine* est toujours restée sur l'autre trottoir de la rue Victor-Cousin, en face, mais en dehors de la Sorbonne. Les *Cahiers* ont été créés sous le signe de la rupture, notamment avec Lucien Herr, et Péguy a d'emblée annoncé la couleur : « Tous les cahiers sans aucune exception sont faits pour mécontenter un tiers au moins de la clientèle[13]. » L'incessant piétinement de son écriture, avec ses répétitions, ses accumulations, préparant l'avancée suivante, cette laborieuse rumination que le lecteur est invité à partager, tout cela a irrité et a été moqué. Charles-Victor Langlois y voyait du « bafouillage ». En outre, si, après sa mort, on a édité du Péguy, on ne dispose que depuis 1992 des *Œuvres en prose complètes*, grâce à Robert Burac.

Péguy est donc là, mais, en règle générale, on ne sait trop qu'en faire, les historiens surtout. Même s'il a eu, en la personne de Jules Isaac, un disciple passionné et fidèle[14]. Pourtant, il est de très loin celui qui, entre 1897 et 1914, a le plus réfléchi et écrit sur l'histoire. Pour en dire du mal, il est vrai ! Du moins d'une certaine histoire, celle de Langlois et Seignobos (des dreyfusards pourtant), sans oublier Lavisse, qui « régnait sur tout, présidait à tout[15] ». Par comparaison, les critiques et moqueries de Lucien Febvre à l'égard de l'histoire positiviste auront un air bien académique (mais il parlera de l'intérieur de la discipline et de ses aînés). En 1909 encore, Péguy dépose, en vue d'une thèse principale, un sujet : « De la situation faite à l'histoire dans la philosophie générale du monde moderne ». À plusieurs reprises, il en annonce la soutenance prochaine. Pourtant, de ce travail existe seulement un dossier de notes (publié sous le titre «Notes pour une thèse»[16]). Mais l'histoire, elle, est présente, voire centrale dans nombre de ses textes où elle est interrogée, bousculée, moquée: *Zangwill* (1904), *De la situation faite à l'histoire et à la sociologie dans les temps modernes* (1906), *Clio. Dialogue de l'histoire et de l'âme païenne* (posthume), *L'argent* et *L'argent suite* (1913).

Or, Febvre, portant un sévère diagnostic rétrospectif, écrira de cette même époque, où l'histoire nouvelle triomphait et semblait conquérir toutes les disciplines, qu'en réalité «chaque année qui passait donnait à sa voix, un peu plus, le son caverneux d'une voix d'outre-tombe» et, dans sa leçon inaugurale du Collège de France (1933), il empruntera à Péguy, justement, cette ironique présentation du travail de l'historien: «Les historiens font de l'histoire sans méditer sur les limites et les conditions de l'histoire. Sans doute ils ont raison. Il vaut mieux que chacun fasse son métier [...] d'une manière générale il vaut mieux qu'un historien commence par faire de l'histoire, sans en chercher aussi long. Autrement il n'y aurait jamais rien de fait[17].» Febvre, lecteur de Péguy? Un peu, probablement (cette même citation lui servira à plusieurs reprises). Péguy, lui en tout cas, a médité sur les limites et les conditions de l'histoire et, en ce domaine aussi, l'affaire Dreyfus, qui devait l'accompagner toute sa vie, a été l'expérience qui a tout déclenché.

Les réflexions sur le jugement historique font partie d'un texte écrit en 1903, mais resté inédit de son vivant et jamais achevé[18]. Ce devait être un portrait de Bernard Lazare, c'est peut-être aussi son premier texte sur l'histoire. « Notre collaborateur Bernard Lazare est mort le mardi 1er septembre 1903, à quatre heures de l'après-midi », telle est la phrase funèbre qui lance la réflexion. Mais le projet existait auparavant déjà, comme il l'avait indiqué dans une lettre à Bernard Lazare lui-même (datée du 23 février 1903) : « Nous écrirons, quand il sera temps, votre histoire définitive, aux *Cahiers*. Mon ami Pierre Deloire tiendrait beaucoup à faire ce travail[19]. » Il est désormais temps.

Quelques mois plus tard (le 15 mars 1904), il réitère son engagement, après avoir rappelé qu'il avait commencé, dès les premiers jours de septembre, un cahier intitulé « Le portrait de Bernard Lazare ». « J'ai pu écrire pendant les grandes vacances au moins les soixante premières pages, introduction, de mon travail ; mais ce travail se présente à moi comme si considérable que je ne sais pas s'il ne me demandera pas plusieurs années ; quelle qu'en soit la durée, il ne sortira pas un cahier de ma main, comme auteur, avant le cahier de ce portrait ; outre ce que je dois à une telle amitié, le portrait d'un tel homme, l'histoire d'une telle conscience est socialement, historiquement, et moralement, plus intéressante, plus utile, plus importante que de démêler péniblement et vainement les machinations de tous nos fantoches[20]. » À nouveau en 1907 : « Quand je publierai si jamais je le publie, ce portrait de Bernard Lazare que j'avais commencé d'écrire presque aussitôt après sa mort, que je n'ai pas continué, que je n'ai pas achevé d'écrire — sait-on jamais si on finit d'écrire un portrait — parce que je n'étais assez vieux, que je publierai si je deviens assez vieux, dans ma nouvelle *Histoire de l'affaire Dreyfus et du dreyfusisme en France*[21].» En 1910 enfin: «Pour moi, si la vie m'en laisse l'espace, je considérerai comme une des plus grandes récompenses de ma vieillesse de pouvoir enfin fixer, restituer le portrait de cet homme extraordinaire[22].»

Serait-il devenu assez «vieux» (au sens qu'il donne à ce mot), si la vie lui en avait laissé l'espace? En tout cas, il n'a jamais fini d'écrire cette histoire et «fixé» ce portrait auxquels, pourtant, il n'avait cessé de penser. Puisque l'Affaire a été «l'événement» de sa vie («une seule et redoutable crise nous a pris et marqués», écrira Daniel Halévy) et que le nom de Bernard Lazare en désigne le «commencement[23]». Initiateur du dreyfusisme, Bernard Lazare a également accompagné et aidé l'entreprise des *Cahiers*, au point que Péguy le désignera comme «l'ami intérieur, l'inspirateur secret, je dirai très volontiers, et très exactement, le patron des *Cahiers*[24]». Car, si l'occasion de leur création a été la question de la liberté de la presse à l'intérieur du mouvement socialiste, intellectuellement et éthiquement ils sortent directement de l'expérience de l'affaire Dreyfus. S'adressant au «véritable personnel dreyfusiste», ils veulent être des «cahiers de renseignements», au service de la vérité.

Partant d'une interrogation immédiate — comment pourrait-on faire une histoire de l'affaire Dreyfus et du dreyfusisme? — ce portrait ou tombeau de Bernard Lazare, du moins son amorce, engageait en fait une réflexion sur les conditions de possibilité de l'écriture de l'histoire. Péguy commence par relever ce qu'il appelle deux «contrariétés préliminaires», venues de la mémoire. Nous prenons «à l'envers» tous les événements du passé.

Quand, partant du présent, nous cherchons à atteindre les commencements de l'Affaire, nous sommes d'abord contraints de passer «plus ou moins sommairement par des séries formées des événements intercalaires», et ensuite nous ne pouvons pas «oublier» ces séries intercalaires («quand nous voulons nous rappeler le gland, nous ne pouvons pas oublier totalement le chêne»). Il convient, en outre, de s'entendre sur le sens de commencement : le commencement que nous atteignons en remontant les événements n'est pas le commencement, mais «la première manifestation». «Le commencement fut quand un homme, jeune, assez connu, isolé, indépendant, libre, sans hausser la voix, sans froncer les sourcils, sans forcer le regard et sans faire un geste, silencieux, dans le mystère et dans le calme de sa conscience, résolut de montrer que le capitaine Dreyfus était innocent[25]. »

Se présente alors une difficulté, non pas extrinsèque, mais «intérieure» et «essentielle» : celle de l'évaluation historique, qui pose le problème de la détermination d'unités. Péguy oppose alors, en recourant au langage cartésien (mais un cartésianisme traversé de bergsonisme), la matière étendue à la matière pensante. «Dans les opérations de mesure matérielle, dans les mensurations mathématiques, mécaniques, physiques, chimiques et autres, dans les opérations qui portent sur la matière étendue, cette matière présente elle-même assez d'éléments constants, assez de constances, qui justement ont permis de constituer des sciences de recommencements, pour que l'opérateur puisse élire parmi ces constances des unités [...] Dans les mensurations historiques au contraire, autant qu'il est permis d'accoupler ces deux mots, dans les évaluations de l'histoire [...] toute la matière pensante (au sens "large et total" du mot, c'est-à-dire pour finir "tous les faits sociaux") présente ce caractère premier que, et à beaucoup près, les inconstances y dominent[26]. » L'histoire n'est donc pas une science de recommencement. Péguy pourrait se contenter de renvoyer l'histoire du côté de l'art, mais il estime en ces années que l'histoire « est, sommairement, la seule science de la matière pensante » et que le travail historique est un « travail scientifique ». Dans ces conditions, la plus grosse difficulté de l'histoire, « science d'inconstances », réside dans « la constitution d'unités ». Difficulté, à coup sûr, mais pas impossibilité. Car il n'y a pas que de l'inconstance, mais aussi des constances dans la matière pensante.

Ces deux contrariétés préliminaires et cette difficulté intérieure entraînent que « c'est une immense difficulté que de faire de l'histoire ; et [que] bien peu d'auteurs méritent ce beau nom d'historiens[27]. » Aussi est-il regrettable que la plupart des historiens n'aient guère « médité » sur tout cela, même s'il est sûr que « les méthodes ne remplacent pas la science ». À ce point, Péguy s'arrête quelques instants sur l'histoire, celle qui, se voulant simple énumération des faits et simple narration des événements, a proscrit « tout jugement et, dans le jugement, toute évaluation ». Mais son indéniable succès institutionnel ne signifie ni qu'elle ait (en fait) tenu ce programme pour elle-même, moins encore qu'il soit tenable.

Vient tout de suite après l'interrogation sur jugement historique et jugement juridique qui, par le recours aux catégories du continu et du discontinu, retrouve, mais différemment, quelque chose des considérations précédentes sur les « constances » dans la matière étendue et les « inconstances » dans la matière pensante. Le juridique se place en effet du côté du discontinu, puisque les délits et les peines sont gradués. Le jugement juridique «ne peut et ne doit accompagner la réalité que d'un mouvement discontinu [...] Il ne peut et il ne doit se mouvoir qu'après que la réalité qu'il accompagne a fait assez de chemin pour justifier pour ainsi dire un déclenchement, un pas, un changement de traitement, une aggravation ou un allégement». Alors que le jugement historique «doit accompagner la réalité d'un mouvement continu; il doit se plier à toutes les souplesses de la réalité mouvante[28]». Aussi il n'y a nulle «tranquillité» pour l'historien, dont le rôle est moins de prononcer des jugements historiques que d'en élaborer constamment. «Sa conscience est toute inquiétude; il ne lui suffit pas en effet d'accorder aux personnages de l'histoire, ces grands inculpés, les garanties juridiques, les garanties légales, modestes, limitées, déterminées, sommaires, précaires, grossières, que le juriste et que le processeur accordent aux inculpés juridiques, le juge aux inculpés judiciaires; l'historien ne prononce pas de jugements judiciaires; il ne prononce pas des jugements juridiques; on peut presque dire qu'il ne prononce pas même des jugements historiques; il élabore constamment des jugements historiques; il est en perpétuel travail[29].»

Passer par Péguy pour poser la question de l'évaluation et de l'opération du jugement en histoire a son utilité, parce qu'à ma connaissance, rares ont été, de la part des historiens, les réflexions sur ce point précis. On connaît à bon droit la phrase de Marc Bloch, tirée de l'*Apologie pour l'histoire* (écrite pendant la guerre): «Robespierristes, anti-Robes-

pierristes, nous vous crions grâce : dites-nous simplement quel fut Robespierre » : juger, non, mais
comprendre, telle doit être la fonction de l'historien.
Au début de son livre, *Le juge et l'historien*, Carlo
Ginzburg n'a pas manqué de rappeler cette exclama-
tion, qui marquerait la claire sortie d'une conception
judiciaire de l'histoire[30]. Mais, au fond, le retrait de
l'historien par rapport au jugement, il convient d'aller le chercher plus loin. Il est clairement chez les
historiens décriés par Péguy et, d'abord, chez celui
qui a été reconnu comme le père de l'histoire, au
moins moderne : Leopold von Ranke, pour qui l'histoire devait se tenir dans ses limites, comme le voudra Victor Cousin. Elle ne devait prétendre ni « juger
le passé » ni « enseigner le monde contemporain
pour servir aux années futures », mais « seulement
montrer comment les choses ont vraiment été ». La
formule date de 1824. Une application trop scrupu-
leuse ou scientiste à l'excès de ce programme, avec
l'historien en compilateur, peut donner l'impression que l'histoire ne doit être rien d'autre qu'une
collection et une énumération des faits. C'est là la
seule évidence à laquelle elle doit prétendre.

Le livre de Ginzburg a été écrit, ainsi que l'indique
le sous-titre « En marge du procès Sofri », dont il a la
conviction qu'il est innocent[31]. Il témoigne en faveur
de Sofri, mais son témoignage est celui d'un historien, faisant à partir de tous les procès-verbaux, un
travail d'historien. Il ne prétend pas refaire le procès mais, de façon plus précise et plus limitée, interroger la façon dont le juge a manié la notion de
preuve. Car le contexte plus large de la réflexion
de Ginzburg est celui de son combat contre le « scepticisme » en histoire. Sa question centrale n'est donc
pas celle du jugement historique, mais celle de la

preuve. De là part son enquête sur les convergences et les divergences existant entre le juge (d'instruction) et l'historien. Nous sommes, cette fois, du côté de l'évidence de l'histoire, au sens anglais du mot : l'évidence comme preuve.

Pour une théorie du jugement, il faudrait, si je ne me trompe, se tourner vers une philosophe (soucieuse de l'histoire, tout comme l'était Péguy), Hannah Arendt. Péguy était parti de l'affaire Dreyfus, elle du procès Eichmann pour engager une réflexion de grande ampleur (qu'elle n'achèvera pas) sur cette « faculté qui consiste à penser le particulier » (Kant) ; mais, poursuit-elle, « penser veut dire généraliser : il est donc la faculté qui combine de manière énigmatique le particulier et le général[32] ».

L'HISTOIRE TENTÉE PAR L'ÉPISTÉMOLOGIE ?

« L'épistémologie est une tentation qu'il faut résolument savoir écarter » avertissait, il y a peu encore, Pierre Chaunu, estimant qu'elle devait être réservée à un ou deux maîtres. Les historiens auraient-ils cédé ou davantage cédé à cette « tentation » au cours des dix ou vingt dernières années ? auraient-ils été plus nombreux à se prendre pour des maîtres (ou des petits maîtres) ?

Probablement, si l'on en croit un bon observateur comme Gérard Noiriel, qui a estimé nécessaire de mettre en garde contre les « historiens-épistémologues » et « les fuites en avant théoricistes[33] ». Mais rappelons que lui-même, bien loin de défendre un

empirisme à tout crin ou un (mythique) positivisme
d'antan, plaide pour une définition «pragmatiste»
de l'histoire, faisant place aux acquis de la pragmatique. Serait-on passé de l'historien se revendiquant
en «artisan», dans son atelier, à l'historien n'ayant
plus peur de s'assumer en «épistémologue», et prêt
à saluer une histoire enfin entrée dans «son âge
épistémologique», si l'on en croit Pierre Nora?
Inversement, on trouverait sans peine de nombreuses déclarations déplorant le peu de souci épistémologique manifesté, jusqu'à récemment, par les
historiens. Trop ou trop peu de souci? Mieux vaudrait commencer par cerner ce que le mot désigne
quand les historiens s'en servent, que ce soit pour le
récuser ou s'en réclamer. Dans la très grande majorité des cas, il ne s'agit pas d'un emploi rigoureux
du terme. Pour user d'un raccourci, les historiens
ne sont pas tous devenus d'assidus lecteurs et,
moins encore, des zélateurs de la revue *History and
Theory*.

De quoi est-il alors question? D'abord et surtout,
je crois, d'une posture réflexive: non seulement
l'élaboration du questionnaire, mais le comment
du questionnaire, sa confection et les présupposés
qui l'organisent. Les catégories d'analyse ne sont
pas des données prédécoupant le réel. L'objectivité
n'est pas séparable des formes de l'objectivation.
C'est là une première caractérisation, immédiatement visible, de la démarche présente des historiens. De cette posture critique (plus ou moins
revendiquée, argumentée, explicitée), chaque historien, dans sa spécialité, pourrait aisément aligner
des exemples. Ainsi, le récent ouvrage de François
Dosse, *L'histoire*, qui se veut une invitation aux phi-

losophes à lire les historiens et aux historiens à prendre en considération la philosophie de l'histoire. Le livre paraît dans une collection universitaire (on parie donc sur un public étudiant et des prescripteurs), précisons toutefois, sous l'étiquette «philosophie» et non «histoire». S'agirait-il alors d'histoire à l'usage des philosophes[34]?

De même, dans son recueil intitulé *Sur l'histoire*, Krzysztof Pomian ne cesse de prendre et de reprendre, au fil de ses textes, la question de l'histoire comme connaissance du passé, en l'inscrivant dans la perspective plus large d'une histoire de la connaissance et de ses différents usages[35]. Pour changer de registre et de terrain, on pourrait citer encore, venus des contemporanéistes (qui ne passent pas pour les plus épistémologues des historiens), deux livres qui, tout en se défendant d'être des manifestes, le sont quand même un peu. *Pour une histoire culturelle*, publié sous la direction de Jean-Pierre Rioux et Jean-François Sirinelli, qui veut justement «rendre compte d'une réflexion plurielle, d'ordre historiographique et méthodologique» sur le culturel[36]. Il avait été précédé, près de dix ans plus tôt, de *Pour une histoire politique*, dirigé par René Rémond. Il s'agissait certes de manifester le retour de l'histoire politique, d'une autre histoire politique en vérité, mais aussi de traiter ce phénomène lui-même «comme un objet d'histoire»: d'historiser ce «retour» et de le considérer comme une étape «dans l'essor de la réflexion que l'histoire entretient sur elle-même[37]». Même la biographie n'a pas échappé à ce mouvement: Jacques Le Goff commence par se demander comment une biographie de Saint Louis est possible[38].

Un second trait caractéristique a été la montée

de l'historiographie. La traduction, en 1983, des *Problèmes d'historiographie* d'Arnaldo Momigliano fournit un repère commode de son émergence[39]. Même si les choses ont commencé plus tôt: *Faire de l'histoire* annonçait, en 1974 déjà, une histoire «accordant une place de plus en plus grande et privilégiée à l'histoire de l'histoire[40]» (mais sans lui faire encore de place dans les volumes eux-mêmes). En 1987, la création à l'École des hautes études en sciences sociales d'un enseignement dévolu à l'historiographie ancienne et moderne s'inscrivait dans ce mouvement. Mais le point le plus intéressant et le plus nouveau est le rapprochement, fréquent dans les textes des historiens, des deux termes: épistémologie et historiographie. Comme si l'un appelait l'autre, le complétant, le corrigeant ou le nuançant, comme si ce qu'ils voulaient désigner en fait était une sorte de mixte, pas une épistémologie «dure» (trop lointaine et abstraite), pas une histoire de l'histoire «plate» (trop internaliste, l'obituaire de la profession), mais une approche attentive aux concepts et aux contextes, aux notions et aux milieux et toujours plus soucieuse de leurs articulations, préoccupée de cognition et d'historicisation, mais vigilante face aux sirènes des réductionnismes. Bref, quelque chose comme une épistémologie historique ou une historiographie épistémologique, qui est, insistons sur ce point, aux antipodes d'une discipline ou d'une sous-discipline, constituée ou se constituant et affaire de quelques spécialistes plus ou moins autoproclamés et s'autoreproduisant. De fait, ce mouvement et ce moment que l'on peut appeler, par commodité, «réflexifs» (en leur conférant cette double portée épistémologique et historiographique) concernent, à côté de l'histoire, l'ensemble des sciences sociales. Il est bien clair que, pour l'histoire, problématiques et formulations sont modulées en fonction de l'état des questions dans chaque grand domaine de spécialités et selon les différentes périodes.

Ces quelques exemples, volontairement disparates mais tout sauf isolés, suffisent à pointer des déplacements et à indiquer des recompositions dans et du champ historique depuis vingt ans. Les retracer n'est pas ici le lieu, de brefs rappels suffiront. Une prise de conscience que le paysage a déjà changé et change encore rapidement s'opère à la fin des années 1980. On parle alors couramment de temps d'incertitude, de doutes et de crise d'identité de l'histoire[41]. Deux repères : l'invite à la réflexion et le diagnostic, accompagnés de pistes et de propositions, lancés par les *Annales*, en 1988 et 1989, sous le nom de «Tournant critique» : une épistémologie justement pour temps d'incertitude, alors même que l'histoire est engagée «dans un travail de redéfinition de ses projets et de ses pratiques[42]» ; le court texte, en 1988, de Marcel Gauchet «Changement de paradigmes en sciences sociales?» où, prenant acte de «la réhabilitation de la part explicite de l'action», il en déploie les conséquences pour une histoire politique, où il voit déjà une «clé théorique et pratique d'une histoire globale[43]». Bien entendu, les remises en question ont commencé avant. Ainsi «l'opération historiographique» de Michel de Certeau, qui est devenue à la fin des années 1970 une référence majeure pour beaucoup, a fortement attiré l'attention sur la dimension d'écriture de l'histoire[44].

En ces mêmes années, la réception de trois œuvres, extérieures à des degrés divers au champ historique, souligne et renforce le mouvement. Par l'interrogation déjà présente sur l'écriture de l'histoire, le passage s'est fait d'autant plus aisément avec la réflexion conduite par un philosophe lecteur attentif et critique des historiens contemporains. Il s'agit évidemment de *Temps et récit* de Paul Ricœur, dont la réception (au moins partielle) a été rapide chez les historiens[45]. Nous sommes alors dans les querelles du «retour du récit», dans les tournoiements américains du tournant linguistique, tandis que vont bientôt surgir les interrogations autour de rhétorique, fiction et histoire, et que le postmoderne a d'autant plus le vent en poupe que chacun l'accommode à sa façon. Incontestablement, Ricœur aide alors à poser ces questions difficiles dans leur complexité et avec rigueur. Avec ce regard de l'extérieur, mais différent de celui porté par Lévi-Strauss, se rouvre la question de l'évidence de l'histoire dans toutes ses dimensions, ancienne et moderne, philosophique et rhétorique, littéraire et judiciaire.

Venant certes de l'intérieur de la discipline, mais d'Allemagne, la sémantique historique, telle que l'a développée Reinhart Koselleck, est justement une proposition qui, dans son mouvement, relève complètement d'une épistémologie historique. La traduction de son livre, *Le futur passé*, paraît en 1990. Enfin, venant d'un proche voisin, *Le raisonnement sociologique* de Jean-Claude Passeron offre, en 1991, un espace commun de réflexion et de travail à la sociologie, à l'anthropologie et à l'histoire, en marquant nettement la convergence épistémologique des trois disciplines. Peu après, la revue *Enquête*, avec son exigence d'épistémologie, mais de terrain, met à l'épreuve et prolonge ces propositions à l'occasion de chacune de ses livraisons[46].

Ce que j'ai appelé posture réflexive, mixte d'épistémologie et d'historiographie, est un phénomène de large ampleur, en ce sens qu'il n'est limité ni à un type d'histoire ni surtout à la seule histoire[47]. On peut le dater : la fin des années 1980 voit son émergence au grand jour, c'est dire qu'il chemine déjà au cours des dix années précédentes. S'il n'est pas séparable des mouvements plus amples de la conjoncture, il n'est pas douteux qu'il a d'abord été une réponse — presque une réaction — à l'abandon des grands paradigmes des années soixante, quand on annonçait, avec plus ou moins de tapage, le retour de ceci ou de cela. Mais, rapidement, des problématiques, avec leurs exigences propres de questionnement et de travail, se sont mises en place. On peut citer la façon dont l'histoire sociale a cherché à faire place aux points de vue des acteurs, en faisant appel à la sociologie des conventions. Sur un autre registre, ce moment est celui qui a vu se déployer une forme d'histoire de « second degré », dont les *Lieux de mémoire*, dirigés par Pierre Nora, ont été le laboratoire, avec, en particulier, le permanent souci historiographique qui les traverse.

Plus profondément, cette posture ou ce moment réflexif renvoie et répond à un changement de notre rapport au temps, marqué par une profonde mise en question du régime moderne d'historicité et peut-être par l'émergence d'un régime de type nouveau où prédominerait durablement la catégorie du présent : un avenir fermé, un futur imprévisible, un présent omniprésent et un passé incessamment, compulsivement visité et revisité[48]. Avec, en tout cas, la conséquence que l'histoire a cessé de pouvoir s'écrire depuis le point de vue du futur ou en son nom. Ce réflexif était-il donc (seulement) une proposition ou une épistémologie pour temps d'incertitude, quand les rapports au temps viennent à perdre de leur évidence ? Peut-il se stabiliser ? Au prix de quelles reformulations ? Est-ce ce à quoi nous assistons ?

Épilogue

MICHEL DE CERTEAU

Achever ce parcours sur l'évidence de l'histoire et ce que voient les historiens, non pour le clore, pour l'ouvrir tout au contraire, sur la figure de Michel de Certeau s'est peu à peu imposé. Il ne s'agit pas d'une conclusion, mais d'un épilogue, de quelques pages qui viennent après et qui vont un peu au-delà. Écrire qu'il m'a appris à questionner l'évidence ou les évidences de l'histoire serait une formulation réductrice, technique presque. Il serait plutôt celui au contact de qui j'ai commencé à comprendre que l'histoire allait devenir la question d'une vie.

À l'instant de la mort, en janvier 1986, le travail de celui qui s'éloigne se mue en œuvre, plus ou moins inachevée bien sûr, mais des contours soudain se dessinent. Comme une côte surgissant au petit matin devant l'étrave du navire, ce qu'on prenait d'abord pour une succession d'îles se révèle former un archipel, voire une terre unique. Lecteur parmi d'autres, j'ai, moi aussi, été exposé à cette expérience d'une première relecture dans le premier silence, si pénible, de l'absence. Comme chacun, j'ai tout à coup mieux saisi des lignes de force, perçu la rumination d'un questionnement, poursuivi et développé, déplacé et constamment maintenu dans ce qui est devenu ce matin de janvier 1986 l'œuvre de Michel de Certeau.

On s'est alors attaché, comme en témoignent les premiers articles écrits sur lui, à reconnaître les pas du marcheur, proprement sa démarche («les empreintes des pas de la danseuse»). Si j'ai pu écrire quelque chose («L'écriture du voyage»), dans l'immédiat de la disparition, dans l'urgence du «il faut», et à la demande amicale de Luce Giard, ensuite, je n'ai pas réitéré, fût-ce sur un autre mode plus distancié[1]. Des études, des dossiers ont suivi. Des rééditions, de nouvelles éditions, des traductions de ses livres ont paru et paraissent[2]. Sur Certeau historien en particulier, existe désormais tout un ensemble de textes de qualité[3]. Sous le titre *Michel de Certeau le marcheur blessé*, François Dosse lui a consacré en 2002 une biographie intellectuelle.

Je n'étais et ne suis toujours qu'un voyageur dans ses textes, rien qu'un passant. J'y suis entré, oserais-je dire une première fois pour de bon, en déchiffrant une mauvaise photocopie (on a oublié à quel point elles pouvaient alors être mauvaises!) de pages, non encore publiées, sur Jean de Léry. Elles sont devenues, bientôt après, le chapitre v de *L'écriture de l'histoire*. Marcel Detienne, qui devait les tenir de Michel de Certeau lui-même, me les avait, je crois, fait connaître. Elles m'intéressaient d'autant plus que j'étais alors embarqué dans une lecture d'Hérodote. *Le miroir d'Hérodote* n'était encore qu'une lointaine ébauche.

«Léry» devint immédiatement un précieux «truchement»: doublement. Pour questionner, à partir

d'un autre univers de croyance et de savoir, l'ethnographie d'Hérodote, pour entamer, sous le signe
du récit de voyage, ma véritable découverte des
réflexions de Michel de Certeau. J'ignorais alors
à peu près tout de lui, moi qui m'employais
à apprendre à travailler sur la Grèce ancienne :
l'historien de la spiritualité m'était évidemment
inconnu, mais, à première vue plus curieusement,
l'auteur de *La prise de parole* ne me l'était pas
moins, et, si je m'étais procuré *L'absent de l'histoire*, c'était d'abord pour « Le noir soleil du langage : Michel Foucault ». Mais, ouvrant le livre,
j'étais tombé en arrêt sur cette phrase qui termine
le court « Avant-Propos » : « Tel Robinson Crusoé
sur la grève de son île, devant "le vestige d'un pied
nu empreint sur le sable", l'historien parcourt les
bords de son présent ; il visite ces plages où l'autre
apparaît seulement comme trace de ce qui a passé
[...] Ainsi se produit le discours qu'organise une
présence manquante[4]. »

Voyageur-lecteur d'un discours qui se donnait
expressément comme « fragmenté » (dans l'« Avant-
propos » de *L'écriture de l'histoire*), c'est ce que
j'étais, tout comme d'autres dans les mêmes années :
un passant peu averti, mais attiré et, bientôt, retenu.
Plus profondément, c'est chez lui, et non d'abord
chez Augustin (que je n'avais pas lu à l'époque), que
j'ai rencontré le *peregrinus*, tout chargé du poids de
sa longue marche depuis qu'Abraham s'était mis en
route. De mes rapports personnels avec lui, il suffit,
ici, de retenir qu'ils se sont noués autour et nourris
du même quiproquo initial, à l'emblème de l'hétérologie, qu'elle prenne le visage de Léry, celui de Montaigne aux prises avec les cannibales, de Michelet,
ou de bien d'autres encore passés ou contempo-

rains. Bref, pas plus que je ne l'ai été hier je ne suis devenu aujourd'hui un expert ou un spécialiste de l'œuvre de Michel de Certeau.

Le transformer en objet d'étude, le récapituler, l'interpréter, lui assigner une place, l'historiser (moi, dont on pourrait estimer pourtant que c'est le métier!), je ne le puis ni ne le souhaite. Jamais je n'ai entretenu ce rapport avec ses livres et articles. À l'inverse, je ne me berce pas de l'illusion d'une présence maintenue, comme celle d'un grand frère venant lire par-dessus l'épaule! Il va sans dire enfin qu'il ne s'est jamais agi non plus de l'oublier, en tournant, comme on dit, la page. C'était une époque, révolue donc, un moment de l'histoire intellectuelle et de celle des disciplines, sur un petit quart de siècle de part et d'autre de la «brèche» de 1968. Parler de l'historien qu'il a été, sans réduire le propos à un exercice obligé ou le ramener à une figure imposée, m'amènerait à parler de mon propre travail. Puisque Certeau l'a accompagné. Non pas directement, à l'évidence, attendu que je n'ai en rien suivi le même parcours, ni étudié les mêmes objets. Et je ne crois pas avoir jamais «fait du Certeau», comme parfois on l'entend dire de certains auteurs, mais j'ai fait avec lui: toujours, je crois.

L'ÉCRITURE DU VOYAGE

Voyageur, Michel de Certeau l'était. Ou plutôt homme du voyage, comme on dit les gens du voyage. Ses lecteurs, tous ceux qui l'ont connu ici et là («par-deçà» et «par-delà») gardent l'impression d'une pensée et l'image d'un homme toujours en

mouvement. Traversant les villes et les livres, les
continents et les disciplines ; passant de Los Angeles
à Montréal comme de Paris à Strasbourg, ce lui
était tout un, sans vouloir vraiment relever que
l'échelle n'était peut-être pas tout à fait la même.
Jamais en repos, mais le contraire d'un homme
pressé, d'un travail dispersé et d'une écriture cou-
rant la poste[5].

Des lieux surgissent au détour d'un paragraphe :
une marche dans la nuit bruyante de Salvador au
Brésil ; la Californie, ce « pays lunaire qui ne peut
se dire dans le texte serré de ses villages parisiens »,
où la vie consiste à passer et repasser toutes sortes
de frontières. Avec, sans cesse présente, la rumeur
des rouleaux du Pacifique, invitation permanente
non au voyage mais au départ, mémento sonore et
« écriture immémoriale » où les phrases « vont se
perdre ». New York : de la brume « brassée par les
vents » surgit « l'île urbaine de Manhattan », découverte du sommet du World Trade Center, aujour-
d'hui disparu. « Mer au milieu de la mer », elle fait
moutonner sa « houle de verticales ». Devinée par
l'œil du voyageur dans la brume qui s'effiloche, est-
elle comme l'esquisse incertaine et fugace de cette
« ville changée en mer » vers laquelle sera peut-être
conduit celui qui, à parcourir les textes mystiques,
apprend « déjà les chemins pour se perdre » ?

Mais la ville qu'il aime et pratique — celle du
dense réseau de ses itinéraires villageois (lui qui, à
propos du Centre Pompidou, suggérait ce test sub-
jectif : « Qui aime la ville aime Beaubourg ») — est
celle des piétons, de leurs pas pressés ou perdus ; la
ville des passants et de leurs mille pratiques de l'espace. Cette ville transhumante, non pas figée en
son plan qu'à chaque instant elle déborde par tout

le jeu complexe de ses rhétoriques piétonnières, occupe une place centrale dans ses réflexions sur l'espace : elle introduit à une sémiotique de l'espace organisée autour du concept d'énonciation. Elle est ce texte troué et sans cesse repris, inachevé, que le marcheur parcourt et construit, dont il est tout à la fois le lecteur et le scribe.

« La marche d'une analyse inscrit ses pas, réguliers ou zigzaguant sur un sol habité depuis longtemps » : ainsi débute *L'invention du quotidien*. À la semblance de son objet, les manières de faire, elle se construit comme « manière de marcher » : démarche au sens propre. La marche, toujours elle, ouvre l'avancée vers cet espace de l'autre qu'est l'historiographie, en se mettant, pour ainsi dire, dans les pas de Michelet, formidable marcheur de l'histoire de France. « Studieux et bienveillant, tendre comme je le suis pour tous les morts [...] j'allais ainsi d'âge en âge, toujours jeune, jamais fatigué pendant des milliers d'années. » La route — « ma route » —, glisse Certeau, semble prendre possession de ce texte de marcheur : « J'allais, j'errais », poursuit Michelet : « Je courus ma voie... j'allais... hardi voyageur. »

Toujours présente, sorte de piétinement obsédant sur les chemins que Certeau emprunte ou qu'il fraie, la marche ne vient pas là comme l'aimable métaphore d'un patient travail érudit, mais, de façon plus essentielle, elle touche au ressort même de ce récit de voyage toujours recommencé, qui ne peut que s'écrire interminablement : « Marcher et/ou écrire. » Le marcheur qu'il est, marcheur de et dans la ville, n'a rien à voir avec le flâneur de Baudelaire. S'il faut lui donner des références, on les trouverait du côté de « l'homme ordinaire » de Freud, et de « l'homme sans qualités » de Musil. Marchant parce qu'il « manque de lieu », ne pouvant que marcher, il est ce « marcheur innombrable », dont les cheminements aspirent à se perdre dans la foule. Retrouvant par ce biais ce que Michel Foucault disait du travail d'écriture : « Plus d'un, comme moi sans doute, écrivent pour n'avoir plus de visage. »

La ville, toujours elle, s'impose dès la première phrase un peu énigmatique de *La possession de Loudun* : « D'habitude l'étrange circule discrètement dans nos rues. » La ville encore, quand il s'agit de définir l'espace de « son » séminaire de Paris-VII, comparé à ce que dans le Loiret on appelle un *caquetoire*, rendez-vous hebdomadaire sur la grande place où des « passants s'arrêtent », à cette différence près, tout de suite rappelée, que ce lieu de paroles n'est qu'un parmi d'autres, et certainement pas un lieu « propre » ; aussi glisse-t-on de l'image de la place à celle de la gare où, dans leur « pluralité », des voyageurs un moment font escale.

Ce lieu de transit (mot qui revient si souvent) m'en rappelle d'autres : Urbino, le sympathique caravansérail italien de la sémiotique en ses quartiers d'été, dont il fut un hôte de passage fidèle. Des lieux de passage où ce voyageur de l'institution universitaire (donc sans bureau) donnait ses rendez-vous : le café François-Coppée au métro Duroc ou, dernière escale, le hall de la Maison des sciences de l'homme. Jamais, je crois, au cours de ses entretiens, il n'infligeait le récit de ses propres voyages, comme savent si bien le faire les chers professeurs. Pouvant, tout au contraire, se montrer laconique, par réserve sans doute, il pratiquait dans l'ordre intellectuel ce qu'il écrit de l'analyste qui, entre la présence et le retrait, devrait avoir « l'art d'insinuer dans la chaîne des mots l'aléa de leur signification». Après, à l'interlocuteur de gamberger.

Parmi les modernes, ses interlocuteurs de prédilection sont, eux-mêmes, d'abord reconnus et salués comme des voyageurs. Lacan, ce «passant», dont le nom désigne une «rhétorique de la soustraction». Le «vieux Freud», si présent et dont «l'écriture testamentaire» de *Moïse et le monothéisme* pourrait porter en exergue «Malheurs et voyages». Dans ce texte, pour lui capital, il lisait l'articulation d'une réflexion sur l'écriture et le lieu. Et plus que tous, Foucault et son «rire», expression de sa pratique de l'étonnement; Foucault, le «passant» et le «passeur», dont les «parcours ont zébré les savoirs et les pays», le philosophe pour qui «penser, c'est passer». Si l'on relit «Le rire de Michel Foucault», qui commence par l'évocation d'une conférence de Foucault à Belo Horizonte (à nouveau le Brésil), où les deux voyageurs avaient dû se rencontrer, on ne peut s'empêcher d'y percevoir aussi le pas et le style de l'autre Michel. À la question souvent posée de son identité (Où êtes-vous? quelle est votre spécialité?), Foucault a répondu dans *L'archéologie du savoir*, avec la phrase déjà rappelée sur ceux qui écrivent pour n'avoir plus de visage, mais, ce soir-là, il répliqua par ces seuls mots: «Qui je suis? un lecteur.»

Cette localisation, précisément parce qu'elle n'assigne pas un lieu ni non plus n'autorise, mais qu'elle désigne une pratique, ne pouvait que ravir cet autre lecteur (lui aussi souvent interrogé sur son identité) qu'était Certeau. Dans *L'invention du quotidien*, que traverse le paradigme de la lecture, il la définit, de façon jubilatoire, comme braconnage ou encore exercice d'ubiquité. Voyageur, sinon nomade, le lecteur se rit des frontières qu'il franchit, ignore ou déplace. Pas plus que le marcheur-écrivain, il n'a de lieu :

> « Son lieu n'est pas *ici* ou *là*, l'un ou l'autre, mais ni l'un ni l'autre, à la fois dedans et dehors, perdant l'un et l'autre en les mêlant, associant des textes gisants dont il est l'éveilleur et l'hôte, mais jamais le propriétaire. Par là il esquive aussi la loi de chaque texte en particulier, comme celle du milieu social[6]. »

Si Foucault, avec son style « optique », presque « chirurgical », est « un nouveau cartographe », Certeau, lui, est surtout attentif aux parcours, traces, sillages, aux passages d'un espace dans un autre, aux frontières (envisagées plus comme lieux de passage que comme limites ou arrêts), aux déplacements d'une énonciation, aux méta- ou anamorphoses des discours sur l'autre. Plus que de ruptures et de basculements, il est soucieux des effritements, érosions, glissements, remplois, translations : il travaille sur l'entre-deux.

Il découvre, mais sans l'arpenter, il parcourt, mais sans l'occuper, cet espace hétérologique dont il fut, d'une certaine façon, l'inventeur et l'historien, mais un historien sans territoire : instigateur d'une démarche et non fondateur d'une discipline nouvelle. Pas plus que Labadie, le mystique, il n'est de la race des voyageurs qui substituent à « l'assurance d'une vérité infinie [...] l'accumulation indéfinie d'un savoir ». Dans cet ensemble de pratiques et de discours, trois récits, qu'il considère comme trois « variantes » à l'intérieur du genre « récit de voyage », ont requis son écriture : pour un temps l'ethnographie et l'historiographie, la littérature mystique continûment[7].

Pour l'ethnologie, s'impose le nom de Jean de Léry, le réformé, le voyageur au Brésil (encore ce pays), qui rapporte un récit de son séjour chez les Indiens (1578). Temps fort des analyses de Certeau, ces pages projettent un vif éclairage sur le récit de voyage comme genre : sur sa narrativité et ses modalités, sur son faire croire qui a pour principal garant les déplacements du narrateur ou, une fois encore, les voyages de l'énonciation. Était aussi posée une question récurrente, et souvent mal comprise, autour de l'élaboration d'un concept de « science-fiction » à partir de ces textes, sorte de mixtes où se combinent « les règles d'une production littéraire et celles qui contrôlent une production scientifique ».

À partir de quelques épisodes — la « leçon d'écriture », la fête chez les Tupis — qu'il fait jouer comme « l'équivalent d'une scène primitive », est esquissée une sorte de « naissance » du discours ethnologique, envisagée comme une des formes de cette nouvelle pratique scripturaire de l'Occident (curieuse et conquérante, accumulatrice, scientifique), se fixant pour tâche de dire, plutôt de *transcrire* l'autre. Car cette écriture nouvelle (marque elle-même, dans le crépuscule du christianisme « médiéval », d'un nouveau fonctionnement de l'écriture et de la parole) rencontre et constitue, face à elle, l'oralité sauvage. Parole de l'autre, oublieuse d'elle-même (dont *Les immémoriaux* de Victor Segalen représenteront l'ultime avatar), le travail d'écriture va le muer en « objet exotique ».

D'abord voix, cris inintelligibles, cette parole, par l'intermédiaire du truchement (l'interprète), passe au sens : elle dit bien quelque chose, mais sans le savoir ; seul l'exégète (fort encore, dans le cas de Léry, de l'Écriture sainte) peut l'entendre en sa vérité. Au terme d'une opération de traduction, elle est reçue et classée comme *fable*. Mais cette science de la fable, discours institué « en lieu de l'autre » et visant à le ramener au même, n'épuise pas cette parole sauvage qu'elle entend (mais) « *autrement* qu'elle ne parle ». Il y a un reste. Dans la distance manifestée par cet *autrement*, écart ou *quiproquo*, peut résonner à nouveau la voix (« voix off », cette fois), inassignable et insaisissable qui, à la façon d'un lapsus survenant dans la langue ordinaire, vient raturer, trouer, *altérer* le récit du voyageur. Voix taraudante, non plus « objet » à transcrire, mais ce qu'il sait ne jamais pouvoir écrire et qui, précisément pour cela, ne cesse de le faire écrire, marcher : la « vocation » de cette écriture de l'autre.

Cette oralité double — comme fable qui ne sait pas ce qu'elle dit, et comme reste, dont on ne peut jamais être sûr de ce qu'il dit (si même il dit) — fait de l'ethnographie une « hétérologie », une science de l'autre comprise comme un « dessein d'écrire la voix ». La voix-l'écriture (mais aussi le vu et l'entendu) : leur infranchissable distance, les formalités de leur écart, les transits de l'une vers l'autre, les retours de la première dans la seconde, c'est cet entre-deux que zèbrent les voyages érudits et scripturaires de Michel de Certeau.

L'historiographie (du moins moderne), au lieu de la coupure entre ici et là-bas, fait jouer celle du passé et du présent. Tel Robinson Crusoé découvrant, sur la plage de son île, l'empreinte d'un pas marqué sur le sable, l'historien, face à la mer lui aussi, sait que l'autre a passé ; mais il sait, en outre, qu'il ne reviendra pas. À partir de la trace précaire de cette absence commencent son désir et son travail d'écriture : la tâche, toujours à recommencer des bords du présent, de « l'opération historiographique », prise, elle aussi, entre la voix (qui s'est tue) et l'écriture (qui se trace en silence).

Ici, un nom revient, celui de Michelet, le marcheur déjà croisé à l'orée de *L'écriture de l'histoire*, qui, à plusieurs reprises, traverse les livres de Certeau. Non pas voyageur entre *par-deçà* et *par-delà*, mais visiteur du pays des disparus, passant et repassant le fleuve des morts, allant du Père-Lachaise aux galeries désertes des Archives, aimant la mort, il fournirait, à l'instar de Léry pour l'ethnologie, l'équivalent d'une scène primitive pour une historiographie entendue comme hétérologie.

Ce Michelet est celui que nous avons rencontré plus haut, celui qui est capable d'entendre les murmures des voix défuntes, le *vates* qui, mieux qu'elles, sait articuler ce qu'elles n'ont su que bégayer de leur vivant, ou même n'ont pas pu dire du tout, l'interprète donc qui sait la vérité de leurs *fables*[8]. Mais, comme déjà avec la parole sauvage, le deuil se redouble, quand l'historien du peuple en vient à ce constat que, pour finir, il n'a pu « faire parler » le peuple. « Je suis né peuple, j'avais le peuple dans le cœur [...] Mais sa langue, sa langue, elle m'était inaccessible. » Emblématique, il l'est encore par sa pratique de l'histoire et sa conception de l'historien comme homme de la dette. Tel Camoens, en exil à Macao, occupant « la petite place d'administrateur du bien des décédés », l'historien est en charge des morts et de leur mémoire : « Nous avons accepté la mort pour une ligne de toi. » S'il s'est donné une charge dans la cité (calmer les morts), Michelet a été un historien sans poste (du jour où il a été révoqué du Collège de France), en marge de l'institution universitaire, vivant de sa plume et écrivant en tous lieux. L'historiographie contemporaine l'a, il est vrai, salué, mais elle ne l'en a pas moins vivement enterré, car son œuvre, établie à « cette frontière où se sont construites des fictions qui n'étaient pas encore de l'histoire », dérange.

L'historien selon Certeau ne s'attribue ni ne se reconnaît cette charge (même petite) d'administrateur, mais il est tout autant endetté. Non pas envisagée comme ce qui oblige, et légitime l'historien en tant qu'il a une fonction sociale, la dette est rencontrée et reconnue du point de vue de la production du texte. En des pages denses (et assez peu prises en compte), il s'arrête longuement sur *L'homme Moïse et le monothéisme*, ultime livre de Freud et livre limite, à l'articulation de l'histoire et de la fiction : « roman » historique qui « entre en dansant » dans le « territoire » de l'historien. Si Freud était fasciné par Moïse, Certeau, lecteur de Freud, est fasciné par ce texte dont il propose une lecture, soit, selon la définition qu'il en donne, une façon de « déchiffrer dans un texte ce qui nous a déjà écrits ».

Il analyse comment ce texte « naît d'un rapport entre un départ et une dette ». Ne s'autorisant ni d'un « non-lieu » ni de la « vérité d'un lieu », le travail est donc un écart, pratique systématique de l'écart, tant méthodologique qu'institutionnel ; l'écriture est « nomade ». La démarche freudienne fraie sa trace entre « la filiation, qui est dette et loi » et « le soupçon, qui est rupture ». « L'obligation de payer la dette, le refus d'abandonner le nom et le peuple ("je ne t'oublierai pas Jérusalem") et donc l'impossibilité de ne pas écrire s'articulent sur la dépossession de toute langue généalogique. »

À relire désormais ces lignes qu'il ne raturera plus, on ne peut s'empêcher de penser que, par un effet de reduplication qu'il appelle lecture, elles valent au moins autant (même si autres sont les formes du départ et de la dette) pour celui qui les a tracées. De ce marcheur, travailleur infatigable, il ne s'est agi que d'évoquer le pas: le pas d'une démarche et les « piétinements » d'une écriture.

APPENDICES

REMERCIEMENTS

Mes remerciements vont à Caroline Béraud qui a fait beaucoup (et plus) pour ce livre. J'ai plaisir à remercier aussi ces fidèles premiers lecteurs qu'ont été, une fois encore, Gérard Lenclud, Jacques Revel et Jean-Pierre Vernant. Merci également à Pierre Nora qui m'a encouragé à regarder vers l'histoire contemporaine.

SOURCES

Une première version des textes repris ici a paru dans des ouvrages collectifs ou des revues en France ou à l'étranger. Que soient remerciés tous ceux qui m'ont donné l'occasion de les rédiger.

« L'evidenza della storia », *Nuove effemeridi*, 7, 1989, III, p. 67-71.

« Für eine Archäologie des historischen Denkens », Jörn Rüsen, ed., *Westliches Geschichtsdenken, eine interkulturelle Debatte*, Göttingen, 1999, p. 117-127, « Toward an archæology of historical thinking », in Jörn Rüsen, ed., *Western historical thinking and intercultural debate*, New York-Oxford, Berghahn Books, 2002, p. 65-71.

« La storiografia fra passato e presente », in S. Settis, ed., *I Greci*, II, 2, Turin, Einaudi, 1997, p. 959-981.

« Écritures, généalogies, archives, histoire en Grèce ancienne », *Mélanges Pierre Lévêque*, Besançon, 1991, t. 5, p. 177-188.

« L'œil de Thucydide et l'histoire véritable », *Poétique*, 49, 1982, p. 22-30.

Polybe, *Histoire*, éd. de F. Hartog, Paris, Gallimard, « Quarto », 2003.

« Rome et la Grèce : le choix de Denys d'Halicarnasse », in S. Saïd, ed., *Hellenismos : quelques jalons pour une histoire de l'identité grecque*, Leiden, Brill, 1991, p. 149-167.

« L'art du récit historique », in J. Boutier, D. Julia, eds., *Passés recomposés. Champs et chantiers de l'histoire*, Autrement, 1995, p. 184-193.

«Archives et histoire», *Le Débat*, 112, 2000, p. 45-48.

«L'histoire tentée par l'épistémologie?», *Le Débat*, 112, 2000, p. 80-83.

«Le témoin et l'historien», *Gradhiva*, 27, 2000, p. 1-14.

«Le regard éloigné: Lévi-Strauss et l'histoire», *L'Herne*, n° 84, *Lévi-Strauss*, 2004, p. 313-319.

«L'écriture du voyage», in L. Giard, ed., *Michel de Certeau, Cahiers pour un Temps*, Paris, Centre Georges-Pompidou, 1987, p. 123-132.

«Charles Péguy, *Le jugement historique*», in F. Hartog et J. Revel, eds., *Les usages politiques du passé*, Paris, Éd. de l'EHESS («Enquête» 1), 2001.

NOTES

PRÉFACE

1. Descartes, *Règles pour la direction de l'esprit*, Règle III, *Œuvres et Lettres*, Paris, Gallimard, 1953 («Bibliothèque de la Pléiade»), p. 43-45.

2. Pierre Chantraine, *s.v.* «enargès» (clairement, visible, brillant, évident), *Dictionnaire étymologique de la langue grecque*, Paris, Klincksieck, 1968.

3. Barbara Cassin «Procédures sophistiques pour construire l'évidence», *Dire l'évidence (philosophie et rhétorique antiques)*, Paris, L'Harmattan, 1997, p. 19.

4. Cicéron, *Lucullus*, 17.

5. Paul Ricœur, *La mémoire, l'histoire et l'oubli*, Paris, Seuil, 2000, p. 306. Sur cette question, le travail précis et neuf d'Adriana Zangara, «Mettre en images le passé : l'ambiguïté et l'efficacité de l'*enargeia* dans le récit historique», *Métis*, 2, 2004, p. 251-272, et *Id.*, *Voir l'histoire, le récit historique à l'époque hellénistique et romaine*, Paris, Vrin-EHESS, 2005.

6. Bernard Guenée, *Histoire et culture historique dans l'Occident médiéval*, Paris, Aubier, 1980, p. 18-19.

7. Pierre Laborie, *Les Français des années troubles*, Paris, Desclée de Brouwer, 2001.

8. Luce Giard, Hervé Martin, Jacques Revel, *Histoire mystique et politique. Michel de Certeau*, Grenoble, Jérôme Millon, 1991, p. 114.

9. Moses I. Finley, *Mythe, mémoire, histoire, Les usages du passé*, trad. fr., Paris, Flammarion, 1981, p. 251. Portant sur

le thème de la Constitution des ancêtres, la leçon a été prononcée en 1971.

LES PREMIERS CHOIX

1. Ulrich von Wilamowitz Moellendorff, *Greek historical writing and Apollo. Two lectures delivered before the university of Oxford, June 3 and 4, 1908*, trad. angl. G. Murray, Oxford, Clarendon Press, 1908.

2. François Hartog, *L'histoire, d'Homère à Augustin*. Préface des historiens et textes sur l'histoire, Paris, Seuil, 1999, (trad. des textes, M. Casevitz).

3. Platon, *Critias*, 110 *a*.

4. Michel de Certeau, *L'écriture de l'histoire*, Paris, Gallimard, 1975, p. 12.

5. Voir *infra*, p. 200-201.

6. Marshall Sahlins, *Des îles dans l'histoire*, trad. fr., Paris, Gallimard/Seuil, 1989 («Hautes Études»); F. Hartog, *Régimes d'historicité, présentisme et expériences du temps*, Paris, Seuil, 2003, p. 38-42.

7. Louis Dumont, *La civilisation indienne et nous*, Paris, Armand Colin, 1964, p. 33.

8. *Ibid.*, p. 32 (c'est L. Dumont qui souligne). Sur ces questions, voir le livre éclairant de Velcheru Narayana Rao, David Shulman, Sanjay Subrahmanyam, *Textures du temps. Écrire l'histoire en Inde*, trad. fr., Paris, Seuil, 2004; Romila Thapar, *Time as a metaphor of history: Early India*, in *Id*, ed., *History and beyond*, Oxford, Oxford University Press, 2000.

9. Charles Malamoud, *Cuire le monde*, Paris, La Découverte, 1989, p. 303.

10. *Ibid.*, p. 305.

11. *Ibid.*, p. 305-306.

12. Yosef Yerushalmi, *Zakhor. Histoire juive et mémoire juive*, trad. fr., Paris, La Découverte, 1984, p. 25.

13. *Ibid.*, p. 26.

14. *Ibid.*, p. 36. Avec, depuis, la réponse de Amos Funkenstein, *Perceptions of Jewish history*, Berkeley, University of California Press, 1993, pour qui les Juifs n'ont cessé de partager une conscience historique entre Yabneh et le XIXᵉ siècle. Voir désormais l'enquête au long cours menée par Sylvie-Anne Goldberg sur la notion de temporalité en monde juif, qui permet de sortir de l'opposition trop simple de la mémoire

d'un côté et de l'histoire de l'autre, *La clepsydre. Essais sur la pluralité des temps dans le judaïsme*, Paris, Albin Michel, 2000, et *La clepsydre II. Temps de Jérusalem et temps de Babylone*, Paris, Albin Michel, 2004.

15. Y. Yerushalmi, *Zakhor*, p. 32.

16. *Ibid.*, p. 40.

17. Y. Yerushalmi, «Réflexions sur l'oubli», in *Id.*, *Usages de l'oubli*, Paris, Seuil, 1988, p. 3.

18. Sigmund Freud, *L'homme Moïse et la religion monothéiste*, trad. fr., Paris, Gallimard, 1986, p. 214.

19. Jean Bottero «Symptômes, signes, écriture», in Jean-Pierre Vernant, ed., *Divination et rationalité*, Paris, Seuil, 1974, p. 70-86; *Chroniques mésopotamiennes*, trad. et éd. par Jean-Jacques Glassner, Paris, Les Belles Lettres, 1993.

20. Léon Vandermeersch, «L'imaginaire divinatoire dans l'histoire en Chine», in Marcel Detienne, ed., *Transcrire les mythologies*, Paris, Albin Michel, 1994, p. 108.

21. John Scheid, «Le temps de la cité et l'histoire des prêtres», in M. Detienne, *Transcrire les mythologies*, p. 149-158.

22. Catherine Darbo-Peschanski, «Aitia», *Lexikon historiographicum græcum et latinum*, Pise, Edizioni della Normale, 2004, p. 28.

23. F. Hartog, *Le miroir d'Hérodote. Essai sur la représentation de l'autre*, Paris, Gallimard, 2001, p. 31 («Folio»).

24. Geoffrey R. Lloyd, *The revolutions of wisdom*, Berkeley, University of California Press, 1987, p. 58-70.

25. Arnaldo Momigliano, «La contribution de Gibbon à la méthode historique», in *Id.*, *Problèmes d'historiographie ancienne et moderne*, Paris, Gallimard, 1983, p. 334.

26. Voir *infra*, p. 128-132.

27. Cette expression reprend le titre d'une contribution de Peter Burke, «La pensée historique occidentale dans une perspective globale». À l'initiative de Jorn Rüsen, engagé dans une réflexion collective au long cours sur le sens de l'histoire, envisagé comme construction (*historische Sinnbildung*), l'historien britannique, professeur d'histoire . culturelle à Cambridge, avait été sollicité d'esquisser ce que pouvait être la spécificité de l'histoire occidentale par rapport à d'autres pratiques et d'autres formes de conscience historique. Rüsen avait ensuite invité une quinzaine d'historiens à réagir au texte de Burke. Les pages qui précèdent reprennent en partie ma propre contribution: Jörn Rüsen, ed., *Westliches Ges-*

chichtsdenken, eine interkulturelle Debatte, Göttigen, Vandenhoeck et Ruprecht, 1999 (trad. angl., *Western historical thinking. An intercultural debate*, New York, Berghahn Books,
2002). Selon Burke, la spécificité de la pensée historique occidentale ou, pour reprendre le titre du livre de Bernard Guenée, de sa «culture historique», est moins à chercher dans
chacun des éléments qui la composent que dans leur combinaison. Les ingrédients se retrouvent ailleurs, seule la prépa-
ration est singulière. De plus, cette «pensée» est elle-même
composite. Elle est formée d'un ensemble de propositions
ayant chacune leur histoire, leur propre chronologie, ne s'accordant pas forcément toutes entre elles, mais coexistant,
plus ou moins bien, les unes avec les autres. Il y a place pour
du jeu et du conflit. Avec cette conséquence, entre autres: la
distance entre cette «culture historique» et les autres historiographies, loin d'avoir été constante, a varié au cours des
siècles, augmentant nettement à partir de la Renaissance,
diminuant au XIXᵉ siècle. Repartant d'Hérodote, Burke entend
montrer sur un arc long cette «pensée» se faisant et se trans-
formant, reformulant et critiquant des propositions antérieures.
Une telle approche, en historisant nettement le modèle occidental, a le mérite de le relativiser. Récusant d'emblée toute
idée d'un grand Partage, elle ne vise qu'à fournir un certain
nombre d'entrées pour un «inventaire descriptif des différences». Suit un repérage en dix points, chacun d'entre eux
ayant suscité des discussions ou construit des tensions au sein
même de la tradition occidentale où il s'est formé. Au total,
ces points font système ou, au moins, renvoient les uns aux
autres, élaborant au cours des siècles les termes d'un débat
fait d'accords, de désaccords, voire d'options opposées. Burke
suggère même d'y voir un «système de conflits» (à l'image
peut-être de l'espace de la démocratie?). La formule est ingé-
nieuse, éclairante, séduisante même. Suffit-elle à convaincre?
Elle propose, à tout le moins, un repérage, en vue d'une étape
ultérieure de l'enquête, qui, elle, s'attellerait au pourquoi des
différences. Reste, toutefois, que ce «modèle» occidental, un
peu comme un tableau où l'on relève et mesure des absences
et des présences, est quand même celui qui «comprend» les
autres expériences, évoquées rapidement à travers la Chine,
le Japon, et le monde de l'Islam.

ORATEURS ET HISTORIENS

1. Isocrate, *Nicoclès*, 5-9.
2. Cicéron, *De l'orateur*, 1, 8, 33.
3. J.-P. Vernant, *Les origines de la pensée grecque*, Paris, Presses universitaires de France, 1962, p. 45.
4. M. Detienne, *L'invention de la mythologie*, Paris, Gallimard, 1981, p. 137-145.
5. Thucydide, 2, 34-47. Nicole Loraux, *L'invention d'Athènes, histoire de l'oraison funèbre dans la cité classique*, Paris/La Haye/New York, Mouton, 1981, p. 183-204.
6. Bryan P. Reardon, *Courants littéraires grecs des IIe et IIIe siècles après J.-C.*, Paris, Les Belles Lettres, 1971.
7. Alain Michel, *Les rapports de la rhétorique et de la philosophie dans l'œuvre de Cicéron*, Paris, 1961, p. 8.
8. Cicéron, *Des lois*, 1, 2, 5 et infra, p. 168.
9. Salluste, *Guerre de Jugurtha*, 4 ; Ronald Syme, «The senator as historian», *Ten studies in Tacitus*, Oxford, Oxford University Press, 1970.
10. Michel Nouhaud, *L'utilisation de l'histoire par les orateurs attiques*, Paris, Les Belles Lettres, 1982.
11. *Rhétorique et histoire, l'exemplum et le modèle de comportement dans le discours antique et médiéval*, Mélanges de l'École française de Rome, Moyen-Âge, 92,1980.
12. Cicéron, *Brutus*, 12, 45.
13. Tacite, *Dialogue des orateurs*, 41.

VOIR ET DIRE :

LA VOIE GRECQUE DE L'HISTOIRE

(VIe-IVe SIÈCLE AV. J.-C.)

1. *Chroniques mésopotamiennes*, p. 20-22. On pourrait aussi évoquer l'Extrême-Orient et les premières Annales chinoises : telles les *Annales du pays de Lu* (722-481), les plus anciennes conservées.
2. Charles W. Fornara, *The nature of history in ancient Greece and Rome*, Berkeley, University of California Press, 1983 ; J. M. Alonso-Nunez, ed., *Geschichtesbild und Geschichtesdenken im Altertum*, Darmstadt, 1991. A. Momigliano, *Les fondations du savoir historique* 'rad. fr. Paris Les Belles

Lettres, 1992 ; *Id., La Storiografia greca*, Turin, Einaudi, 1982 ; Moses I. Finley, *Mythe, mémoire et histoire*, trad. fr., Paris, Flammarion, 1981, p. 9-40 ; Felix Jacoby, *Atthis, the local chronicles of ancient Athens*, Oxford, Clarendon Press, 1949.

3. J.-P. Vernant, *Mythe et pensée chez les Grecs*, Paris, La Découverte, 1988, p. 202-260.

4. A. Momigliano, *Les fondations du savoir historique*, p. 22, 25.

5. Jack Goody, *La raison graphique*, trad. fr., Paris, Minuit, 1979, p. 55 ; *Id., Entre l'oral et l'écrit*, trad. fr., Paris, Presses universitaires de France, 1994 ; voir aussi M. Detienne, ed., *Les savoirs de l'écriture en Grèce ancienne*, Lille, Presses universitaires de Lille, 1988.

6. Hécatée, in F. Jacoby, *Die Fragmente der griechichen Historiker*, Berlin et Leyde, 1922-1956, désormais *F.Gr. Hist.* (Jacoby) 1 F. 1 ; F. Hartog, « Écritures, généalogies, archives, histoire en Grèce », *Mélanges Pierre Lévêque*, Besançon, 1991, t. 5, p. 177-188 ; Christian Jacob, « L'ordre généalogique entre le mythe et l'histoire », in M. Detienne, ed., *Transcrire la mythologie*, Paris, Albin Michel, 1994, p. 169-202, ici, p. 171-173.

7. Hécatée, *F.Gr. Hist.* (Jacoby) 1 F. 26, 27, 19.

8. Thucydide, 1, 21, 1.

9. Phérécyde, *F.Gr. Hist.* (Jacoby) 3 F. 59, 2 ; Rosalind Thomas, *Oral tradition and written record in classical Athens*, Cambridge, Cambridge University Press, 1989, p. 155-195.

10. Homère, *Iliade*, 2.

11. Ch. Jacob, « L'ordre généalogique entre le mythe et l'histoire », p. 195.

12. Hérodote, 2, 77.

13. Th. Jacobsen, *The Sumerian king list*, Chicago, 1939, p. 167-180.

14. *Ibid.*, p. 164.

15. *Ibid.*, p. 79.

16. Sur le caractère, lui aussi composite ou complexe des listes royales assyriennes, voir A. K. Grayson, « Assyria and Babylonia », *Orientalis NS*, 49, 1980, p. 177-179 ; J.-J. Finkelstein, « Mesopotamian historiography », *Proceedings of the American Philosophical Society*, 107, 6, 1963, p. 461-472, met plutôt l'accent sur les recueils de présages comme une forme d'historiographie.

17. Stella Georgoudi, « Manières d'archivage et archives de cités », in M. Detienne, *Les savoirs de l'écriture*, p. 221-247.

18. Pour une définition de travail, voir par exemple, P. Ricœur, *Temps et récit III*, Paris, Seuil, 1985, p. 171-172, et *infra*, p. 269-277.

19. Henri Van Effenterre, «Le contrat de travail du scribe Spensithios», *Bulletin de Correspondance Hellénique*, 97, 1973, p. 31-46. Le personnage du scribe en Grèce se trouve évoqué et interrogé dans M. Detienne, *Les savoirs de l'écriture*, p. 17-19, 64-72, notamment.

20. Voir l'hypothèse de H. Van Effenterre, «Le contrat de travail du scribe Spensithios», p. 35-36 : le pays de Dattalla sur la bordure du Lassithi (?) en tout cas un *poljé* de haute altitude.

21. *Ibid.*, p. 39.

22. «Instrument» et non «homme» politique, car les clauses mêmes du contrat invitent à considérer qu'il est étranger à la cité. Sur les magistrats en charge des écritures de la cité, Aristote, *Politique*, VI, 1321 b 34.

23. Les principaux éléments du dossier sont rassemblés dans Michèle Simondon, *La mémoire et l'oubli*, Paris, Les Belles Lettres, 1982, p. 293-301.

24. Louis Gernet, *Anthropologie de la Grèce antique*, Paris, Maspero, 1968, p. 286. Gernet voit dans le *mnemôn* la transposition d'un personnage dont la «légende» a fait un «motif de conte» : le serviteur du héros «dépositaire des avertissements divins qu'il devait rappeler au moment voulu».

25. *Ibid.*, p. 287 ; M. Simondon, *La mémoire et l'oubli*, p. 296.

26. L. Gernet, *Anthropologie de la Grèce antique*, p. 285, 287.

27. Thucydide, 5, 26.

28. Hérodote, 1, 1.

29. Hérodote, 3, 122 : «Polycrate est le premier des Grecs, *à notre connaissance (tôn hêmeis idmen)*, qui songea à l'empire des mers —, je laisse de côté Minos de Cnossos et ceux qui avant lui, s'il y en eut, ont régné sur la mer —, le premier, dis-je, du temps qu'on appelle le temps des hommes» (c'est moi qui souligne); P. Vidal-Naquet, *Le chasseur noir. Formes de pensée et formes de société dans le monde grec*, Paris, Maspero, 1981, p. 81-83.

30. Voir *supra*, p. 37-38.

31. Hérodote, 1, 5 (c'est moi qui souligne. La traduction de Legrand est légèrement modifiée).

32. Hérodote, 1, 56.

33. Hérodote, 1, 58. F. Hartog, *Mémoire d'Ulysse. Récits*

sur la frontière en Grèce ancienne, Paris, Gallimard, 1996, p. 89.

34. Hérodote, 2, 143.

35. Pierre Chantraine, «Oida», *Dictionnaire étymologique de la langue grecque*, Paris, 1968; André Sauge, *De l'épopée à l'histoire. Fondement de la notion d'*historiê, Francfort, Peter Lang, 1992; F. Hartog, «Histoire», in B. Cassin, ed., *Vocabulaire européen des philosophies*, Paris, Seuil/Le Robert, 2004, p. 554-558.

36. Nicole Loraux, «Thucydide a écrit la guerre du Péloponnèse», *Métis*, 1, 1986, p. 142. W. R. Connor, *Thucydides*, Princeton, Princeton University Press, 1984.

37. Chez Hérodote, le verbe *suggraphein* signifie «consigner par écrit», voir Luciano Canfora, *Totalità e selezione nella storiografia classica*, Bari, Laterza, 1972, p. 108-110. *Suggrapheus* peut avoir le sens technique de celui qui rédige un projet de loi ou un contrat; il désigne aussi l'écrivain en prose et, plus tard, l'historien.

38. Thucydide, 1, 22, 4.

39. *Ibid.*

40. Platon, *Hippias Majeur*, 285d; Polybe, 9, 1, 4.

41. Thucydide, 7, 8, 2; 1, 20, 1-3.

42. Thucydide, 1, 1, 2.

43. Jacqueline de Romilly, «Thucydide et l'idée de progrès», *Annali della Scuola Normale Superiore Pisa*, XXXV, 1966, p. 143-191.

44. N. Loraux, «Thucydide a écrit la guerre du Péloponnèse», p. 156.

45. Thucydide, 1, 6, 6.

46. Hérodote, 2, 53. Il situe la guerre de Troie huit cents ans avant lui.

47. Hérodote, 3, 122. Ce qui est traduit par «temps» est *geneê*, exactement «génération».

48. Edmond Lévy, *Athènes devant la défaite de 404*, Paris, BEFAR, 1976.

49. Le livre VIII, inachevé, se termine en 411.

50. Thucydide, 2, 52-53.

51. Thucydide, 3, 82-84.

52. Aristote, *Constitution d'Athènes*, 29, 3. M. I. Finley, «La Constitution des ancêtres», *Mythe, mémoire, histoire*, p. 212-215.

53. Andocide, 1, 83; M. I. Finley, «La Constitution des ancêtres», p. 217-218; Zoe Petre, «The end of stasis: ancient

and modern», *Nouvelles Études d'Histoire*, Académie roumaine, 1995, p. 7-24.

54. Isocrate, *Aréopagitique*, 7, 15-16.

55. M. Nouhaud, *L'utilisation de l'histoire*.

56. N. Loraux, *L'invention d'Athènes. Histoire de l'oraison funèbre dans la cité classique*, Paris/La Haye/New York, Mouton, 1981, p. 133-175, 173 pour la citation.

57. Christian Habicht, «Falsche Urkunden zut Geschichte Athens im Zeitalter der Perserkriege», *Hermès*, 59, 1961, p. 1-35; R. Thomas, *Oral tradition*, p. 84-89.

58. Maria Guarducci, *Epigrafia greca II*, 1979, p. 328-347; Alan E. Samuel, *Greek and Roman chronology*, Munich, C. H. Beck, 1972, p. 195-199, estime que cette liste des archontes était la première liste publiée. Hérodote n'avait pas à sa disposition une telle liste.

59. E. Jacoby, *Atthis*, p. 169-185.

60. François Salviat, «Les colonnes initiales du catalogue des théores et les institutions thasiennes archaïques»; *Bulletin de Correspondance Hellénique*, Supplément V, 1979, p. 125-127.

61. Anthony Grafton, *Faussaires et critiques*, trad. fr., Paris, Les Belles Lettres, 1993.

62. F. Jacoby, *Atthis*, où l'on trouve l'exposé le plus complet sur Hellanicos.

63. Thucydide (1, 97, 2) lui reproche d'avoir traité brièvement et avec des erreurs de chronologie la pentecontaétie, période généralement négligée, dit-il, par les historiens. Confirmation donc que l'histoire d'Hellanicos allait bien jusqu'au présent.

64. E. Jacoby, *Atthis*, notamment p. 112, 131-132.

65. Platon, *Hippias Majeur*, 285b.

66. A. Momigliano, *Les fondations du savoir historique*, p. 66-68, 71.

67. Xénophon, *Helléniques*, 7, 5, 27.

68. *Ibid.*, 5, 1, 4. Vincent Azoulay, *Xénophon et les grâces du pouvoir, De la charis au charisme*, Paris, Publications de la Sorbonne, 2004.

69. Théopompe, *F.Gr. Hist.* (Jacoby), 115 F. 27; M. Attyah Flower, *Theopompos of Chios. History and Rhetoric in the 4th B. C.*, Oxford, Oxford Clarendon Press, 1994.

70. Polybe, 5, 33, 2.

71. Robert Drews, «Ephorus and history written *kata genos*», *American Journal of Philology*, 1963, p. 244-255.

L'ŒIL DE THUCYDIDE
ET L'HISTOIRE «VÉRITABLE»

1. Denys d'Halicarnasse, *Sur Thucydide*, VIII.

2. Voir *supra*, p. 72-73.

3. Thucydide, 7, 8, 2.

4. A. Kurz, *Akribeia. Das ideal der Exacktheit bei den Grie-chen his Aristoteles*, Göttingen, 1970, p. 48-53. Ugo Fantasia, «Akribês», *Lexikon historiographicum græcum et latinum*, p. 44-49.

5. *Thucydide*, 1, 20, 3.

6. *Thucydide*, 1, 1, 2, coll. des Universités de France (trad. J. de Romilly).

7. On peut s'étonner que Carlo Ginzburg, dans son article «Signes, traces, pistes, racines d'un paradigme de l'indice» (trad. fr., *Le Débat*, 6, 1980, p. 3-44), ne s'arrête pas, à propos de la Grèce, sur Thucydide. Étant entendu que, pour Thucy-dide, la connaissance par indice est fondamentalement insa-tisfaisante.

8. Hérodote, 3, 122 ; voir P. Vidal-Naquet, *Le chasseur noir*, p. 81-82.

9. Paul Veyne, «Entre le mythe et l'histoire ou les impuis-sances de la raison grecque», *Diogène*, 113, 1981, p. 13.

10. George Grote, *Histoire de la Grèce*, Paris, 1867, t. 2, p. 131-132, Sur l'absence de «preuve indépendante», voir M. I. Finley, «La Troie de Schliemann cent ans après», *Le monde d'Ulysse*, Paris, Maspero, 1978, p. 199-211.

11. *Thucydide*, 1, 11.

12. Albert Thibaudet, *La campagne avec Thucydide* [1re éd., 1922], repris dans *Thucydide, Histoire de la Guerre du Pélo-ponnèse*, trad., introd. et not., J. de Romilly, Paris, Laffont, 1990.

13. Le narrateur est d'autant plus présent en tant que tel que l'histoire est plus lointaine : ainsi dans l'«Archéologie», où la vérité, elle, est absente ; on est dans la *pistis*.

14. Kurt von Fritz, *Critique*, 1958, p. 747. N. Loraux, «Thu-cydide n'est pas un collègue», *Quaderni di Storia*, 12, 1980, p. 55-81.

15. *Thucydide*, 1, 22.

16. Abbé de Mably, *De la manière d'écrire l'histoire*, Paris, 1784, p. 124, 125.

17. Alfred Croiset, *Thucydide*, Paris, 1886, p. 79-81.

18. R. G. Collingwood, *The idea of history*, Oxford, Oxford-paperbacks, 1946, p. 31.

19. Aristote, *Poétique*, **9**, 1451 a 36-b 11.

20. (Jebb.), «Thucydides», *Encyclopædia Britannica*, 11e éd.

21. Pour une tentative de retournement de cette perspective, H. P. Stahl, «Speeches and course of events: in books VI and VII of Thucydides», in Ph. Stadter, ed., *The speeches in Thucydides*, Chapel Hill, The University of North Carolina Press, 1973, p. 60-77.

22. M. I. Finley, *Mythe, mémoire, histoire*, p. 39. Finley a, par ailleurs, écrit un article intitulé «Thucydides the moralist».

23. Francis M. Cornford, *Thucydides mythhistoricus*, Londres, E. Arnold, 1907, p. VII. Voir maintenant, Francisco Murari Pires, *Mithistoria*, São Paulo, 1999.

24. Charles N. Cochrane, *Thucydides and the science of history*, Londres, Oxford University Press, 1929, p. 3.

25. *Ibid.*, p. 171-173.

26. Par exemple Adam Parry, *The language of Thucydides'description of the plague*, Londres, University of London, Institute of Classic Studies, 16, 1969, p. 106-112.

VOIR DEPUIS ROME:
POLYBE ET LA PREMIÈRE HISTOIRE
UNIVERSELLE

1. *Thucydide*, 1, 1, 1.

2. Hérodote, 1, 1.

3. *Thucydide*, 5, 26, 4.

4. Polybe, 1, 1, 4.

5. Polybe, 5, 2, 31.

6. Polybe, 36, 2, 12.

7. Polybe, 31, 23-24.

8. G. W.E. Hegel, *Correspondance*, Paris, Gallimard, 1990, t. I, p. 114-115. Le bon mot sur le bon moment est emprunté à A. Momigliano.

9. Polybe, 29, 2, 20-21.

10. A. Momigliano, «Polybius' reappearance in Western Europe», in Emilio Gabba, ed., *Polybe. Entretiens sur l'Antiquité classique*, XX, Vandœuvres-Genève, 1974, p. 347-372.

11. Montesquieu, *Considérations sur les causes de la gran-*

deur des Romains et de leur décadence, Paris, Gallimard, 1951 («Bibliothèque de la Pléiade»), p. 115.

12. John Adams, *Defense of the Constitutions of government of the United States of America*, 1787. Gilbert Chinard, «Polybius and the American Constitution», *Journal of the History of Ideas*, 1, 1940, p. 38-58. E. Gabba, «L'eredità classica nel pensiero di John Adams», *Rivista Storica Italiana*, CVIII, 1996, p. 878-880 et 889-890.

13. Fénelon, *Projet d'un traité sur l'histoire*, 1716, p. 118.

14. Polybe, 6, 44, 3.

15. Jean-Louis Ferrary, *Philhellénisme et impérialisme: aspects idéologiques de la conquête romaine du monde hellénistique*, Paris-Rome, 1988, Bibliothèque de l'École française d'Athènes et de Rome, p. 341-343.

16. F. Hartog, *Le XIXᵉ siècle et l'histoire. Le cas Fustel de Coulanges*, Paris, Seuil, 2001, p. 36-39.

17. Fustel de Coulanges, *Polybe ou la Grèce conquise. Questions historiques*, Paris, Hachette, 1893, p. 297.

18. Denis Roussel, «Introduction», in *Polybe, Histoire*, éd. préf. par F.-H. Gall, Paris, Gallimard («Quarto»), 2003, p. 42, 52.

19. Polybe, 12, 25 e, 2-3.

20. Polybe, 9, 2, 5.

21. Polybe, 12, 27, 2-4. Ce passage présuppose que la lecture passe par l'oreille et non par l'œil, que Timée lise lui-même ou se fasse lire les textes.

22. Polybe, 12, 27, 7.

23. Polybe, 12, 14, 28.

24. Polybe, 5, 2, 3 3. L'*Histoire* d'Éphore commençait avec le retour des Héraclides en Grèce et se poursuivait jusqu'au milieu du IVᵉ siècle avant notre ère. Il avait opté pour un regroupement des événements par périodes ou par régions.

25. Polybe, 1, 3, 3.

26. Hérodote, 3, 80-82; F. Hartog, *Le miroir d'Hérodote*, Paris, Gallimard, 2001 («Folio»), p. 379-382.

27. Frank Walbank, «Symplokê: *its role in Polybius' Histories*» *Selected Papers*, Cambridge, Cambridge University Press, 1985, p. 280-324. Paul Pédech, *La méthode historique de Polybe*, Paris, Les Belles Lettres, 1964, p. 507.

28. A. Zangara, *Voir l'histoire, Le récit historique à l'époque hellénistique et romaine*, Paris, Vrin-EHESS, 2005. On trouvera dans ce livre une série d'analyses précises et fines des notions mises en œuvre par Polybe.

29. Hérodote, 1, 5.

30. Polybe, 1, 4, 1-2.

31. Polybe, 3, 32, 2.

32. F. Hartog, *L'histoire d'Homère à Augustin*, p. 109-111, 140-143.

33. Polybe, 5, 32, 2.

34. Aristote, *Poétique*, 9, 1451 b 5-11 (traduction M. Casevitz).

35. Aristote, *ibid.*, 23, 1459 a 22-29.

36. Polybe, 1, 4, 9; 2, 1, 7; 4, 40, 1.

37. Polybe, 2, 56, 11-12.

38. Aristote, *Poétique*, 9, 1451 b 30.

39. Paul Ricœur, *Temps et récit*, Paris, Le Seuil, 1983-1985.

40. Voir, en dernier lieu, F. Walbank, «A Greek looks at Rome», in *Id.*, *Polybius, Rome and the Hellenistic world*, Cambridge, Cambridge University Press, 2002, p. 277-292.

41. Claude Nicolet, «Polybe et les institutions romaines», in E. Gabba, ed., *Polybe. Entretiens sur l'Antiquité classique*, p. 25-26.

42. Philippe Gautier, *Commentaire*, 2, 1979, p. 320 (compte rendu de Cl. Nicolet, *Le métier de citoyen*, Paris, Gallimard, 1976), et «Grandes et petites cités: hégémonie et autarcie», *Opus*, 6-8, 1987-1989, p. 187-197.

43. F. Walbank, *Polybius*, Berkeley, University of California Press, 1972, p. 155-156.

44. Isocrate, *Aréopagitique*, 14.

45. Polybe, 6, 2, 8.

46. Polybe, 6, 50, 3-4.

47. Polybe, 3, 1-5.

48. La citation est d'Appien, *Punica*, 132, qui dit citer Polybe.

49. Reinhart Koselleck, *L'expérience de l'histoire*, trad. A. Escudier, Paris, Gallimard/Le Seuil, 1997 («Hautes Études»), p. 239: «À court terme, il se peut que l'histoire soit faite par les vainqueurs mais, à long terme, les gains historiques de connaissance proviennent des vaincus.»

VOIR DEPUIS ROME :
DENYS D'HALICARNASSE
ET LES ORIGINES GRECQUES DE ROME

1. Denys d'Halicarnasse, *Antiquités romaines*, 1, 65, trad. V. Fromentin, Paris, Les Belles Lettres, 1990.

2. Isocrate, *Panégyrique*, 50.

3. Denys, *Opuscules rhétoriques*, t. I, *Les orateurs antiques*, Paris, Les Belles Lettres, 1978, 1, 1, 7.

4. *Ibid.*, 1, 3, 1.

5. *Ibid.*, 1, 4, 1. André Hurst, « Un critique dans la Rome d'Auguste », *Aufstieg und Niedergang der römischen Welt*, II, 30, 1, 1982, p. 839-865. Sur les façons romaines de parler grec, voir Florence Dupont et Emmanuelle Valette-Cagnac, eds., *Façons de parler grec à Rome*, Paris, Berlin, 2005.

6. Denys, *Antiquités*, 1, 4, 2.

7. *Ibid.*, 1, 8, 4.

8. *Ibid.*, 1, 8, 1.

9. *Ibid.*, 1, 8, 3.

10. *Ibid.*, 1, 90, 1.

11. Polybe, *Histoire*, 9, 2-7.

12. Denys, *Lettre à Gn. Pompeius*, 6.

13. Denys, *Antiquités*, 1, 8, 3 ; 11, 1.

14. *Ibid.*, 1, 7, 3.

15. Domenico Musti, « Tendenze nella storiografia romana arcaica, studi su Livio e Dionigi d'Alicarnasso », *Quaderni Urbinati di Cultura Classica*, 10, 1970. D. Briquel, « L'autochtonie des Étrusques chez Denys d'Halicarnasse », *Revue des Études Latines*, LXI, 1983, p. 65-86.

16. Carmine Ampolo e Mario Manfredini, eds., *Plutarco, Le vite di Teseo e di Romolo*, Fondazione Lorenzo Valla, Mondadori editore, 1988, en particulier p. 262-278.

17. Jean-Louis Ferrary, *Philhellénisme et impérialisme*, en particulier p. 537-539.

18. Denys, *Antiquités*, 1, 10-13.

19. Même si les historiens romains ont suivi un *muthos* grec (1, 11, 1), l'important est que ce soit eux qui l'énoncent.

20. S'ils ne sont pas eux-mêmes autochtones, les Romains sont descendants d'autochtones puisque les Arcadiens, eux, le sont. Mais ce point ne retient pas l'attention de Denys.

21. Voir par exemple, comment Denys traite l'*aporia* du voyage d'Énée pour tenter d'établir du *pithanos*, du «convaincant» (1, 45 sq.).

22. Denys, *Antiquités*, 7, 70-73.

23. Jean-Paul Thuillier «Denys d'Halicarnasse et les jeux romains», *MEFAR* (Antiquité) 87, 1976, p. 563-581.

24. Strabon 1, 2, 15.

25. Plus largement encore, la démonstration de Denys prend place dans toutes les réflexions, véritable genre, développées par les Grecs sur les origines des peuples. Voir Elias Bickerman, «Origines Gentium», *Classical Philology*, XLVII 1952, p. 65-81. Elle est également liée à ce phénomène (de plus en plus manifeste à partir de l'époque hellénistique), que l'épigraphie enregistre et sur lequel Louis Robert a souvent attiré l'attention : l'usage de l'idée de parenté (*suggeneia*). Les décrets et la langue de chancellerie font place et droit à ces prétentions et revendications. Ainsi la petite cité d'Héraclée (du Latmos) revendique sa parenté avec les Étoliens (L. Robert, *Documents d'Asie mineure*, Paris-Rome, 1987, p. 177-185). Voir aussi D. Alusti, «Sull'idea di stingencia in iscrizioni greche», *Annali della Scuola normale superiore di Pisa*, 32, 1963, p. 225-239.

26. Pierre-Claude-François Daunou, *Cours d'études historiques*, Paris, Taillandier, 1842-1849, vol. 13, p. 96.

27. (Père) F. Le Jay, *Les Antiquitez Romaines de Denys d'Halicarnasse*, la traduction de 1723, d'abord anonyme, est due à Bellanger. Chantal Grell, «Les origines de Rome : mythe et critique. Essai sur l'histoire aux XVIIe et aux XVIIIe siècles», *Histoire, Économie, Société*, 2, 1983, p. 255-280 ; *Id.*, *Le Dix-huitième siècle et l'Antiquité en France, 1680-1789*, Oxford, Voltaire Foundation, 1995.

28. Pouilly ouvre le débat avec sa «Dissertation sur l'incertitude de l'histoire des quatre premiers siècles de Rome» (15 décembre 1722), *Mémoire de l'Académie*, t. 6, Sallier répond, Pouilly réplique, Sallier contre-attaque (il ne consacrera pas moins de quatre mémoires à l'affaire), Fréret s'en mêle (17 mars 1724) : «Sur l'étude des anciens historiens et sur le degré de certitude de leurs preuves».

29. Louis de Beaufort, *Dissertation sur l'incertitude des cinq premiers siècles de l'histoire romaine*, Utrecht, 1738 ; 2e éd. en 1750, rééd., Paris, 1866. Sur Beaufort, Mouza Raskolnikoff, *Histoire romaine et critique historique dans l'Europe des Lumières : la naissance de l'hypercriticisme dans l'historio-*

graphie de la Rome antique, Rome, École française de Rome, 1992, p. 389-477.

30. Beaufort, *Dissertation sur l'incertitude*, p. 138 (éd. 1866).

31. *Ibid.*, p. 129.

32. *Ibid.*, p. 135.

33. Eduard Schwartz, « Dionysios », *Real Enzyklopädie*, V, 1905, col. 934-961.

34. M. Egger, *Denys d'Halicarnasse, Essai sur la critique littéraire et la rhétorique chez les Grecs au siècle d'Auguste*, Paris, 1902, p. 232.

35. *Ibid.*, p. 294.

36. Glen W. Bowersock, *Augustus and the Greek World*, Oxford, 1965 ; E. Gabba, « La "storia di Roma arcaica" di Dionigio d'Alicarnasso », *Aufsteig und Niedergang der römischen Welt*, II, 30, 1, 1982, p. 799-816, avec les références, dans la bibliographie, des nombreux articles consacrés par Gabba à Denys. Dès lors qu'on traite les *Antiquités* non comme histoire, mais plutôt comme historiographie des origines, deux raisons, pour Gabba, de s'intéresser à Denys : il apporte un témoignage sur la mentalité d'un Grec de l'époque d'Auguste. Par sa fidélité aux sources qu'il a utilisées, il nous permet d'appréhender quelque chose de l'annalistique romaine des IIe et Ier siècles, de ses méthodes et de ses enjeux. Ainsi Gabba estime que la « Constitution de Romulus » du livre II est l'écho d'un pamphlet politique de l'époque de Sylla. Voir aussi Cl. Schultze, « Dionysius of Halicarnassus and his audience », in S. Moxon, ed., *Past perspectives*, Cambridge, Cambridge University Press, 1986, p. 121-141.

37. Denys, *Antiquités*, 1, 89, 3.

38. *Ibid.*, 1, 5, 3.

39. Par exemple, les Aborigènes contre les Barbares (Sikèles) (1, 16, 1), ou les Aborigènes associés aux Pélasges toujours contre les mêmes Sikèles (1, 20, 1).

40. Denys, *Antiquités*, 1, 89, 4.

41. *Ibid.*, 1, 90, 1. Caton, *Origines*, 1, 19 (Servius, *Ad Verg. Aen.* 5, 755) : « De fait il n'est pas prouvé que Romulus ou les siens ne connaissaient pas le grec à cette époque, j'entends l'éolien ; c'est ce qu'affirment Caton dans son archéologie romaine et le très savant Varron dans le préambule de ses écrits sur Pompée : Évandre et les autres Arcadiens étaient jadis venus en Italie et avaient répandu la langue éolienne parmi les Barbares. » Voir E. Gabba, « Il Latino come dialetto

greco», *Mélanges A. Rostagni*, Turin, Bottega d'Erasmo, 1963, p. 188-194.

42. Michel Casevitz, *Le vocabulaire de la colonisation en grec ancien*, Paris, Klincksieck, 1985, p. 128-130, 202-205.

43. Denys, *Antiquités*, 1, 85, 6.

44. Hésiode, *Travaux*, 11-16.

45. Denys, *Antiquités*, 1, 87, 1-2.

46. En revanche, Rome, une fois surmontée cette crise où elle a failli ne pas naître, sera qualifiée par Denys de *polis koinôtatê* (1,89, 1).

47. Denys, *Antiquités*, 1, 87, 3 : *apo te ton adelphou kaipolitikês alléloktonias*.

48. Pour Denys, en effet, le récit le plus crédible (*pithanôtatos*) fait mourir Rémus avant que ne s'engage l'opération de la fondation proprement dite. Il est le seul de son avis.

49. Plutarque, *Vie de Romulus*, 9, 2.

50. Isocrate, *Éloge d'Hélène*, 36, *Panathénaïque*, 129. Sur Thésée, Claude Calame, *Thésée et l'imaginaire athénien, Légende et culte en Grèce antique*, Lausanne, Payot, 1996.

51. Voir *supra*, p. 132-136.

52. Denys, *Antiquités*, 1, 9, 4.

53. *Ibid.*, 2, 12, 4.

54. *Ibid.*, 2, 9-10.

55. *Ibid.*, 2, 11, 2.

56. Denys, 2, 16-17. L'ouverture de la cité, donc le mélange, est, dans ce contexte, présentée comme une supériorité indubitable de Rome. Voir Philippe Gauthier, «*Générosité* romaine et *avarice* grecque : sur l'octroi du droit de cité», *Mélanges W. Seston*, Paris, Éd. de Boccard, 1974, p. 207-215, et *Id.*, «La citoyenneté en Grèce et à Rome : participation et intégration», *Ktema*, 6, 1981, p. 167-179. Ainsi, estime Denys, c'est le nombre et non la faveur de la Fortune qui a permis à Rome de se sortir des crises les plus graves : comme par exemple après le désastre de Cannes. Denys est, en revanche, beaucoup plus réservé sur l'affranchissement des esclaves (2, 16-17), qui donne, aujourd'hui, lieu à des abus injustifiables.

57. Denys, *Antiquités*, 1, 89, 1.

L'ŒIL DE L'HISTORIEN
ET LA VOIX DE L'HISTOIRE

1. Pour les XVIe-XVIIIe siècles, voir Carl Havelange, *De l'œil et du monde, Une histoire du regard au seuil de la modernité*, Paris, Fayard, 1998. Pour la peinture, voir Daniel Arasse, *Histoires de peintures*, Paris, Denoël, 2004.

2. François Hartog, *Le miroir d'Hérodote. Essai sur la représentation de l'autre*, Paris, Gallimard («Folio»), 2001, p. 271-282.

3. François Furet, *Penser la Révolution française*, Paris, Gallimard, 1978; *Id.*, «Naissance d'un paradigme: Tocqueville et le voyage en Amérique», *Annales E.S.C.*, 2, 1984, p. 231-232.

4. Augustin Thierry, «Première lettre sur l'histoire de France», 13 juillet 1820, in Marcel Gauchet, ed., *Philosophie des sciences historiques, Le moment romantique*, Paris, Seuil, 2002, p. 70. Sur Thierry, Lionel Gossman, *Augustin Thierry and liberal historiography, History and theory*, Middeltown, Wesleyan University Press, 1976, vol. 15; M. Gauchet, «Les *Lettres sur l'histoire de France* d'Augustin Thierry», in P. Nora, ed., *Les lieux de mémoire*, t. 2, *La Nation*, vol. 2, Paris, Gallimard, 1987.

5. M. Gauchet, *ibid.*, p. 71.

6. Louis Marin, *Le portrait du roi*, Paris, Minuit, 1981, p. 86-91.

7. A. Thierry, *Considérations sur l'histoire de France*, in *Œuvres complètes*, IV, 1868, p. 145.

8. A. Thierry, *Lettres sur l'histoire de France*, in *Œuvres complètes*, III, 1867, lettre V, p. 57.

9. Prosper de Barante, *Histoire des ducs de Bourgogne*, Paris, 1824-1826, p. XXXIV.

10. *Ibid.*

11. *Le Censeur européen*, 27 mai 1820, repris dans *Dix ans d'études historiques*, Paris, Just Tessier, 1835, p. 446. (Augustin Thierry souligne.)

12. Barante, *Histoire des ducs de Bourgogne*, p. XXXV. Dans la préface de *La Comédie humaine*, Balzac écrit: «La société française allait être l'historien, je ne devais être que le secrétaire.»

13. A. Thierry, *Lettres sur l'histoire de France*, Préface, in *Œuvres complètes*, III, p. 4.

14. A. Thierry, *Dix ans d'études historiques*, p. 344.

15. *Ibid.*, p. 353-354.

16. A. Thierry, *Considérations sur l'histoire de France*, p. 148.

17. Michel Foucault, *Naissance de la clinique*, Paris, Presses universitaires de France, 1963.

18. Jules Michelet, «Préface de 1869», *Œuvres complètes*, Paris, Flammarion, 1974, t. 4, p. 11-27.

19. Michelet, *L'Étudiant*, leçon, 13 janvier 1848, Paris, Seuil, 1979, p. 110-115.

20. Roland Barthes, «Michelet, l'histoire et la mort», *Esprit*, avril 1952, p. 499.

21. Foucault, *Naissance de la clinique*, p. 169.

22. *Ibid.*, p. IX.

23. *Ibid.*, p. 148, 149.

24. *Ibid.*, **p.** 170.

25. *Ibid.*, p. 176.

26. Alexis de Tocqueville, à propos de «notre ancienne société»: «J'ai fait comme ces médecins qui, dans chaque organe éteint, essayent de surprendre les lois de la vie», *L'Ancien Régime et la Révolution*, in *Id.*, *Œuvres complètes*, Paris, Gallimard, 1952, t. 2, p. 73.

27. Michelet, *Paris-Guide par les principaux écrivains et artistes de la France*, Paris, 1867, 1re partie, p. 142.

28. Philippe Ariès, *L'homme devant la mort*, Paris, Seuil, 1977, p. 510.

29. Michelet, *Journal*, 20 juillet 1834, Paris, Gallimard, 1959, t. I, p. 120.

30. *Ibid.*, p. 11.

31. Michelet, «Préface de 1869», p. 12.

32. *Ibid.*, p. 14.

33. *Ibid.*

34. *Ibid.*, p. 11.

35. Michelet, *Journal*, 30 janvier 1842, t. 2, p. 378.

36. *Michelet, Histoire de la Révolution française*, t. 2, «De la méthode et de l'esprit de ce livre», p. 9, 12, 15.

37. Voir *supra*, p. 72-73.

38. Michel de Certeau, *L'écriture de l'histoire*, Paris, Gallimard, 1975, p. 222-226.

39. Michelet, *Nos fils*, Paris, 1870; R. Barthes, *Michelet par lui-même*, Paris, Seuil, 1954, p. 175.

40. Claude Digeon, *La crise allemande de la pensée française (1870-1914)*, Paris, Presses universitaires de France, 1959, p. 155-254.

41. Fustel de Coulanges, « Cours de Strasbourg 1861-1862, Leçon d'ouverture » (inédit).

42. *Ibid.* Ultérieurement il élargira, en la socialisant, sa définition de l'histoire : elle est la science de l'homme vivant, agissant en société ; mais il en réduira les prétentions scientifiques : elle ne découvre pas de lois.

43. Fustel de Coulanges, *La cité antique*, Paris, Flammarion, 1984, p. 2 (c'est moi qui souligne) ; voir F. Hartog, *Anciens, Modernes, Sauvages*, Paris, Galaade, 2005, p. 177-179.

44. Fustel de Coulanges, *Essai historique sur la guerre et la Commune*, in F. Hartog, *Le XIXᵉ et l'histoire, le cas Fustel de Coulanges*, p. 223-266.

45. Lettres à G. Sand, 31 mars et 8 septembre 1871, in G. Flaubert, *Œuvres complètes*, Paris, Club de l'Honnête Homme, 1975, t. XV.

46. Fustel, *La cité antique*, p. 2.

47. Paul Guiraud, *Fustel de Coulanges*, Paris, 1896, p. 145-159.

48. Fustel, « Conditions pour bien lire les textes », in F. Hartog, *Le XIXᵉ et l'histoire*, p. 396.

49. Fustel, « De l'analyse des textes historiques », in F. Hartog, *Le XIXᵉ et l'histoire*, p. 367-373.

50. *Ibid.*, p. 372.

51. Michelet, « L'héroïsme de l'esprit », in *Œuvres complètes*, t. 4, p. 31 : « Le fil de la tradition, en toutes choses avait été brisé. Tous attestaient, louaient, blâmaient un passé (romain, chrétien, révolutionnaire, n'importe), qu'ils ignoraient également. »

MICHELET, LA VIE, L'HISTOIRE

1. Jules Michelet, *Journal*, Paris, Gallimard, 1976, t. IV, p. 110. Les citations de Michelet données sans autre précision sont extraites de la « Préface de 1869 », *Histoire de France*, vol. I, tome IV, in P. Viallaneix, éd., *Œuvres complètes*, Paris, Flammarion, 1974, p. 11-27. Michelet, *La cité des vivants et des morts, Préfaces et introductions*, éd. présentée par Claude Lefort, Paris, Belin, 2002 ; J. Seebacher, « Le côté de la mort ou l'histoire comme clinique », *Revue d'Histoire Littéraire de la France*, sept-oct. 1974, p. 810-821.

2. Voir *supra*, p. 124-126.

3. Lucien Febvre, « Avant-propos », in Henri Michel et

Boris Mirkine-Guetzévitch, eds., *Les idées politiques et sociales de la Résistance : documents clandestins, 1940-1944*, Paris, Presses universitaires de France, 1954, p. IX.

4. Fernand Braudel, *Écrits sur l'histoire*, Paris, Flammarion, 1969, p. 30. Et Michelet, « Préface » : « Pour retrouver la vie historique, il faudrait patiemment la suivre en toutes ses voies, toutes ses formes, tous ses éléments. Mais il faudrait aussi, d'une passion plus grande encore, refaire et rétablir le jeu de tout cela, l'action réciproque de ces forces diverses dans un puissant mouvement qui redeviendrait la vie même. »

5. Michelet, *Journal*, 23 juin 1840, Paris, Gallimard, 1959, t. I, p. 330.

6. Voir *supra*, p. 176-178. Pierre Malandain, « Michelet et Géricault, l'histoire d'un mythe, un mythe dans l'histoire », *Revue d'Histoire Littéraire de la France*, nov.-déc. 1969, p. 979-992.

7. Michelet, « L'héroïsme de l'esprit », in *Œuvres complètes*, t. IV, p. 31-42.

8. Michelet, *Journal*, 18 mars 1842, t. I, p. 382 ; 31 mars 1869, t. IV, p. 108.

9. *Journal*, 27 octobre 1834, t. I, p. 161.

10. *Journal*, 26 mars 1842, t. I, p. 385.

11. *Ibid.*, avril 1842, p. 388.

12. *Ibid.*, 30 janvier 1842, p. 378.

13. *Ibid.*

14. Michelet, *Histoire de France au XVIIIᵉ siècle*, t. XVII, « Préface ».

15. *Id., Journal*, 20 juillet 1834, t. I, p. 120.

16. *Id., Le Peuple*, Paris, Flammarion, 1974 (« Champs »), p. 67.

17. Ph. Ariès, *L'homme devant la mort*, p. 393-394 et 460, à propos de la sorcière qui sait faire revivre les morts.

18. Michelet, *Journal*, janvier 1839, t. I, p. 289.

19. *Ibid.*, 30 janvier 1842, t. I, p. 378-379.

QUERELLES DU RÉCIT

1. *Alain Decaux raconte*, tel était le titre de cette émission diffusée entre 1969 et 1981.

2. Voir *supra*, p. 187-188.

3. Laurence Stone, « Retour au récit ou réflexion sur une nouvelle vieille histoire », *Le Débat*, 4, 1980, p. 118, 142.

4. Paul Ricœur, *Temps et récit*, Paris, Seuil, 1983-1985. La question centrale est celle du temps et de son irreprésentabilité, l'historiographie n'occupe donc qu'un moment de l'enquête et l'affirmation d'un lien, même minime, entre histoire et récit, dépend elle-même de l'hypothèse principale, selon laquelle il ne saurait y avoir de temps pensé que raconté.

5. François Simiand, «Méthode historique et science sociale», *Revue de Synthèse*, 1903, l'article est repris dans *Annales E. S. C.*, 1, 1960, voir *infra*, p. 259-260.

6. Roland Barthes, «Le discours de l'histoire» repris dans *Id., Le bruissement de la langue*, Paris, Seuil, 1984 p. 153-166.

7. Voir *supra*, p. 188.

8. Voir *supra*, p. 49-50.

9. F. Hartog, *Anciens, modernes, sauvages*, p. 99-147.

10. Reinhart Koselleck, *Le futur passé. Contribution à la sémantique des temps historiques*, trad. fr., Paris, Éd. de l'EHESS, 1990, en particulier p. 42-53.

11. F. Hartog, *Régimes d'historicité, Présentisme et expériences du temps*, Paris, Seuil, 2003, p. 116-117.

12. Cette brève apparition de l'érudit est l'occasion d'indiquer qu'entre l'histoire-rhétorique et l'histoire-*Geschichte*, et pour cette question du récit qui nous occupe, il y a le vaste champ de l'histoire érudite.

13. P. Ricœur, *Temps et récit*, t. I, p. 300. Ricœur opère avec les notions d'intrigue (*muthos*) et de mise-en-intrigue qu'il emprunte à la *Poétique* d'Aristote (on retrouve la poétique, mais cette fois appliquée non plus à l'histoire comme processus, mais à l'histoire comme texte). Voir depuis, Jacques Rancière, *Les mots de l'histoire*, Paris, Seuil, 1992; Jacques Revel, «Ressources narratives et connaissance historique», *Enquête. Anthropologie. Histoire. Sociologie*, 1, 1995, p. 43-70.

LE REGARD ÉLOIGNÉ :
LÉVI-STRAUSS ET L'HISTOIRE

1. Claude Lévi-Strauss, Didier Eribon, *De près et de loin*, Paris, Odile Jacob, 1988, p. 168, ainsi que l'ensemble du chapitre intitulé «Dans la poubelle de l'histoire», *ibid.*, p. 168-176.

2. Cl. Lévi-Strauss, *Mythologiques*, 2, *Du miel aux cendres*, Paris, Plon, 1964, p. 408.

3. Cf. Lévi-Strauss, « Les limites de la notion de structure en ethnologie », in R. Bastide, éd., *Sens et usage du terme structure dans les sciences humaines et sociales*, La Haye/Paris, Mouton, 1972 (2ᵉ éd.), p. 44-45.

4. Les faits relevant d'un temps mécanique et réversible pour l'histoire des historiens, ceux relevant d'un temps statistique et irréversible pour l'histoire structurale, *Anthropologie structurale deux*, p. 26.

5. J. Revel, « Histoire et sciences sociales : lectures d'un débat français autour de 1900 », in H. E. Bödeker, P. H. Reill et J. Schlumbohm (eds), *Wissenschaft als kulturelle Praxis, 1750-1900*, Göttingen, Vandenhoeck & Ruprecht, 1999, p. 377-399.

6. F. Hartog, *Régimes d'historicité*, en particulier p. 24-25, 33-36, consacrées à Lévi-Strauss.

7. Pierre Smith et Dan Sperber, « Mythologiques de George, Dumézil », *Annales E. S. C.*, 3-4, 1971, p. 580-586.

8. Cl. Lévi-Strauss, *La pensée sauvage*, p. 343-344 : « Le code ne peut donc consister qu'en classes de dates, où chaque date signifie pour autant qu'elle entretient avec les autres dates des rapports complexes de corrélation et d'opposition. » Sur la date de 1958, voir les variations de Lévi-Strauss, lui-même, au début de sa leçon inaugurale.

9. Fernand Braudel, *La Méditerranée et le monde méditerranéen à l'époque de Philippe II*, Paris, Armand Colin, 1949, p. 1094.

10. Les autres contributeurs du numéro étaient Henri-Irénée Marrou, Dominique Parodi, Paul Ricœur, Tran duc Tao, Georges Davy et Raymond Aron.

11. Il s'agit des critiques adressées par Simiand à Hauser (et à Seignobos), à propos de leur rejet de la méthode comparative.

12. Lucien Febvre, *Combats pour l'histoire*, Paris, Armand Colin, 1953, p. 420 (je cite le texte tel que republié dans les *Combats*).

13. *Ibid.*, p. 432.

14. *Ibid.*, p. 436-437.

15. Cl. Lévi-Strauss, « Ethnologie et histoire », repris dans *Anthropologie structurale*, p. 22.

16. *Ibid.*, p. 24-25.

17. En fait, la phrase de Marx dit « mais dans des conditions directement données et héritées du passé ».

18. Cl. Lévi-Strauss, *Tristes tropiques*, Paris, Plon, 1955, p. 60.

19. Fernand Braudel, *Écrits sur l'histoire*, Paris, Flammarion, 1960, p. 62.

20. *Ibid.*, p. 72.

21. Cl. Lévi-Strauss, *Anthropologie structurale deux*, p. 44; F. Hartog, *Anciens, modernes, sauvages*, p. 11-16.

22. Cl. Lévi-Strauss, *Tristes tropiques*, p. 82-83. Ernest Renan, *Œuvres complètes*, Paris, Calmann-Lévy, 1948, t. II, p. 755-759.

23. Cl. Lévi-Strauss, *La pensée sauvage*, p. 347.

24. Cl. Lévi-Strauss, *Anthropologie structurale*, p. 368.

25. Cl. Lévi-Strauss, *Race et histoire*, Unesco, 1952, repris dans *Anthropologie structurale deux*, p. 377-431.

26. *Ibid.*, p. 394.

27. *Ibid.*, p. 417.

28. *Ibid.*, p. 421.

29. *Annales E. S. C.*, 4, 1960, p. 625-637. Texte intégral dans *Anthropologie structurale deux*, p. 11-44.

30. *Ibid.*, p. 29.

31. *Annales E. S. C.*, 1, 1960, p. 83. J. Revel, «Histoire et sciences sociales: lectures d'un débat français autour de 1900». À la fin de son article, J. Revel revient sur la republication de 1960, dont il décrypte les enjeux.

32. *Annales E. S. C.*, 6, 1964, p. 1085-1116; 1, 1965, p. 62-83.

33. Cl. Lévi-Strauss, *La pensée sauvage*, p. 347, 329.

34. *Annales E. S. C.*, 3-4, 1971. Voir aussi les trois volumes collectifs, J. Le Goff et P. Nora, eds., *Faire de l'histoire*, t. 1, *Nouveaux objets*, t. 2, *Nouvelles approches*, t. 3, *Nouveaux problèmes*, Paris, Gallimard, 1974.

35. *Ibid.*, p. VI.

36. *Ibid.*, p. VII.

37. *Annales E. S. C.*, 6, 1983, p. 1231. Avec le commentaire de Lévi-Strauss, *De près et de loin*, p. 172-173.

38. J. Revel, éd., *Jeux d'échelles, La micro-analyse à l'expérience*, Paris, Gallimard / Le Seuil, 1996 (coll. «Hautes Études»).

39. Gérard Lenclud, «L'anthropologie et sa discipline», in *Qu'est-ce qu'une discipline?*, Paris, Éd. de l'EHSS («Enquête» 5), 2006, pour une réflexion sur l'anthropologie comme discipline et, plus largement, sur ce qu'est une discipline.

40. Marc Abélès, «Avec le temps...», *Claude Lévi-Strauss*, *Critique*, janv.-fév., 1999, p. 42-60.

LE TÉMOIN ET L'HISTORIEN

1. Charles Péguy, *Clio, Œuvres en prose complètes*, Paris, Gallimard, 1992 («Bibliothèque de la Pléiade»), t. 3, p. 1187, 1188.

2. Annette Wieviorka, *L'ère du témoin*, Paris, Plon, 1998.

3. Émile Benveniste, *Vocabulaire des institutions indo-européennes*, Paris, Minuit, 1969, p. 276.

4. Primo Levi, *Les naufragés et les rescapés*, trad. fr., Paris, Gallimard, 1989, p. 10; François Rastier, *Ulysse à Auschwitz. Primo Levi le survivant*, Paris, Cerf, 2005.

5. Laurent Douzou, *La Résistance française: une histoire périlleuse*, Paris, Seuil, 2005.

6. Renaud Dulong, *Le témoin oculaire, Les conditions sociales de l'attestation personnelle*, Paris, Éd. de l'EHESS, 1998. En dernier lieu, C. Dornier et R. Dulong, eds., *Esthétique du témoignage*. Paris, Éd. de la MSH, 2005.

7. Giorgio Agamben, *Ce qui reste d'Auschwitz*, trad. fr., Paris, Rivages, 1999.

8. E. Linenthal, *Preserving Memory. The Struggle to create America's Holocaust Museum*, Penguin Books, 1997, p. 88.

9. *Identification Card*, portant au-dessus de l'aigle américain, la devise «*For the dead and the living we must bear witness*».

10. A. Shatz, A. Quart, «Spielberg's List», *Village Voice*, January 9, 1996, p. 32.

11. S. Felman and D. Laub, *Testimony, Crises of witnessing in literature, psychoanalysis and history*, New York et Londres, Routledge, 1992.

12. Peter Novick, *L'Holocauste dans la vie américaine*, trad. fr., Paris, Gallimard, 2001. Maurice Kriegel, «Trois mémoires de la Shoah: États-Unis, Israël, France», *Le Débat*, 117, 2001, p. 59-72.

13. Charles. S. Maier, «A Surfeit Memory? Reflections on History, Melancholy and Denial», *History and Memory*, 5, 1993, p. 147.

14. B. Zelizer, *Remembering to forget, Holocaust memory through the camera's eye*, Chicago, The University of Chicago Press, 1998, p. 144.

15. Albert Camus, *La peste*, Paris, Gallimard («Bibliothèque de la Pléiade»), p. 1222, 1468.

16. Paul Rassinier, *Le mensonge d'Ulysse*, 1950 pour la pre-

mière édition. Cette phrase est la dernière de la dédicace de
l'édition de 1998. Voir Nadine Fresco, *Fabrication d'un antisémite*, Paris, Seuil, 1999.

17. Robert Antelme, *L'espèce humaine*, Paris, Gallimard,
1957, p. 9.

18. P. Levi, *Les naufragés et les rescapés*, **p.** 82.

19. Paul Celan, *Gloire de cendres* (Aschenglorie).

20. Hérodote, 1, 8.

21. É. Benveniste, *Vocabulaire des institutions indo-européennes*, p. 173.

22. Homère, *Iliade*, 23, 482-487. F. Hartog, «Histoire», in
B. Cassin, éd., *Vocabulaire européen des philosophies*, Paris,
Seuil/Le Robert, 2004, **p.** 554-555.

23. Homère, *Iliade*, 18, 497-508.

24. Voir *supra*, p. 71-72.

25. G. Kittel, «Martus», in *Id.*, *Theologisches Wörterbuch
zum neuen Testament*, trad. et éd. angl., G. W. Bromiley,
Theological Dictionary of the New Testament, Grand Rapids
(Mi), Eerdmans, 1995, vol. 4.

26. Hérodote, 2, 18 ; 4, 29.

27. Aristote, *Rhétorique*, 1, 15, 13.

28. Thucydide, 1, 73.

29. Louis Gernet, *Anthropologie de la Grèce*, Paris, Maspero, 1968, p. 286, et *supra*, p. 65-66.

30. Hérodote, 2, 29.

31. Homère, *Odyssée*, 8, 489-491.

32. F. Hartog, *Régimes d'historicité*, p. 59-64.

33. É. Benveniste, *Vocabulaire des institutions indo-européennes*, p. 119-121, 277.

34. Isaïe, 41, 21 *sq.*

35. Flavius Josèphe, *Guerre des Juifs*, 3, 8 ; 7, 8-9.

36. *Ibid.* 6, 34.

37. Flavius Josèphe, *Autobiographie*, 363.

38. Jean, 21, 24.

39. Luc, 1, 1-4 (j'emprunte la traduction de F. Bovon,
Genève, Labor et Fides, 1991).

40. Søren Kierkegaard, *Miettes philosophiques*, *Œuvres
complètes*, Paris, p. 97, 102, où il commente la parole «Bien-
heureux ceux qui n'ont pas vu et qui ont cru». Le contemporain d'un événement profane (assister aux noces d'un prince,
par exemple) bénéficie d'un privilège par rapport à la postérité. Mais, quand il s'agit d'un événement comme l'incarnation, le contemporain immédiat n'a, au fond, rien vu de plus

que celui qui vient après. Ils sont l'un et l'autre contemporains dans l'autopsie de la foi. Ce que laissait déjà entendre la
formulation de l'Évangile de saint Jean.

41. Voir F. Hartog, *L'histoire, d Homère à Augustin*, Paris,
Seuil, 1999, p. 270.

42. Bède le Vénérable. *Ecclesiastical history of the English
nation*, trad. et éd. angl., B. Colgrave et R. A. B. Mynors,
Oxford, 1969; *Histoire ecclésiastique du peuple anglais*, éd.
trad. et annotée par O. Szerwiniack, F. Bourgne, J. Effassi, *et
al.*, Paris, Les Belles Lettres, 1999.

43. Bernard Guenée, «L'historien et la compilation au
XIIIᵉ siècle», *Journal des savants*, janv.-sept. 1985, p. 124.

44. Ch. Langlois, Ch. Seignobos, *Introduction aux études
historiques*, Paris, Hachette, 1898, p. 133, 153.

45. Voir *supra*, p. 176-181.

46. Alain Corbin, *Le monde retrouvé de Louis-François
Pinagot, sur les traces d'un inconnu*, Paris, Flammarion, 1998.

47. Michelet, «Préface de 1869», *Œuvres complètes* IV,
Paris, Flammarion, 1974, p. 24, et *supra*, p. 180-181.

48. Ch. Péguy, *Clio*, *Œuvres en prose complètes*, t. 3,
p. 1190-1191.

49. *Le procès Zola devant la cour d'assises de la Seine (7-
23 février 1898), compte rendu sténographique «in extenso» et
documents annexes*, Paris, Stock, 1998.

50. Yan Thomas, «La vérité, le temps, le juge et l'historien», *Le Débat*, 102, 1998, p. 17-36. Olivier Dumoulin, *Le rôle
social de l'historien, De la chaire au prétoire*, Paris, Albin
Michel, 2003.

51. Philippe Joutard, *Ces voix qui nous viennent du passé*,
Paris, Hachette, 1983, p. 7.

52. Danièle Voldman, ed., *La bouche de vérité? La
recherche historique et les sources orales*, nᵒ sp. des *Cahiers de
l'IHTP*, 21, 1992.

53. Claude Lanzmann, «Interview», *Les Inrockuptibles*,
136,1998.

54. Michel Deguy, dans *Au sujet de* Shoah, *le film de Claude
Lanzmann*, Paris, Belin, 1990, p. 40.

55. Paul Ricœur, «La marque du passé», *Revue de Métaphysique et de Morale*, 1, 1998, p. 14, voir depuis, *Id.*, *La mémoire,
l'histoire, l'oubli*, Paris, Seuil, 2000.

56. George Steiner, *No Passion Spent. Essays 1978-1995*,
New Haven, Yale University Press, 1995, p. 395.

57. Sur la question du témoin et de l'historien par rapport

à l'histoire de la Résistance, avec, entre autres, l'entrée en scène des descendants, Laurent Douzou, *La Résistance française : une histoire périlleuse*, Paris, Seuil, 2005.

58. R. Koselleck, *L'expérience de l'histoire*, trad. fr., Paris, Gallimard/Le Seuil (coll. «Hautes Études»), 1997, p. 239.

CONJONCTURE FIN DE SIÈCLE :

L'ÉVIDENCE EN QUESTION

1. J. Le Goff, P. Nora, eds., *Faire de l'histoire*. Pour la conjoncture présente, voir, entre autres, *20 ans*, *Le Débat*, 110, 111, 112, 2000. Pour l'histoire, Olivier Dumoulin, *Le rôle social de l'historien*, *De la chaire au prétoire*, Paris, Albin Michel, 2003.

2. F. Hartog, J. Revel, eds., *Les usages politiques du passé*, Paris, Éd. de l'EHESS, 2001 («Enquête» 1).

3. Vincent Duclert, «Les enjeux actuels de la politique des archives», *Regards sur l'actualité*, La Documentation française, 303, 2004, p. 57-66. Au cours des dernières années, rencontres, colloques, publications se sont multipliés autour de la question ou de la crise des archives. Entre autres initiatives, le séminaire organisé depuis 2002 à l'EHESS.

4. C'est moi qui souligne.

5. Jean Favier, Daniel Neirinck, «Les archives», in F. Bédarida, ed., *L'histoire et le métier d'historien en France, 1945-1995*, Paris, Éd. de la MSH, 1995, p. 89-110. Utile comme état des lieux, ce texte est, pour le reste, parfaitement lisse.

6. Krzysztof Pomian, «Les archives», in P. Nora, ed., *Les lieux de mémoire*, III, *Les France*, 3, Paris, Gallimard, 1992, p. 163.

7. Arlette Farge, *Le goût de l'archive*, Paris, Seuil, 1989.

8. F. Hartog, J. Revel, «Note de conjoncture historiographique», in *Id.*, eds, *Les usages politiques du passé*, p. 13-24.

9. Sonia Combe, *Archives interdites*, *Les peurs françaises face à l'histoire contemporaine*, Paris, Albin Michel, 1994, Karel Bartosek, *Les aveux des archives*, *Prague-Paris-Prague, 1948-1968*, Paris, Seuil, 1996.

10. V. Duclert, «Les historiens et les archives, Introduction à la publication du rapport de Philippe Bélaval sur les Archives nationales», *Genèses*, 36, 1999, p. 132-162.

11. V. Duclert, «Les enjeux actuels de la politique des archives», p. 63.

12. Ch. Péguy, *Œuvres en prose complètes*, Paris, Gallimard, 1987 («Bibliothèque de la Pléiade»), t. I, p. 1222.

13. Voir le dossier «Le centenaire des *Cahiers de la Quinzaine*», *Esprit*, 260, janv. 2000, p. 22-53.

14. Jules Isaac, *Expériences de ma vie*, Paris, Calmann-Lévy, 1959.

15. *Ibid.*, p. 266.

16. Ch. Péguy, *Œuvres en prose complètes*, Paris, Gallimard, 1988 («Bibliothèque de la Pléiade»), t. 2, p. 1053-1267.

17. *Id.*, «De la situation faite à l'histoire», *Œuvres en prose complètes*, t. 2, p. 494.

18. Ch. Péguy, «Bernard Lazare», *Œuvres en prose complètes*, t. 1, p. 1207-1245.

19. Lettre citée par Robert Burac, *Œuvres en prose complètes*, t. 2, p. 1776. Pierre Deloire est un des noms utilisés par Péguy dans les *Cahiers*.

20. Ch. Péguy, *Œuvres en prose complètes*, t. 2, p. 1361.

21. *Ibid.*, p. 874.

22. Ch. Péguy, *Œuvres en prose complètes*, «Notre jeunesse», t. 3, 1992, p. 55 : Bernard Lazare était «l'un des plus grands noms des temps modernes», «l'un des plus grands parmi les prophètes d'Israël».

23. Ch. Péguy, «Bernard Lazare», *Œuvres en prose complètes*, t. 3, p. 1211 : «Le commencement de l'Affaire fut quand un homme [...] résolut de montrer que le capitaine Dreyfus était innocent.» Dreyfus est arrêté et mis au secret le 15 octobre 1894, le 17 novembre Bernard Lazare publie un article dans *La Justice*, «Le nouveau ghetto», où il dénonce la campagne antisémite entourant l'arrestation. Mathieu Dreyfus le rencontre en février 1895 et aussitôt Bernard Lazare rédige un mémoire sur le procès, en relevant les illégalités. Ce premier mémoire, «Une erreur judiciaire. La vérité sur l'affaire Dreyfus», ne sera édité qu'en novembre 1896 à Bruxelles et envoyé sous pli fermé aux journaux et aux parlementaires : Dreyfus est «innocent», le procès doit être «révisé». Dans un second mémoire, publié un an plus tard, il insiste sur le rôle de l'antisémitisme dans toute l'Affaire et termine ainsi : «J'ai défendu le capitaine Dreyfus, mais j'ai défendu aussi la justice et la liberté». Voir Jean-Denis Bredin, *Bernard Lazare*, Paris, Éd. de Fallois, 1992 ; V. Duclert, *L'affaire Dreyfus*, Paris, La Découverte, 1994 ; *id.* «Les intellectuels, l'antisémitisme et l'affaire Dreyfus», *Revue des études juives*, 158, 1999, p. 105-211.

24. Ch. Péguy, *Œuvres en prose complètes*, t. 3, p. 58.

25. *Id.*, «Bernard Lazare», *Œuvres en prose complètes*, t. 1, p. 1211-1212.

26. *Ibid.*, p. 1214-1215.

27. *Ibid.*, p. 1219. Comme s'il dialoguait une fois encore avec Péguy, Febvre terminera son «Face au vent, Manifeste des *Annales* nouvelles» de 1946, en retrouvant la formule «celui-là seul est digne de ce beau nom d'historien qui se lance dans la vie tout entier [...]» (*Combats pour l'histoire*, p. 43). Si la phrase commence avec Péguy, elle se poursuit en faisant appel à Michelet.

28. Ch. Péguy, «Bernard Lazare», *Œuvres en prose complètes*, t. 1, p. 1223.

29. *Ibid.*, p. 1228.

30. Carlo Ginzburg, *Le juge et l'historien, Considérations en marge du procès Sofri*, trad. fr., Lagrasse, Éd. Verdier, 1997, p. 20-21.

31. Adriano Sofri, ainsi que ses camarades Ovidio Bompressi et Giorgio Pietrostefani, ont été condamnés en 1988, à la suite des aveux d'un repenti (et sans preuve), à vingt-deux ans de prison pour leur participation au meurtre d'un commissaire de police en 1972.

32. Hannah Arendt, *Juger, Sur la philosophie politique de Kant*, Paris, Seuil, 1997, p. 115. Dans la deuxième de ses *Considérations inactuelles*, Nietzsche aborde la question de l'objectivité du jugement, *Œuvres*, I, Paris, Gallimard («Bibl. de la Pléiade»), 2000, p. 536-543. Sur la question non pas proprement du jugement, mais du raisonnement à partir de singularités, voir J.-Cl. Passeron et J. Revel, eds., *Penser par cas*, Paris, Éd. de l'EHESS, 2005 («Enquête» 4).

33. Gérard Noiriel, *Sur la «crise» de l'histoire*, Paris, Belin, 1996, p. 176, 207.

34. François Dosse, *L'histoire*, Paris, Armand Colin, 2000; voir aussi, dans une collection d'histoire pour étudiants, Antoine Prost, *Douze leçons sur l'histoire*, Paris, Seuil, 1996.

35. Krzysztof Pomian, *Sur l'histoire*, Paris, Gallimard, 1999.

36. Jean-Pierre Rioux, Jean-François Sirinelli, eds., *Pour une histoire culturelle*, Paris, Seuil, 1997.

37. René Rémond, éd., *Pour une histoire politique*, Paris, Seuil, 1988, p. 12, 19.

38. Jacques Le Goff, *Saint Louis*, Paris, Gallimard, 1996. F. Dosse, *Le pari biographique, Écrire une vie*, Paris, La Découverte, 2005.

39. Arnaldo Momigliano, *Problèmes d'historiographie ancienne et moderne*, Paris, Gallimard, 1983.

40. J. Le Goff, P. Nora, eds., *Faire de l'histoire*, I, *Nouveaux problèmes*, p. XIII. K. Pomian, «L'histoire de la science et l'histoire de l'histoire», *Annales E. S. C.*, 1975, p. 935-952, plaidait pour une nouvelle histoire de l'histoire ; Charles-Olivier Carbonell, *Histoire et historiens, une mutation idéologique des historiens français, 1865-1885*, Toulouse, Privat, 1976.

41. Le livre de Roger Chartier, *Au bord de la falaise, L'histoire entre certitudes et inquiétude*, Paris, Albin Michel, 1998, qui rassemble des textes publiés entre 1983 et 1995, témoigne de ces années et propose des analyses et des pistes.

42. *Annales E. S. C.*, 2, 1988, 6, 1989, p. 1322. B. Lepetit, éd., *Les formes de l'expérience*, Paris, Albin Michel, 1995, et J. Revel, éd., *Jeux d'échelles, La micro-analyse à l'expérience*, Paris, Gallimard/Le Seuil (coll. «Hautes Études»), 1996, prolongèrent la réflexion.

43. Marcel Gauchet, *Le Débat*, 50, 1988, p. 166, et *Le Débat*, 103, 1999, p. 135.

44. Michel de Certeau, *L'écriture de l'histoire*, Paris, Gallimard, 1975.

45. Paul Ricœur, *Temps et Récit*, Paris, Le Seuil, 1983-1985 ; voir *supra*, p. 203-204.

46. *Enquête, anthropologie, histoire, sociologie*, 1, 1995, Marseille, Éd. Parenthèses. La revue est désormais une collection qui, partant des convergences entre les trois disciplines, interroge et confronte leurs démarches et leurs procédures respectives.

47. F. Dosse, *L'empire du sens, L'humanisation des sciences humaines*, Paris, La Découverte, 1995.

48. F. Hartog, *Régimes d'historicité*.

ÉPILOGUE : MICHEL DE CERTEAU

1. Luce Giard, ed., *Michel de Certeau, Cahiers pour un temps*, Paris, Centre Georges-Pompidou, 1987.

2. Michel de Certeau, *La possession de Loudun*, nouvelle édition, Paris, Gallimard, 2005 («Folio»).

3. Luce Giard, Hervé Martin, Jacques Revel, *Histoire, mystique et politique. Michel de Certeau*, Grenoble, Jérôme Millon, 1991 ; Ch. Delacroix, F. Dosse, P. Garcia, M. Trebish, eds.,

Michel de Certeau. Les chemins d'histoire, Bruxelles, Éd. Complexe, 2002 ; P. Ricœur, *La mémoire, l'histoire, l'oubli*, Paris, Seuil, 2000.

4. Michel de Certeau, *L'absent de l'histoire*, Tours, Mame, 1973, p. 9.

5. Les citations entre guillemets sont empruntées à différents ouvrages de Michel de Certeau : *La possession de Loudun*, Paris, Julliard («Archives»), 1980, 2ᵉ éd. ; *L'écriture de l'histoire*, Paris, Gallimard, 1984, 3ᵉ éd. *L'invention du mystique, XVIᵉ-XVIIᵉ siècle*, Paris, Gallimard, 1982 ; les articles à présent réunis dans son recueil *Histoire et psychanalyse entre science et quotidien*, t. 1, *Arts de faire*, Paris, UGE («10-18»), 1980 ; *La fable fiction*, Paris, Gallimard («Folio»), nouvelle édit. 2002 ; «Qu'est-ce qu'un séminaire ?», *Esprit*, nov.-déc. 1978, p. 176-181 ; «Le sabbat encyclopédique du voir», *Esprit*, fév. 1987, p. 66-82.

6. On trouverait l'autre «face» de ce lecteur bondissant dans la définition qu'il donne, non plus de *la* lecture, mais de ce qu'on appelle *une* lecture, c'est-à-dire «mille manières de déchiffrer dans les textes ce qui nous a déjà écrits».

7. De l'écriture mystique en tant que telle, il ne sera pas question ici. Organisée autour d'une perte (l'Écriture qui ne parle plus et la Parole qui ne s'entend plus), elle est tout entière placée sous le signe du *Wandersmann*, de «l'itinérant marcheur», sur les traces duquel s'écrit ce «récit de voyage» (mais «exilé de ce qu'il traite») qu'est *La fable mystique*.

8. Voir *supra*, p. 183-184.

INDEX

DU MÊME AUTEUR

Aux Éditions Gallimard

Mémoire d'Ulysse. Récits sur la frontière en Grèce ancienne, Paris, Gallimard, 1996.

Le Miroir d'Hérodote. Essai sur la représentation de l'autre, édition revue et augmentée, Paris, Gallimard (« Folio ») 2001.

Plutarque, *Vies parallèles*, édition dirigée et préfacée par F. Hartog, Paris, Gallimard (« Quarto »), 2001.

Polybe, *Histoire*, édition publiée sous la direction de F. Hartog, Paris, Gallimard (« Quarto »), 2003.

Chez d'autres éditeurs

L'Histoire, d'Homère à Augustin, Préfaces des historiens et textes sur l'histoire, réunis et commentés par F. Hartog, traduits par M. Casevitz, Paris, Le Seuil, 1999.

Le XIXe siècle et l'histoire : le cas Fustel de Coulanges, nouvelle édition, Paris, Le Seuil, 2001.

Régimes d'historicité, Présentisme et expériences du temps, Paris, Le Seuil, 2003.

Anciens, modernes, sauvages, Paris, Galaade, 2005.

DANS LA COLLECTION FOLIO/HISTOIRE

Composition Interligne.
Impression Bussière
à Saint-Amand (Cher), le 17 avril 2007.
Dépôt légal : avril 2007.
Numéro d'imprimeur : 071463/1.
ISBN 978-2-07-034129-0./Imprimé en France.